国家自然科学基金"基于机器学习的分析师观点信度评估与集成方法研究"(71974031)阶段性成果

中国证券分析师与证券公司评价研究报告

基于荐股评级可信度的视角

郭艳红 蒋帅 ◎ 著

中国财经出版传媒集团
经济科学出版社
Economic Science Press

图书在版编目（CIP）数据

中国证券分析师与证券公司评价研究报告：基于荐股评级可信度的视角/郭艳红，蒋帅著.—北京：经济科学出版社，2021.9

ISBN 978-7-5218-2637-1

Ⅰ.①中… Ⅱ.①郭…②蒋… Ⅲ.①证券投资-投资分析-研究报告-中国 Ⅳ.①F832.51

中国版本图书馆 CIP 数据核字（2021）第 122836 号

责任编辑：程辛宁
责任校对：王肖楠
责任印制：王世伟

中国证券分析师与证券公司评价研究报告
——基于荐股评级可信度的视角
郭艳红 蒋 帅 著
经济科学出版社出版、发行 新华书店经销
社址：北京市海淀区阜成路甲 28 号 邮编：100142
总编部电话：010-88191217 发行部电话：010-88191522
网址：www.esp.com.cn
电子邮箱：esp@esp.com.cn
天猫网店：经济科学出版社旗舰店
网址：http://jjkxcbs.tmall.com
北京季蜂印刷有限公司印装
710×1000 16 开 20 印张 2 插页 350000 字
2021 年 9 月第 1 版 2021 年 9 月第 1 次印刷
ISBN 978-7-5218-2637-1 定价：98.00 元
(图书出现印装问题，本社负责调换。电话：010-88191510)
(版权所有 侵权必究 打击盗版 举报热线：010-88191661
QQ：2242791300 营销中心电话：010-88191537
电子邮箱：dbts@esp.com.cn)

声 明

本书内容仅作学术参考之用，读者应该认识到，作者与出版者不对任何依据本书内容所采取或不采取的行动而导致的直接、间接或意外损失承担责任。

前　言

证券分析师作为从事股票分析的专业人士，凭借自身专业能力收集、解读市场信息，并通过撰写股评报告向市场参与者传递与上市公司相关的价值信息，从而在证券市场中扮演重要的信息中介角色，有效提高市场信息效率。近年来，随着我国证券行业的快速发展以及互联网信息渠道的不断拓宽，投资者可获取的分析师股评报告数据越来越多，股评报告已成为证券市场中的重要信息资源。

但由于分析师个体之间的能力差异与利益冲突，股评报告的信息质量良莠不齐。低质量的分析师股评报告不仅无法促进市场的有效性，还会对投资者产生误导，损害其利益。因此，如何提高分析师股评质量成为该领域实践中的重要课题。针对该课题，除了提高分析师群体的专业素质外，建立完善的外部激励机制来促进分析师提高股评质量是重要且有效的解决之道。对分析师进行评价作为构建外部激励机制的核心要素之一，自从证券分析师这一职业诞生以来便受到包括投资者在内的众多市场参与者的推崇与关注。

分析师在股评报告中发布的荐股评级作为其向市场传递专业信息的主要载体之一，以其易得易用的优点成为投资者决策时重要的直接性信息依据。本书致力于通过客观量化分析师荐股评级的实际信息价值来实现对证券分析师以及证券公司的荐股评级能力的科学评价。针对已有研究主要通过被评股票的获利能力来量化分析师荐股评级的信息价值，而忽略了分析师荐股评级发布标准不一的问题，本书提出构建可信度指标对分析师荐股评级的信息价值进行量化，该指标综合考虑了分析师发布的具体评级及其发布标准，在统一框架下形式化提取了分析师发布荐股评级时对目标个股的预期收益信息。

进一步地，本书构建了基于荐股评级可信度的中国证券分析师与证券公司评价方案，并依据所提方案实现对证券分析师以及证券公司荐股评级能力的客观评价。需要指明的是，本书针对相关实体的评价结果均基于国泰安 CSMAR 数据库中收集到的分析师荐股评级数据，对其精确性、完整性我们不做保证，相关评价结果仅供学术参考。

本书提出了分析师荐股评级可信度及其量化方法，构建了基于荐股评级可信度的评价指标体系与评价方法，实现了对中国证券分析师和证券公司荐股评级能力的客观科学评价，有利于健全分析师行业科学评价体系，有利于投资者理解分析师荐股评级的信息价值，有利于提高证券市场的信息传递效率。

对证券分析师以及证券公司的评价研究是复杂且需要不断发展完善的，虽然本书提出的基于荐股评级可信度的评价方案具有创新性和应用价值，但由于作者的水平有限，本书难免会有不足之处，恳请广大读者批评指正。

我们在此感谢国家自然科学基金（项目号：71974031）对本书的资助和支持，同时感谢课题组成员洪雅婷、孔德铭等同学在本书的撰写过程中提供的无私帮助。

郭艳红
2021 年 4 月

目 录

1 绪论 1
1.1 研究背景 1
1.2 国内外研究现状 3
1.3 本书特色 10
1.4 内容框架 11

2 中国证券分析师行业概述 13
2.1 中国证券市场发展历程 13
2.2 中国证券市场发展现状 17
2.3 证券分析师 24
2.4 分析师评价 27

3 分析师荐股评级可信度构建 33
3.1 荐股评级可信度定义 33
3.2 可信度量化方法示例 36
3.3 可信度统计分析 42
3.4 小结 55

4 基于荐股评级可信度的评价方案设计 57
4.1 评价指标设计 57
4.2 行业分类方法 66

i

4.3	评价方法	70

5 证券分析师评价结果 78

5.1	主要用品零售与个人用品	78
5.2	食品、饮料与烟草	86
5.3	计算机及电子设备	94
5.4	计算机运用与半导体	102
5.5	公用事业	110
5.6	医药生物与服务	118
5.7	原材料	126
5.8	传媒	134
5.9	汽车与汽车零部件	142
5.10	消费者服务	150
5.11	耐用消费品与服装	158
5.12	零售业	166
5.13	交通运输	174
5.14	商业服务与用品	182
5.15	资本品	190
5.16	电信服务与设备	198
5.17	能源	206
5.18	其他金融	214
5.19	房地产	222
5.20	银行	230

6 证券公司评价结果 239

6.1	三年期证券公司评价	239
6.2	五年期证券公司评价	259

7 评价结果分析与启示 280

7.1	样本选择与数据准备	280

7.2 分析与启示　　　282

8 研究总结与未来展望　　　302

8.1 研究总结　　　302

8.2 未来研究展望　　　303

参考文献　　　304

1 绪 论

1.1 研究背景

中国证券市场在近年来不断发展壮大,已经成为全球第二大规模的证券市场,仅次于美国。然而,与发达的欧美证券市场相比,中国的证券市场在诸多方面还不够成熟:个体投资者占比过大、投资者的投资理念缺乏正确导向、上市公司整体质量有待提高、金融欺诈现象多发以及信用体系不够健全等等。尽管如此,股票投资依然为广大投资者所青睐,而且在投资者的所有金融行为中所占的比重越来越高。证券市场环境复杂,上市公司自身并不是影响股票价值变动的唯一因素,宏观政策、产业结构以及竞争对手等信息均可以对股票价值产生影响。股票价格在市场中的波动是多因素通过多方式共同作用的结果,其背后隐含的信息关联异常复杂,其信息量级远远超过个体投资者所能处理的范围。在缺乏信息指导的条件下,个体投资者在股票投资活动中往往陷入选择困难,难以获得高质量的投资信息。如图 1-1 所示,证券分析师作为从事股票分析的专业人士,在证券市场中扮演着重要的信息角色[1,2]。随着我国证券行业的快速发展以及互联网信息渠道的大幅拓宽,投资者可获取的分析师股评报告数据越来越多,股评大数据已成为金融市场中的重要信息资源。分析师发布的荐股评级作为分析师向市场传递专业信息的主要载体之一,以其易得易用的优点成为投资者投资决策中重要的直接性信息依据[3,4,5]。

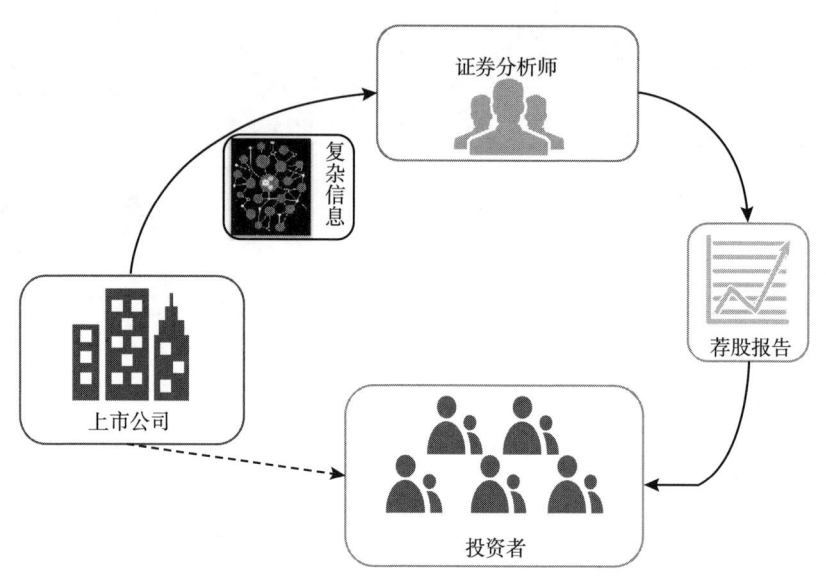

图 1-1 证券分析师在资本市场中扮演信息中介角色

然而，分析师发布的荐股评级良莠不齐，网络"黑嘴"频出：一方面是由于分析师的专业知识背景、信息关注领域以及对市场信息的熟悉程度和分析深度不同；另一方面则是因为分析师在传递市场有效信息的过程中存在客观性缺失[5,6,7]。基于此，现阶段投资者在利用分析师荐股评级辅助投资决策时严重依赖于分析师的个体声誉[2,8]，而目前我国证券市场中分析师声誉的评价机制并不完善。新财富作为国内最权威的分析师评选机构，其评选过程拉票乱象丛生，"不雅饭局"事件①的出现使该机构于 2018 年 9 月 21 日被迫紧急叫停"最佳分析师评选"活动[9]。出现上述现象的原因之一是当下针对分析师荐股评级能力的评价方法并不完善，难以客观评价分析师荐股评级的真实价值，造成了分析师评价机制模糊性强、量化程度低的局面。分析师股评领域的一系列丑闻引发了广大投资者对分析师行业的严重信任危机[10]，当下，无论是广大投资者，还是行业机构以及监管部门都对深度挖掘分析师荐股评级价值、设计分析师荐股评级客观评价方法提出了迫切需求。

---

① 新财富分析师评选陷"拉票"风波：方正证券两人被停职调查 [EB/OL]. http://finance. ce. cn/stock/gsgdbd/201809/19/t20180919_30344165. shtml，2018 - 09 - 19.

健全分析师荐股评级的评价方法是重要且亟待解决的问题，本书以分析师荐股评级为研究对象，试图通过客观量化分析师荐股评级的实际表现来对我国证券分析师的荐股能力进行科学评价。已有研究主要聚焦于从分析师所荐目标个股的获利能力对分析师荐股评级的价值进行评价[4,11,12]，尽管该类方法提供了一种行之有效的途径来评价分析师荐股评级的实际表现，但存在以下缺陷：第一，由于时间窗口、收益计算方法等要素的差异，已有研究对分析师荐股评级获利能力的度量标准并不统一，容易造成研究结论的稳健性缺失；第二，与现实应用场景存在脱节，不同证券公司发布荐股评级的标准存在差异，相同的荐股评级并不等同于相同的预期收益，该类方法忽略了分析师发布评级时对目标个股未来收益表现预期的差异。针对上述问题，本书提出构建可信度指标对分析师荐股评级的实际表现进行量化，如果分析师所荐股票的实际收益表现能满足该评级的预期收益，则该评级是可信的，否则是不可信的。为此，本书建立了使用三元组［评级有效期，收益对比标尺，收益率区间］形式化表示分析师荐股评级预期收益的统一框架，为分析师荐股评级能力的标准化度量提供可行方案。基于提出的分析师荐股评级可信度量化指标，本书构建了基于荐股评级可信度的评价指标体系和评价方法，分别对证券分析师和证券公司的荐股评级能力进行客观、科学的评价，为投资者、证券市场评价分析师荐股能力提供重要参考。

1.2 国内外研究现状

1.2.1 分析师盈余预测

证券分析师作为上市公司与投资者之间重要的信息传递媒介，利用其优秀的专业知识和信息优势，对上市公司的财务数据和经营信息进行整合分析，评价上市公司的内在价值，并通过书面研究报告引导投资者决策。它起到了提高市场定价效率和维护资本市场稳定的作用。分析师发布的盈利预测报告是投资者获取所需信息的重要来源之一，这也间接地奠定了学术界对盈利预测报告质量的关注。国内外学者对分析师的盈余预测准确性有着丰富的研究成果，它们大致可以分为三类：企业内部治理、外部环境以及分析师自身的行为特征对分析师盈余预测的影响。

1.2.1.1 企业内部治理对分析师盈余预测准确性的影响

朱红军等人认为分析师预测信息来源于私有信息与公有信息两部分。其中，企业信息披露是公开信息的重要组成部分，财务报告、管理层讨论与分析、新闻发布会以及全面收益报告等均有助于降低分析师盈余预测的分歧度与偏差，而企业内部治理情况则会对信息披露质量产生显著的影响[13]。

首先，分析师获取预测信息的成本与难度会受到企业信息透明度的直接影响，一系列文献对上述结论提供了实证支持，如方军雄发现分析师对上市公司盈余数据的依赖性与公司信息透明度呈负相关关系[14]；白晓宇也发现上市公司的信息透明度越高，越能吸引更多的分析师关注，使分析师的预测分歧度降低，并提高预测准确性，因此，信息披露政策越透明越有利于缓解资本市场的信息不对称现象[15]。

其次，企业财务报告的内容详尽程度也会对分析师预测准确性产生影响。研究表明企业对"管理层讨论与分析"（MD&A）、其他综合收益部分的披露、或有事项等的披露越详尽，分析师的预测准确性也越高[16]。此外，上市公司的社会责任报告、业绩快报以及自媒体信息等非财务公开信息等都会成为分析师盈余预测的重要参考依据。如达里沃等人发现社会责任报告这一非公开财务信息能够显著降低分析师预测偏差[17]。无独有偶，李晚金和张莉也发现了类似结论[18]。陈翔宇则发现公司披露业绩快报的行为能够吸引分析师跟踪，并诱导分析师修正其盈余预测，从而提高预测准确性[19]。

最后，企业盈余质量会直接影响分析师预测所需信息的质量[20]。企业盈余预测的难度和复杂性是企业盈余质量的体现，企业盈余预测难度越小，复杂性越低，则可供分析师参考的预测信息的质量就会越高，因此分析师预测的准确性也能获得相应地提升，更能接近实际值[21]。此外，企业盈余波动性和盈余管理程度也能反映盈余质量，石桂峰等人认为企业盈余可预测性能够对分析师预测准确性产生显著的正向影响，相反，盈余波动性则会对分析师预测准确性产生负向影响[22]；曲晓辉从基于商誉减值的盈余管理视角切入，发现其与分析师盈余预测准确性显著负相关,但引入高水平的外部审计能够缓解这一现象[23]。

科赫等人发现公司治理结构的改善能够显著提升公司内部控制水平,同时也会对分析师盈余预测偏差起到改善作用[24]。吴锡皓和胡国柳研究发现会计稳健性总体上有助于降低不确定因素对分析师盈余预测的不利影响,且持续稳健性能遏制不确定性对分析师预测的不利影响[25]。董望等人则认为企业内部控制质量的改善有助于提升企业信息质量,从而提升分析师盈余预测准确性[26]。何照琼和尹长萍发现当企业战略偏离行业常规战略的程度越大时,对分析师盈余预测越不利[27]。

1.2.1.2 企业外部环境对分析师盈余预测准确性的影响

除上市公司自主披露信息之外,法律、经济以及媒体等企业外部环境对分析师预测报告质量也有着不可忽视的影响。布什曼等人发现良好的法律环境能够显著提升企业的盈余质量与分析师盈余预测的准确性,为投资者营造更好的信息环境[28]。此外,有许多学者均注意到了媒体这一信息传播中介对分析师预测准确性的影响。如周开国等人研究发现媒体关注度的增加能够吸引更多分析师跟踪,从而提升分析师预测准确性[29];胡军等人也发现媒体报道数量的增加不仅能够降低媒体的分歧度,也能对分析师的预测质量产生有益影响[30]。杨青等人发现高铁的开通改善了资本市场的信息环境,使分析师能够更好地扮演信息中介的角色[31]。分析师预测普遍偏乐观,而引入市场卖空机制能够有效抑制分析师的乐观偏差[32,33,34]。但褚剑等人着眼于我国的融资融券制度,发现分析师预测准确性并没有伴随融资融券制度的实施而改善,甚至在一定程度上加剧了分析师预测的乐观性,究其原因,在于我国两融交易余额的绝大部分属于融资交易[35]。此外,雨果等人发现经济政策不确定会损害分析师所能获得的公有和私有信息质量,增加分析师预测难度,导致分析师频繁发布负向盈余预测[36]。

1.2.1.3 分析师自身行为特征对分析师盈余预测准确性的影响

分析师的工作经验、学历、性别、专业水准等特征以及自身行为也会对盈余预测准确性产生影响。一方面,分析师盈余预测准确性会受到分析师特征的影响。分析师工作经验作为分析师专业技术能力最直接的体现,会对分析师预测产生显著影响。研究表明分析师对某一特定行业或企业关注的时间越长,获取相关信息的能力就越强,预测经验也越丰富,预测准确性越高[37,38]。刘永泽和高嵩发现分析师行业专长的增加能够提高分析师预测质量[39]。施先旺发现分析师的企业经验和一般经验均有助于预测准确度的提升,但分析师性别会对二者之间的关系产生一定影响[40]。伊志宏等人发现相较于男性分析师,女性分析师更加谨慎[41]。一般来讲,券商实力越强,预测准确度越高,但王宇熹等人发现无论在熊市还是在牛市,顶级券商的明星分析师的预测准确性都不是最高的[8]。杨楠和洪剑峭借鉴团队的相关理论,发现相较于个人分析师,团队分析师的预测偏差更小但及时性更差[42]。

另一方面,分析师的行为也会对分析师预测准确性产生影响。郑亚丽和蔡祥研究发现分析师预测准确性与分析师跟踪是内生的,更高的分析师预测准确性与更多的分析师跟踪是相关联的[43]。实地调研是分析师获取预测信息的一个重要手段,通过实地调研,分析师能够更有效地获取有关企业经营的内外部环境信息,与企业管理层取得有效沟通,获得一些私有信息,弥补公开信息的不足。陶然认为实地调研能够使分析师获取更多有关企业的私有信息,并使其发布更及时的盈余预测[44]。当然,分析师在选择实地调研对象时会进行成本与收益权衡,徐媛媛等人发现分析师更青睐将信息透明度更高、企业规模更大、盈利能力更强、地理距离更近的企业作为实地调研对象。然而,分析师开展实地调研并非一定能对其预测质量产生积极影响[45]。谭松涛等人发现,分析师实地调研在上市公司信息披露质量较差的情况下能够对分析师预测准确性产生显著的正向影响,但当上市公司信息披露水平较高时,实地调研反而有可能促使分析师过度乐观[46]。

虽然分析师可能出于提高声誉、优化接收者对报告的反应以及最大化其预测对投资者的价值等目的进行预测,但分析师预测是否准确不仅取决于客观信息环境以及分析师的客观能力,还取决于其主观动机[47]。研究表明,就算分析师能获取相对精确的私人信息,并且能够通过合适的方式加以传递,但是分析师也有可能不这样做,而选择只披露其私有信息带噪音的版本[48],或者出于职业考虑,而选择忽视或者将其私有信息打折扣[49,50]。拜尔等人认为分析师不会将其所有的全部信息反映在预测中,即分析师预测行为会出现扭曲现象，并将其分为形式扭曲（无损于信息价值）与实质扭曲（预测中包含额外噪音，有损于信息价值）两类[47]。究其原因，可能包括以下几个方面：首先，分析师可能会出于发布的预测对其和管理层关系的影响的考虑[51]，而选择发布对管理层有利[52]或者优于预期的预测[53]，以获取更多的投行业务以及积极的电话会议回应或者私人信息[47]；其次，分析师可能会为了提高交易佣金等，从而发布偏乐观的预测[54]。通常来讲，说服投资者购买他们原本未持有的股票比让他们售出已持有的股票更容易，从这个角度出发，分析师很可能会为了获取交易佣金，从而发布更为乐观的预测以吸引投资者购买该股票。考恩等人[55]和雅克布等人[56]发现相较于为了获取投行业务，在获取更高交易佣金的动机下，分析师更可能发布乐观预测。

1.2.2 分析师荐股评级

证券分析师在收集、解释和向投资者传播公司信息方面发挥着关键作用，在金融市场中扮演着重要的中介角色[2]。分析师具有收集加工非现成市场信息的能力[4]，其发布的荐股评级是金融市场中重要的信息披露渠道[1,57]。多年来，学术界对分析师荐股评级的预测价值进行了大量的研究，其中巴伯等人利用1986~1996年的数据发现评级最高的股票和评级最低的股票在收益上存在显著差异，评级最高的股票会产生正的超额收益，它们认为基于分析师荐股评级的策略可能会产生正的超额收益[58]。方等人的研究结果也表明分析师的荐股评级具有信息价值，投资者可以通过及时跟踪分析师的推荐进行投资而获得正的风险调整收益[2]。同样，凯勒也认为分析师荐股评级报告中所包含的信息具有价值[59]；霍布斯的研究也证明分析师推荐股票的投资组合的收益为正[6]。费尔德曼等人在其文章中指出投资者基于分析师给出的三个定量指标（盈余预测、股票推荐以及目标价格）所获得的收益比其他任何组合获得的收益都高[60]。罗衍等人发现在中国股票市场中，股票卖方分析师的报告数量、荐股评级显著正向影响目标个股的超额收益[5]。童昌希以申万行业为基础，得出了分析师在深度调研报告中给予买入或强烈推荐评级的个股更具投资价值的结论[7]。然而并不是所有的分析师荐股评级都具有价值，罗和施图尔兹的研究就发现只有12%的分析师荐股评级具有影响力，能够在统计上引起显著的价格反应或在正确的方向上增加交易,而且这些荐股评级更有可能是由明星分析师发布的[61]。

随着信息更新与市场变化,分析师会就其之前发布的荐股评级进行修改,而评级变动的信息价值或者预测价值是否存在也是研究的焦点之一。在分析师评级变动的有效性研究中,巴伯等人发现分析师的评级以及评级变动均可以获得超额收益,认为分析师具有生成有价值信息的能力[4];杰格蒂什等人研究发现分析师推荐股票的平均表现优于他们未推荐的股票,在验证了分析师荐股评级有效性的同时,指出评级变动更具预测价值,而且明确指出评级上调的股票的表现比评级下调的股票更好[3];万希研究发现投资评级调高事件对股价立即有显著为正的影响,而调低事件则在事件后3天显示出显著为负的影响[62]。类似的研究中,阿斯奎斯等人认为评级上调产生了显著的正向超额收益,评级下调产生了显著的负向收益,而与之前的评级保持一致的评级则没有显著变化[63];杰格蒂什等人评估了7个国家分析师荐股评级的价值,结果发现除意大利以外,其他国家的股票价格会随分析师的评级变动而显著变化[64];戈夫也论证了分析师评级的变化本身是具有信息价值的,分析师进行评级上调(评级下调)与正(负)向超额收益有关[65]。进一步地,霍布斯等人的研究则指出频繁更改评级的分析师比不频繁更改评级的分析师表现好[66]。

分析师荐股评级的表现具有一致性,米哈伊尔发现若分析师在过去做出的评级变动获得较高的超额收益,那么该分析师在未来的表现也会比其他人更好,反之亦然[67];同样,李的研究也表明历史荐股投资组合超额收益更好的分析师,其之后推荐的投资组合也会更好[68]。在探究分析师荐股评级效用的影响因素的相关文献中,布朗等人通过研究表明分析师的荐股评级表现受四个方面因素的影响:与公司管理层的沟通,与经纪机构的关系,与客户的关系以及行业知识[69]。类似地,克莱门特和特斯发现分析师的经验,所属经纪证券公司的规模,评级的频率以及上市公司经营都会影响分析师的荐股评级表现[70]。在证券公司与上市公司方面,科恩等人发现通过工作单位与上市公司董事会联系的分析师能产生更高收益的推荐[71];金和宋发现管理层的盈余预测会影响分析师荐股的及时性和准确性,但是分析师的信息发现的作用被夸大了[72]。黄等人认为分析师的解释角色对规模小的公司或者高增长的公司更有效,因为这些公司的信息不透明,投资者很难得到有价值的信息,另外，分析师所属经纪公司的性质也存在一定的影响[73]；巴伯等人则发现被投资银行雇佣的分析师作出的买入推荐比被独立研究机构雇佣的分析师作出的买入推荐获利能力更弱[74]。此外，也有不少研究指出分析师在公司发布盈利公告时作出的推荐影响力更大，股票的收益也更高[61,75,76]。在分析师个体层面，博斯克特等人探究了性别因素在分析师荐股评级中的影响，发现女性分析师更加保守，男性分析师具有更强的乐观倾向[77]；胡弈明等人发现证券分析师的信息关注深度、分析能力和分析质量受信息收集途径的影响很大，而学历和经验的影响相对较弱[78]；刘永泽等人发现分析师行业专长是影响预测准确性的一个重要因素，二者之间存在正相关关系，而且高质量的信息披露会弱化分析师行业专长与评级准确性之间的正相关关系[39]。杰格蒂什和金发现不随大流的分析师作出的荐股评级能产生更大的价格影响[64]。

在分析师群体行为的研究中，丹等人认为分析师具有羊群行为，他们将分析师划分为敢于冒险，羊群领先以及羊群跟随三个类别，发现羊群行为中的领先者会产生最高的收益，而跟随者的收益最低[79]。杰格蒂什等人也证实分析师具有羊群行为，来自大型券商的分析师、跟随评级分散程度较小的股票的分析师以及较少频繁修正的分析师更有可能产生羊群行为[80]。与之类似，王艳婷等人研究发现享有更高声誉和具有更高历史预测准确性的分析师出现羊群行为的倾向性更低，并且具有更高历史预测准确性的分析师的盈利预测更容易引起他人的跟随[81]。克莱门特和特斯发现分析师不参与羊群行为的概率会随分析师的历史预测准确率、所处经纪证券公司的规模以及经验的提高而增加，但是分析师关注的行业越多，其产生羊群行为的可能性就越大[70]。布斯的研究则确定了领先者与跟随者之间的关系，并设计了一种在羊群中区分领先者和跟随者的方法，并总结了领先者的个体特征[82]。蔡庆丰等人发现我国证券分析师的评级调整行为存在明显的羊群行为，并且会对机构投资者的羊群行为产生影响，证券分析师和机构投资者羊群行为的叠加会加剧市场波动性、可能导致流动性枯竭，容易引发市场信息阻塞、定价效率低下等问题[83]。

1.2.3 研究现状评述

综上所述，分析师荐股评级领域的研究在内容上主要集中于分析师荐股评级价值验证、关键影响因素探究、分析师表现一致性分析以及羊群行为方面，方法上主要采用传统统计方法，鲜有文献通过荐股评级可信度对分析师荐股能力进行深度挖掘。围绕分析师荐股评级的研究与实践，梳理其主要问题是缺乏对分析师荐股评级的实际表现进行有效量化的方法。已有研究主要采用统计方法对分析师荐股评级所评价股票的平均收益表现进行统计来评估分析师荐股评级的价值，鲜有文献研究不同荐股评级发布标准下分析师荐股评级的可信度量化问题，即根据分析师发布荐股评级时对目标个股的收益预期与该个股的实际收益表现是否相符对分析师的荐股评级可信度进行量化。而且，已有文献在探究分析师荐股评级的价值时，也缺乏基于荐股评级可信度的分析师/证券公司荐股能力评价研究。已有研究主要通过盈利预测准确性或者荐股获利能力来对分析师的预测能力进行评价，目前缺乏研究在量化分析师荐股评级可信度的基础上建立科学评价指标体系，对行业内分析师个体和证券公司的荐股评级能力进行客观评价，为投资者了解分析师行业内的可信度发展态势提供数据支撑与决策支持。

1.3　本书特色

（1）选题新颖，理论与实践并重。本书的选题既源于对我国当下分析师股评行业中出现的实际问题的调研与思考，也源于对分析师荐股评级数据挖掘领域前沿文献的深度分析，将分析师荐股评级能力量化评价困难这一实际问题层层分解，由表及里的深入剖析了问题产生背后的核心科学问题，针对性地设计了基于可信度的分析师荐股评级能力评价方法，突破了分析师股评研究中对分析师荐股评级能力评价的理论方法瓶颈。

（2）立足投资者关切问题，评价结果客观、可验证。本书以分析师荐股评级可信度为抓手，以最大化实现评价结果对决策实践的指导借鉴作用为目标，构建了客观的科学评价指标体系与评价方案，从多评价期、多行业、多指标实现对分析师个体和证券公司两个层面的客观评价。相关评价报告致力于回答投资者和证券市场中的其他参与主体最关切的实践问题。

（3）强调实现分析师荐股评级能力评价结果的决策效用。对于投资者来说，本书相关研究成果可以辅助其有效提取和识别分析师荐股评级中的价值信息，为其投资决策提供科学的理论方法指导，有效降低投资风险；对于分析师行业机构来说，相关研究成果可以激励分析师提高观点信息质量，促进行业自净、行业自律，创造更为优质的行业竞争环境，有效提高行业公信力；对于国家监管部门来说，相关研究成果既可以为其制定行业监管规则提供更科学的理论依据，也可以应用在其数据监察系统中，有效监管、规范和约束分析师行为。因此本书具有重要意义。

  本书的研究贡献可以归纳为：第一，提出并构建了分析师荐股评级可信度及其量化方法，有利于健全分析师行业科学评价体系；第二，构建了基于荐股评级可信度的评价指标体系与评价方法，实现了对中国证券分析师和证券公司荐股评级能力的客观科学评价，有利于投资者理解分析师荐股评级的信息价值，提高证券市场信息传递效率。

1.4 内容框架

  本书试图构建基于荐股评级可信度的中国证券分析师以及证券公司科学评价方法。如图1-2中的框架图所示，本书共分为8个章节。在第1章绪论中，我们从当前分析师荐股评级能力评价面临的实际问题出发介绍了本书的研究背景，继而系统性地梳理了国内外研究现状。在此基础上总结了本书的特色，最后给出了本书的研究框架结构。第2章则概述了我国证券分析师行业的发展历程与现状，并论述了证券分析师的职业特征与评价现状。第3章给出了量化分析师荐股评级可信度的方法，并给出了计算实例与基本统计分析。第4章聚焦于构建分析师个体和证券公司的荐股评级能力评价指标体系，并详细介绍了具体的评价方法。第5章以行业划分为基准，给出了各个行业内分析师个体荐股评级能力的评价结果。第6章从荐股评级可信度分数与明星分析师数量两个维度对证券公司荐股评级能力进行了评价。第7章对相关评价结果进行了分析并给出了相应的实践启示。最后，本书在第8章中对以上所有研究内容进行了总结，并指出了今后可能的研究方向。

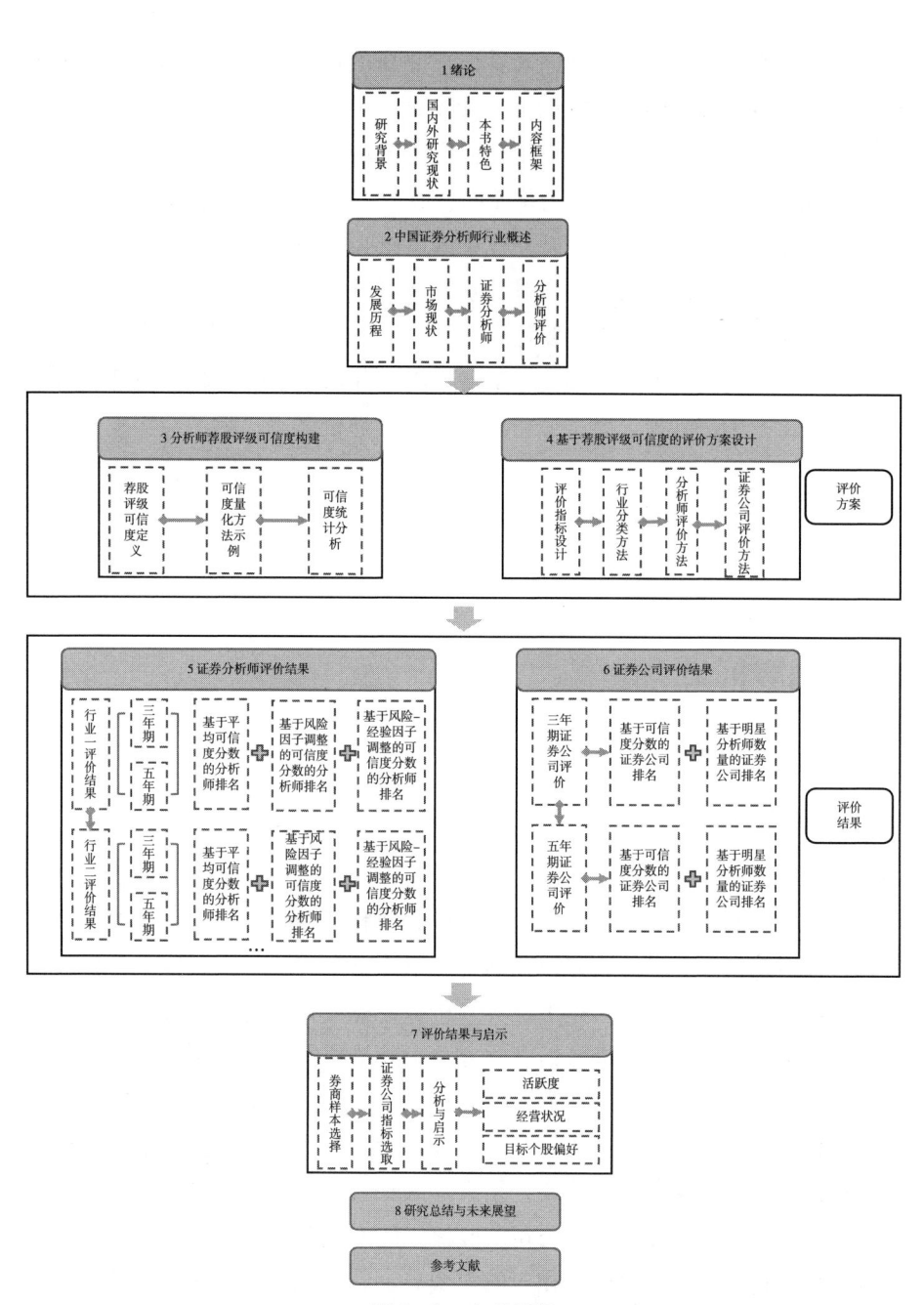

图1-2 本书框架

2 中国证券分析师行业概述

2.1 中国证券市场发展历程

证券市场是金融市场的重要组成部分，具有融通资本、资本定价与资源配置等功能，在金融市场体系中居重要地位。[①] 证券市场的发展过程始终与实体经济紧密依存，从不成熟逐步走向成熟，从监管缺位到监管逐步完善，从初具规模到发展壮大，证券业已成为中国国民经济中的一个重要行业，对推动国民经济增长作出了重大贡献，对引导储蓄转化为社会投资和促进实体经济发展具有不可替代的重要作用。

2.1.1 初创阶段：中国证券市场的建立（1978~1992年）

20世纪80年代，中国证券市场活动仅局限于国库券的发行和分销。1984年7月，北京天桥股份有限公司和上海飞乐音响股份有限公司经中国人民银行批准向社会公开发行股票。同年11月，中国第一个公开发行的股票——飞乐音响向社会发行1万股（每股票面50元）。这件事当时在海外引

[①] 2018年中国证券行业发展历程及市场现状分析［EB/OL］. http://market.chinabaogao.com/it/032I261X2018.html, 2018-03-27.

起了比国内更大的反响，被誉为中国改革开放的一个信号。1986年9月26日，上海建立了中国第一个证券交易柜台——中国工商银行上海信托投资公司静安证券业务部，办理由其代理发行的延中实业和飞乐音响两家股票的代购、代销业务，这是新中国证券正规化交易市场的开端，标志着新中国从此有了股票交易。我国在进行股份制改造以及改革经济体制的前提下，开始逐步创建自己的证券市场，其中沪、深证券交易所分别于1990年12月和1991年7月成立是中国证券市场的重要里程碑，标志着中国证券市场正式开始其发展历程。沪深交易所成立后，本地发行的股票开始进场交易，这就是所谓的上海"老八股"和深圳"老五股"。之后国内其他地方发行的公司股票开始陆续在沪、深两个证券交易所上市交易，两家证券交易所为上市股票提供了必要的交易平台和流动性，以此更好地配置资源，我国的股票交易市场从此开始成形。

2.1.2　扩张阶段：全国统一监管市场的形成（1993~1998年）

中国证券市场在此阶段开始在全国范围内进行试点运营，相关的法律制度得以逐步建立健全，市场上市规模不断扩大。1992年中国证监会成立，标志着中国证券市场统一监管环境的形成。证券监管部门建立了统一的市场监管体系并持续完善相关监管条例和规则，从而有力地推动了中国资本市场的发展。1993年，股票发行试点正式由上海、深圳推广至全国，释放了资本市场进一步发展的空间。同年，国务院先后颁布了《股票发行与交易管理暂行条例》①和《企业债券管理条例》②，此后又陆续出台若干法规和行政规章，初步构建了基本的证券法律法规体系。1993年以后，B股、H股发行出台，债券市场品种呈现多样化，发债规模逐年递增，证券中介机构在种类、数量和规模上也迅速扩大。1998年，中国证券市场监督管理体制发生重大变化。根据国务院机构改革方案，国务院证券委被撤销，中国证监会成为中国证

---

① 股票发行与交易管理暂行条例［EB/OL］. http：//www.guizhou.gov.cn/zfgb/gzszfgb/199304/t19930422_1943369.html，1993-04-22.

② 企业债券管理条例［EB/OL］. https：//wenku.baidu.com/view/ca114cc552e2524de518964bcf84b9d528ea2c7e.html，1993-08-02.

期货市场的监管部门，并在全国设立了派出机构，地方证券监管机构由中国证监会垂直领导，中国证监会承担全国证券市场的集中统一监督管理职能。集中统一的证券期货市场监管框架就此建立，证券市场由局部地区试点试验转向全国性市场。

2.1.3　规范发展阶段：依法治市和市场结构改革（1999~2008年）

这一阶段证券监管机构制定了一系列的法规和政策措施，推进上市公司治理结构改善，大力培育机构投资者，不断改革完善股票发行和交易制度，促进了证券市场的规范发展和对外开放，中国证券市场在此阶段变得越来越规范。股票发行制度从2001年3月开始进行了调整，核准制取代了原来的审批制，监管机构开始更加严格的审核上市公司治理结构，促使上市公司更加重视经营的合理性，促进公司质量的有效提升，进而使投资者获得更强的信心。1999年《证券法》[1]的颁布和2006年《证券法》[2]、《公司法》[3]的修订奠定了我国证券市场的基本法律框架，进一步改善了市场监管环境，使我国证券市场的法制建设进入了一个新的历史阶段。在此期间，我国政府执行了一系列市场化改革措施，其中以券商综合治理和股权分置改革为代表事件。为了贯彻落实国务院相关政策，2004年8月，中国证监会在证券监管系统内全面部署和启动了综合治理工作，包括证券公司综合治理、上市公司股权分置改革、发展机构投资者在内的一系列重大变革由此展开。2004年2月，国务院发布《关于推进资本市场改革开放和稳定发展的若干意见》[4]，明确了证券市场的发展目标、任务和工作要求，成为资本市场定位发展的纲领性文件。2004年5月起，深交所在主板市场内设立中小企业板块，为中小企业提供了

---

[1] 中华人民共和国证券法 [EB/OL]. http://www.npc.gov.cn/wxzl/wxzl/2000-12/05/content_4718.htm, 1998-12-09.

[2] 中华人民共和国证券法 [EB/OL]. http://www.gov.cn/flfg/2005-10/28/content_85556.htm, 2005-10-28.

[3] 中华人民共和国公司法 [EB/OL]. http://www.mofcom.gov.cn/article/swfg/swfgbl/201101/20110107349089.shtml, 2006-01-01.

[4] 国务院关于推进资本市场改革开放和稳定发展的若干意见 [EB/OL]. http://www.mofcom.gov.cn/aarticle/b/f/200402/20040200186171.html, 2004-01-31.

融资和股票交易的平台。2005年4月,经国务院批准,中国证监会发布了《关于上市公司股权分置改革试点有关问题的通知》①,启动股权分置改革试点工作。2006年9月,中国金融期货交易所批准成立,有力推进了中国金融衍生产品的发展,完善了中国资本市场体系结构。

2.1.4 改革创新阶段:多层次资本市场的建立和完善发展(2009年至今)

2009年10月创业板的推出标志着多层次资本市场体系框架基本建成。进入2010年,证券市场制度创新取得新的突破,2010年3月融资融券的推出、4月股指期货的推出为资本市场提供了双向交易机制,这是中国证券市场金融创新的又一重大举措。2012年8月、2013年2月转融资、转融券业务陆续推出,有效地扩大了融资融券发展所需资金和证券的来源。2013年11月,中共十八届三中全会召开,全会提出的对金融领域进行改革为证券市场的发展带来了新机遇。2013年11月30日,中国证监会发布《关于进一步推进新股发行体制改革的意见》②,新一轮新股发行制度改革正式启动。2013年12月,新三板准入条件进一步放开,新三板市场正式扩容至全国。随着多层次资本市场体系的建立和完善,新股发行体制改革的深化,新三板、股指期权等制度创新和产品创新的推进,中国证券市场逐步走向成熟,证券市场为中国经济提供投融资服务等功能日益得到突出和体现。2015年10月29日,中国共产党第十八届中央委员会第五次全体会议审议通过了《中共中央关于制定国民经济和社会发展第十三个五年规划的建议》③,明确了要加快金融体制改革,提高金融服务实体经济效率,积极培育公开透明、健康发展的资本市场,推进股票和债券发行交易制度

---

① 关于上市公司股权分置改革试点有关问题的通知 [EB/OL]. http://www.csrc.gov.cn/pub/newsite/scb/gqfzg/200610/t20061031_70021.html, 2005 - 04 - 29.

② 关于进一步推进新股发行体制改革的意见 [EB/OL]. http://www.csrc.gov.cn/pub/shanghai/xxfw/gfxwj/201312/t20131211_239724.htm, 2013 - 12 - 11.

③ 关于制定国民经济和社会发展第十三个五年规划的建议 [EB/OL]. http://news.cnr.cn/native/gd/20151103/t20151103_520379989.shtml, 2015 - 11 - 03.

改革，提高直接融资比重，降低杠杆率。开发符合创新需求的金融服务，推进高收益债券及股债相结合的融资方式。2016年3月31日，国务院批转国家发展改革委《关于2016年深化经济体制改革重点工作的意见》[①]，提出要深化资本市场改革，推进股票、债券市场改革和法治化建设，促进多层次资本市场健康发展，提高直接融资比重。2017年1月26日，国务院办公厅出台《关于规范发展区域性股权市场的通知》[②]，指出规范发展区域性股权市场是完善多层次资本市场体系的重要举措，在推进供给侧结构性改革、促进大众创业万众创新、服务创新驱动发展战略、降低企业杠杆率等方面具有重要意义，并从市场定位、监管体制、运营机构、监管底线、合格投资者、信息系统、区域管理、支持措施等八个方面对区域性股权市场作出专门的制度安排。

2.2 中国证券市场发展现状

2.2.1 证券发行

经过30年的发展，从上市公司的数量、融资金额、投资者数量等各方面来看，中国资本市场均已具备了相当的规模，其在中国经济的发展中正发挥越来越重要的作用。中国证券登记结算有限公司披露的数据显示，截至2020年12月，中国结算登记存管的沪深证券交易所证券为25 992只，存管证券总市值达967 473.41亿元。其中，股票4 239只，总市值为797 385.72亿元；债券14 739只，总市值为137 749.42亿元；基金1 016只，总市值为12 089.67亿元；资产证券化产品5 998只，总市值为20 248.59亿元，2020年

---

① 关于2016年深化经济体制改革重点工作的意见［EB/OL］. http://www.gov.cn/xinwen/2016-03/31/content_5060105.htm，2016-03-31.

② 关于规范发展区域性股权市场的通知［EB/OL］. http://www.gov.cn/xinwen/2017-01/26/content_5163743.htm，2017-01-26.

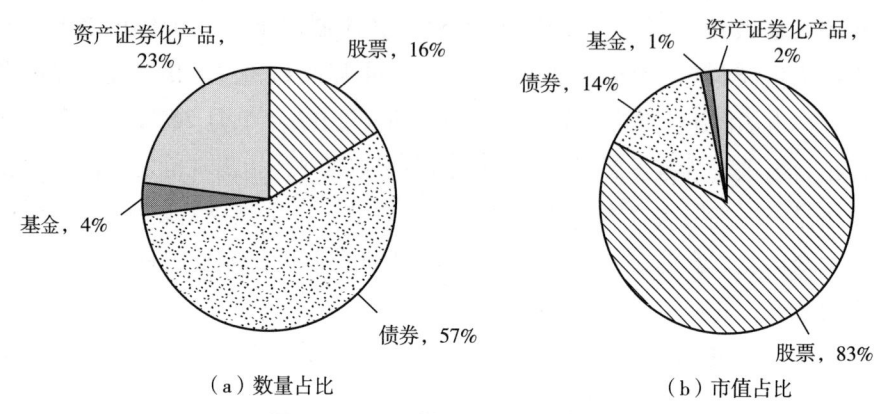

各种登记存管证券数量及市值占比情况见图2-1。

图2-1 2020年登记存管证券分布

资料来源：证券存管业务统计［EB/OL］. http：//www.chinaclear.cn/zdjs/tjyb4/center_tjbg.shtml，2020-12-31。

具体到股票市场，截至2020年12月，中国沪深两市共有A股上市公司4 146家，总市值达到约79.6万亿元，其中，市值超过5 000亿元的有3家；1 000亿~5 000亿元的有21家公司；500亿~1 000亿元的有23家公司。

2.2.2 证券投资者

中国证券登记结算有限公司披露的数据显示[①]，截至2020年12月，中国证券市场投资者数量达到17 777.49万人，其中自然人投资者有17 735.77万人。具体的，已开立A股账户的自然人投资者有17 676.13万人，已开立A股账户非自然人投资者有39.59万人。中国证券市场投资者数量近五年的详细增长情况见图2-2，可以看到，有越来越多的投资者参与到了我国的证券市场中，我国证券市场投资者规模日益壮大。

---

① 投资者统计［EB/OL］. http：//www.chinaclear.cn/zdjs/tjyb2/center_tjbg.shtml，2020-12。

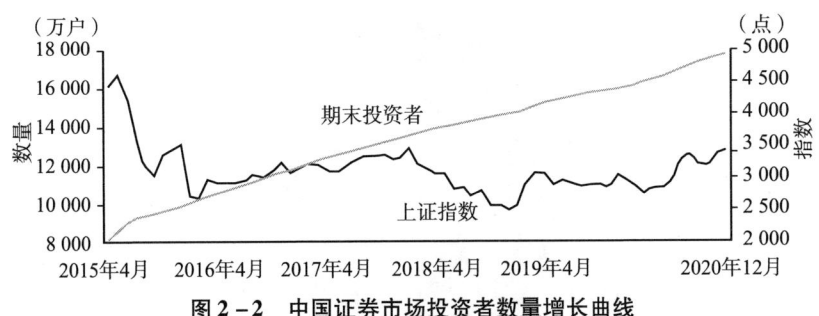

图 2-2　中国证券市场投资者数量增长曲线

资料来源：股票账户统计一览［EB/OL］. http：//data.eastmoney.com/cjsj/gpkhsj.html，2021。

《上海证券交易所统计年鉴（2020 卷）》显示[1]，截至 2019 年末，上交所自然人账户，也就是散户的数量为 3 856.96 万人，占上交所所有投资者的比例超过 99%，其持股市值为 61 856 亿元，占比达 20.59%。个体投资者中持股金额在 10 万元以下的占比达到 56.85%，持股金额超过 100 万元的个体投资者则仅占 6.93%，相较于机构投资者，个体投资者的持股金额普遍偏少。

为反映我国股票市场投资者状况，有针对性地开展投资者保护工作，中国证券投资者保护基金有限责任公司（以下简称"投保基金公司"）以 2019 年 12 月 30 日至 2020 年 1 月 17 日为调查周期，通过投保基金公司投资者固定样本库、68 家样本证券公司合作调查渠道以及中国证券报、证券日报、上海证券报、中国财富网等合作媒体渠道组织开展了"2019 年度全国股票市场投资者状况调查"，编制形成《2019 年度全国股票市场投资者状况调查报告》。

该报告显示我国证券市场中投资者的证券知识水平有显著提升的趋势，半数投资者对证券投资有基本的认识。图 2-3 中调查数据显示：属于"新手上路"的占比 15.3%，较 2018 年下降 13 个百分点；48.6% 的人"对投资有基本认知"，占比最高，较 2018 年提高 1.5%；"对投资产品较为熟悉"的人占比明显提高，2019 年占比 28%，较 2018 年增加 9.1%。"对投资较为专业"的投资者占比为 8.1%。自然人投资者的年龄越大，证券知识水平越高，持股时间越长，同时越倾向于长线价值投资；自然人投资者的学历越高，风险偏好程度越高，越倾向高收益高风险的投资。

---

[1]　上海证券交易所. 上海证券交易统计年鉴（2020 卷）［M］. 北京：中国金融出版社，2020.

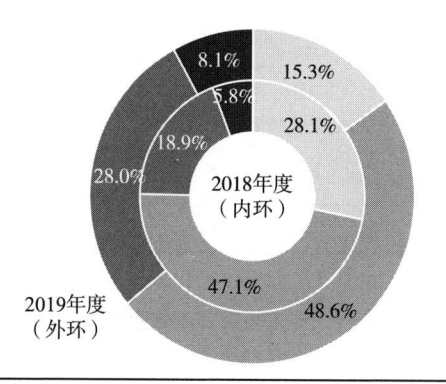

┌───┐
│ ■ 新手上路，需要了解入门知识   │
│ ■ 有基本认知，想了解深入的投资方法及理财知识   │
│ ■ 对投资产品较为熟悉，可自主投资与决策，但有向更专业人士（如投资顾问等）咨询的需要 │
│ ■ 对投资较为专业，可为他人提供投资指导或经验分享   │
└───┘

图 2-3 受调查投资者对证券投资知识的了解程度

资料来源：2019 年度全国股票市场投资者状况调查报告［EB/OL］. http://www.sipf.com.cn/images/zwz/dcpj/zxgz/2021/08/18/5069952FF21A8FB46D6042CD5E7997DE.pdf，2020-03-28。

图 2-4 中调查数据显示，2019 年 66% 的自然人投资者用来买股票的钱不超过家庭年收入的 30%。不过与 2018 年相比，股票投资比重低于 10% 的家庭比例下降了 13 个百分点，而比重为 10%～30%、30%～50%、50%～70% 的则有不同程度的上升。表明投资者进一步加大了股票投资在家庭年收入中的比重。

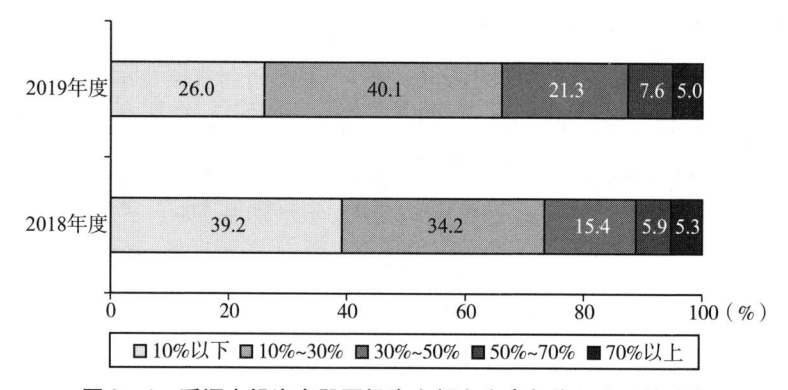

年度	10%以下	10%~30%	30%~50%	50%~70%	70%以上
2019年度	26.0	40.1	21.3	7.6	5.0
2018年度	39.2	34.2	15.4	5.9	5.3

图 2-4 受调查投资者股票投资金额占家庭年收入比重的分布

资料来源：2019 年度全国股票市场投资者状况调查报告［EB/OL］. http://www.sipf.com.cn/images/zwz/dcpj/zxgz/2021/08/18/5069952FF21A8FB46D6042CD5E7997DE.pdf，2020-03-28。

2019 年股票投资获利的专业机构投资者、一般机构投资者和自然人投资者比例分别为 91.4%、68.9% 和 55.2%，专业机构投资者的盈利情况显著好于其他两类投资者。如图 2-5 所示，自然人投资者中盈亏持平的占比 17.6%，亏损的合计占比 27.2%。盈亏区间上，"盈利 10%~30%"的投资者最多，占比 23.6%；其次是"盈亏持平"的投资者，占比 17.6%；"盈利 10% 以内"的投资者占比次之，为 16.6%。

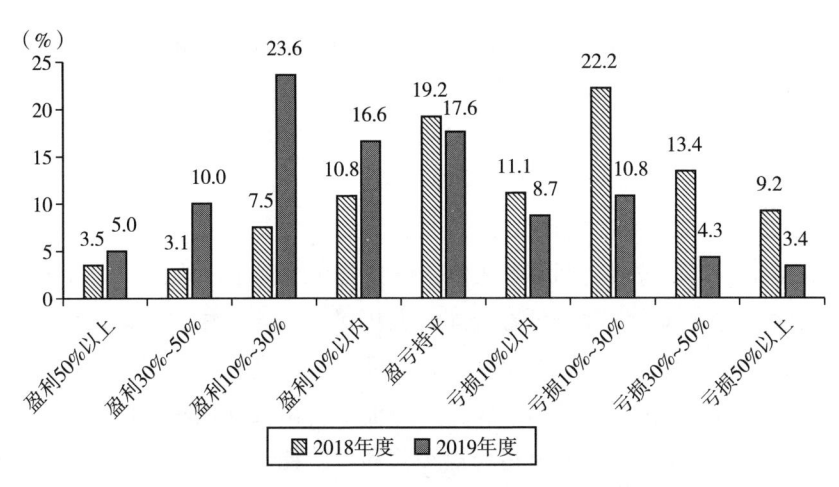

图 2-5　2019 年投资者盈亏情况调查结果

资料来源：2019 年度全国股票市场投资者状况调查报告 [EB/OL]. http://www.sipf.com.cn/images/zwz/dcpj/zxgz/2021/08/18/5069952FF21A8FB46D6042CD5E7997DE.pdf, 2020-03-28。

一般机构投资者在投资金融产品时最关注产品风险，而自然人投资者最关注收益率，行业基本面变化和上市公司基本面则为专业机构投资者配置行业和个股时参考的首要因素。一般机构投资者买卖股票的操作风格以长线为主，自然人投资者以中长线为主；一般机构投资者在投资板块上没有固定倾向，自然人投资者在 2019 年更多偏好投资主板和中小板。受调查自然人投资者认为在 2019 年里自身证券知识储备及对市场的理解是决定其股票投资盈亏的最主要因素，认为政策因素决定其投资盈亏的投资者比例有所降低。

投资者认为信息披露是投资者关系管理最重要的工作内容，"优秀"的投资者关系管理工作标准是维持公司市值长期稳定，投资者关系管理工作的进步需要上市公司与监管部门共同推动。自然人投资者主要通过交易所互动平台与上市公司沟通,倾向于了解上市公司业绩及股价变动情况,机构投资者还通过现场调研或参观访问的方式与上市公司互动,同时希望了解公司股权变动情况。

2.2.3 证券公司

我国证券公司起源于 20 世纪 80 年代银行、信托下属的证券网点。1990 年,上海证券交易所和深圳证券交易所相继成立,标志着新中国集中交易的证券市场正式诞生。30 年来,伴随着经济体制改革和市场经济发展,我国证券市场制度不断健全、体系不断完善、规模不断扩大,已经成为我国经济体系的重要组成部分;与此同时,我国证券公司也经历了不断规范和发展壮大的历程。

我国证券市场发展初期不够成熟,证券公司经营不够规范,2001 年下半年以后股市持续低迷,部分证券公司经营困难,风险集中暴露。因此,2004 年开始,中国证监会根据国务院部署,对证券公司进行了为期三年的综合治理工作,关闭、重组了一批高风险公司,证券公司长期积累的风险和历史遗留问题得以平稳化解,证券公司合规经营和风险控制意识显著增强,财务信息真实性普遍提高,行业格局开始优化。证券市场投资者规模日益壮大,其结构也在不断优化。根据证券业协会统计,截至 2020 年 12 月 31 日,中国共有证券公司 139 家[1]。

2007 年 7 月,为了有效实施证券公司常规监管,合理配置监管资源,提高监管效率,促进证券公司持续规范发展,降低行业系统性风险,中国证监会颁布了《证券公司分类监管工作指引(试行)》[2],该指引将证券公司划分为 A(AAA、AA、A)、B(BBB、BB、B)、C(CCC、CC、C)、D、E 等 5 大类 11 个级别。投保基金公司于 2020 年 12 月披露的统计报告数据显示[3],

---

[1] 证券公司信息公示 [EB/OL]. https://jg.sac.net.cn/pages/publicity/securities-list.html,2021.
[2] 证监会发布《证券公司分类监管规定》[EB/OL]. https://www.sac.net.cn/hyfw/hydt/200906/t20090601_43135.html,2009 – 06 – 01.
[3] 2020 年 12 月统计月报 [EB/OL]. http://www.sipf.com.cn/zjjk/tjsj/tjyb/2021/02/13398.shtml,2021 – 02 – 09.

评级为 A 类的证券公司为 79 家，评级为 B 类的证券公司为 40 家，评级为 C 类的证券公司为 12 家。

2020 年，面对严峻复杂的国内外形势，在党中央坚强领导下，资本市场持续推进疫情防控、深化改革、防范风险等各项工作，证券行业抓住机遇加快业务转型，加强能力建设，积极服务实体经济和居民财富管理，经营情况整体向好。据中国证券业协会对证券公司 2020 年度未审计经营数据进行以下统计[①]：

（1）2020 年度，证券行业服务实体经济通过股票 IPO、再融资分别募集 5 260.31 亿元、7 315.02 亿元，同比增加 74.69%、41.67%；通过债券融资 13.54 万亿元，同比增加 28.02%，服务实体经济取得显著成效。2020 年新冠肺炎疫情暴发后，证券公司发挥投资银行功能优势，积极促成疫情防控领域企业发行公司债券进行融资。2020 年共 65 家证券公司承销完成"疫情防控债" 170 只，助力 22 个省份的 142 家发行人完成融资 1 651.06 亿元。证券行业 2020 年实现投资银行业务净收入 672.11 亿元，同比大幅增加 39.26%。证券行业积极发挥投资银行功能，服务实体经济能力持续提升。

（2）2020 年度，证券行业实现代理买卖证券业务净收入（含交易单元席位租赁） 1 161.10 亿元，同比增长 47.42%；实现代理销售金融产品净收入 134.38 亿元，同比增长 148.76%；实现投资咨询业务净收入 48.03 亿元，同比增长 26.93%；实现资产管理业务净收入 299.60 亿元，同比增长 8.88%，证券行业服务居民财富管理能力进一步提升，财富管理转型初见成效。

（3）证券行业 2020 年度实现营业收入 4 484.79 亿元，同比增长 24.41%；实现净利润 1 575.34 亿元，同比增长 27.98%，127 家证券公司实现盈利。截至 2020 年 12 月 31 日，证券行业总资产为 8.90 万亿元，净资产为 2.31 万亿元，分别同比增加 22.50%、14.10%。客户交易结算资金余额（含信用交易资金） 1.66 万亿元，受托管理资金本金总额 10.51 万亿元。证券行业业绩保持增长，资产规模稳步。

（4）证券行业有效防范金融风险，合规风控水平整体稳定。2020 年末，

---

① 中国证券业协会发布证券公司 2020 年度经营数据 [EB/OL]. https：//www.sac.net.cn/hysj/zqgsjysj/202102/t20210223_145587.html, 2021-02-23.

证券行业净资本 1.82 万亿元，其中核心净资本 1.60 万亿元。截至 2020 年末，行业平均风险覆盖率 252.34%（监管标准≥100%），平均资本杠杆率 23.59%（监管标准≥8%），平均流动性风险覆盖率 235.89%（监管标准≥100%），平均净稳定资金率 153.66%（监管标准≥100%），行业整体风控指标优于监管标准，合规风控水平健康稳定。

目前，我国经济正处在方式转变、结构优化、动力转换的攻坚期，建设现代化经济体系、实施创新驱动国家战略对资本市场提出了更高要求，证券公司作为资本市场的"看门人"、直接融资的"服务商"、社会财富的"管理者"、资本市场的"稳定器"，肩负着重要的责任。展望未来，证券行业应多措并举全面提升行业服务实体经济的能力，重点做好以下四个方面：第一，加快资本市场基础制度建设，以制度创新提升证券行业核心竞争力；第二，稳步推进资本市场深化改革，促进证券业高质量创新发展；第三，增强忧患意识，提高防控能力，防范化解重大风险；第四，持续弘扬"合规、诚信、专业、稳健"行业文化，增强证券公司责任能力建设。

2.3　证券分析师

2.3.1　职业定义

证券分析师在中国又被称为股评师、股票分析师，是指依法取得证券投资咨询业务资格和执业资格，就证券市场、证券品种走势及投资证券的可行性，以口头、书面、网络或其他形式向社会公众或投资机构提供分析、预测或建议等信息咨询服务的专家。[①]

随着证券业市场的迅猛发展，新的证券业从业人员资格管理制度明确规定，证券公司、基金管理公司、基金托管机构、基金销售机构、证券投资咨询机构、证券资信评估机构及中国证监会认定的其他从事证券业务的机构中

---

① 证券分析师［EB/OL］. https：//baike.baidu.com/item/9085603？fr = aladdin.

从事证券业务的专业人员必须取得从业资格证书。《证券法》①第170条规定，分析师，即投资咨询机构从业人员，必须具备证券专业知识和从事证券业务或证券服务业务两年以上经验。认定其证券从业资格的标准和管理办法由中国证监会制定。在我国希望成为证券分析师的人员，首先须参加中国证券业协会组织的《证券市场基础理论》《证券投资分析》等学科的从业资格考试，再由所在的证券公司或咨询机构到中国证券业协会注册登记为执业人员，即可成为证券分析师。

证券分析师是一个高智慧、高挑战的职业，执业资格方面"门槛"较高。从业需拥有会计学、审计学和法律知识，能对年度报告、中期报告、招股说明书等指标和数据进行多方面的对比分析；了解中国为调控金融风险和证券发行、承销交易而制定的法律体系，熟悉证券市场法律制度的基本框架；同时，要通晓证券市场的技术分析。不但具有较强的综合技术分析能力，且能在此基础上，依据现阶段证券市场运行特点而有所创新，形成一套独特而有效的证券市场技术分析办法。

投资价值是证券市场导向的参数，成败取决于市场是否赋予证券一定的价值。现代证券投资理论的有效性，建立在两个假设前提下：一是证券价格对证券信息具有不同程度的敏感性；二是存在着一种能够提供信息、传递信息并保证信息质量的法律制度。随着证券专业化程度的提高，即便当下的信息披露有效，人们亦受制于对信息的判断力，无法区分证券品质的高低，作出正确的投资决策。信息披露报告中大量晦涩难懂的法律和会计术语，对投资者而言意义甚微。投资者全面收集和正确分析信息的成本非常高昂，有时可能高于投资的收益。

虽然个体投资者或许能够搜寻及证实信息，相对而言，证券分析师在信息获得上具有明显的规模优势。多数解释证券市场效率的理论都十分强调证券分析师之间在获取证券信息方面的优势。证券分析师有两个基本职能：一是从发行人以外的渠道收集有关公司证券价值的重要信息，例如，利率、竞争者行为、政府行为、消费者偏好、人口变动趋势等。这些信息

---

① 中华人民共和国证券法［EB/OL］.http：//www.gov.cn/xinwen/2019-12/29/content_5464866.htm?_zbs_baidu_bk，2019-12-29.

十分关键,是发行人的依赖对象,发行人本身不具备专业知识,而这正是证券分析师的长处。二是证实、比较发行人披露的信息,以防止恶意欺诈并消除偏见。

中国《证券法》24 规定"禁止证券发行和交易中的欺诈、内幕交易和操纵证券交易市场"等行为。证券投资咨询机构的从业人员不得从事下列行为:一是代理委托人从事证券交易;二是与委托人约定分享证券投资收益或者分担证券投资损失;三是买卖本咨询机构提供服务的上市公司股票。为证券的发行、上市或者证券交易活动出具审计报告、资产评估报告或者法律意见书等文件的专业机构和人员,必须按照规定的工作程序出具报告,对其出具报告内容的真实性、准确性和完整性进行验证,并就其负有责任的部分承担连带责任。

2.3.2 主要工作内容

尽管各个国家证券市场不同、金融制度有别,证券分析师的具体任务可能不完全一致,但一般而言,他们都需从事以下工作:

2.3.2.1 信息收集

收集信息是证券分析师在进行具体分析之前所必须完成的工作。分析师不仅要收集有关上市公司的所有公开资料,而且还要通过政府主管、行业组织、上市公司或者其他非正式部门获得上市公司的第一手资料。只有充分地收集资料,才能作出准确和有价值的分析。

2.3.2.2 信息沟通

分析师必须与自己研究的上市公司建立稳定而长久的联系。一方面,分析师可以通过每年的股东大会以及对上市公司的直接拜访等途径实现交流;另一方面,分析师还可以定期组织包括上市公司人员参加的分析师会议。由于上市公司一般都比较注重在二级市场的形象,因此通常都非常乐意参加这样的会议。

2.3.2.3　信息分析

（1）宏观经济与行业分析。通过研究公司所处的宏观和行业环境，以及上市公司自身和其竞争对手内部的经营、管理机制，对公司过去和当下的发展作出判断，同时对公司未来的经营战略和发展状况作出预测。宏观经济与行业分析一般多采用定性分析的方法，尽管它对定量分析要求很强的投资决策的指导意义不大，但却是以后财务分析和投资分析的出发点，财务分析和投资分析中的许多假设前提实际上都是宏观经济与行业分析的结果。

（2）财务分析。目的在于利用源于各种渠道的公司财务信息（主要是公布的各种会计资料），通过一定的分析程序和方法，了解和分析公司过去以及当下的经营情况，发现影响公司经营目标实现的因素，以及各因素变动对经营目标实现所起到的作用。通过分析各影响因素的变动来判断公司未来的经营情况，从而研究公司股价的未来走向，为与公司有利益关系的内部和外部会计信息使用者提供决策信息。

（3）投资分析。研究股市行情，估算股票的价格，目的是为股票的买卖提出建议。作为证券行业的分析师，前面的经济分析和财务分析实际上都是为这里的投资分析作准备工作，证券分析师必须通过全面的分析之后对股价的未来走向作出具体判断。在理性的证券市场中，股价的实际变动也是对分析师所作工作的最好检验。投资分析是分析师工作的最终目标。

2.4　分析师评价

分析师凭借自身专业能力收集、解读市场信息，并通过撰写股评报告向市场参与者传递与上市公司相关的价值信息，从而在证券市场中扮演重要的信息中介角色，有效提高市场信息效率。但显然，由于分析师个体之间的能力差异与利益冲突，荐股报告的信息质量并不能得到保证。低质量的分析师股评报告不仅无法促进市场的有效性，还会对投资者产生误导，损害其利益。因此，如何提高分析师股评质量成为该领域实践中的重要课题。针对该课题，一方面，自然要从提高分析师自身能力做起，分析师要注重修炼内功，加强自身专业素质,提高信息收集、处理能力,增强独立自主性与客观性;另一方面,也需要建立完善的外部激励机制来促进分析师提高股评质量。

对分析师进行评价作为构建外部激励机制的核心要素之一,自从证券分析师这一职业诞生以来便受到包括投资者在内的众多市场参与者的推崇与关注。业界对分析师进行评价时,常见的做法是评选出表现优异的分析师并授予"明星分析师""最佳分析师"等荣誉头衔。分析师评选活动通常由权威专业的金融杂志主办,在国外市场中比较著名的是《机构投资者》(*Institutional Investor*)① 杂志主办的"全美分析师评选"(All-America AnalystElection),在国内市场中比较著名的是《新财富》② 杂志主办的最佳分析师评选。

2.4.1 《机构投资者》杂志的明星分析师评选

《机构投资者》(*Institutional Investor*)于 1967 年创刊,是一份在美国出版、全球发行的著名金融类杂志,主要探讨基金、银行或其他企业的投资、融资等问题。该杂志从 20 世纪七八十年代开始,以年度为单位对美国本土的证券分析师进行评价,评选出表现优异的证券分析师,并授予 All-America (AA) 分析师的头衔,所有 AA 分析师组成当年的全美研究团队(All-America Research Team)。具体的,该杂志会在每年春天(通常是在 4 月或 5 月)对机构投资者(例如全球最大的养老基金、对冲基金和共同基金的投资组合经理,研究总监和首席投资官)进行大规模调查,要求他们从以下四个方面对卖方分析师的股评表现进行评价:个股选择(stock picking)、盈利预测(earnings forecasts)、报告撰写(written reports)和整体服务(overall service)。相关评价结果将于该杂志的 10 月刊上公布[2]。

2020 年 10 月 20 日,《机构投资者》公布了第 49 届全美研究团队(All-America Research Team)的评选结果③。在本次评选中,为了挑选全美研究团

---

① Institutional Investor 杂志官网[EB/OL]. https://www.institutionalinvestor.com/, 2021.
② 新财富官网[EB/OL]. http://www.xcf.cn/s/index.html, 2021.
③ In a Disastrous Year, the All-America Research Team Shines [EB/OL]. https://www.institutionalinvestor.com/article/b1nwg3bk4rghmw/In-a-Disastrous-Year-the-All-America-Research-Team-Shines, 2020 – 12 – 20.

队的成员,《机构投资者》向受委托(commission)/至少拥有 25 万美元研究钱包(research wallet)且被公认为使用卖方研究咨询服务的资产管理公司的研究和投资专业人士征求了意见,要求受访者对 60 个行业和宏观经济领域中的分析师和研究公司进行排名。具体的,受访者首先对每个行业中的研究公司进行投票,然后分别对这些公司中的分析师进行投票。最终的评选分数则是根据机构投资者的佣金以及管理的资产等信息对投票进行加权得到的。在评选过程中,选民必须符合严格的资格要求,获奖者必须满足最低的得票数,所有选票均须经过研究运营小组的审查。最终,《机构投资者》收集到了来自 1 446 家公司的 3 667 位受访者的投票回复。

在每次的评选中,AA 头衔被授予 60 多个行业的顶级分析师,并有四种排名,由高到低依次是:First Place、Second Place、Third Place 和 Runner-up。其中被评为 First Place 和 Second Place 的分析师约占所有 AA 分析师的三分之一,因为在每年的每个行业中,都会有三名分析师被分别授予 First Place、Second Place 和 Third Place 这三个奖项,而 Runner-up 奖项则通常由多名分析师共同分享。分析师的 AA 头衔通常从评选年度的 10 月份持续至次年的 9 月份。

2.4.2 《新财富》杂志的最佳分析师评选

中国的证券分析师评选活动相较于美国起步较晚,"新财富最佳分析师评选"是中国本土第一份市场化分析师排名。该评选旨在挖掘中国最优秀的证券分析师和研究机构,传播行业正能量,促进中国证券研究行业水平提升,为推进资本市场稳定健康发展积极贡献力量。"新财富最佳分析师评选"由《新财富》杂志主办,该杂志成立于 2001 年,定位于以评价和研究引领的金融服务平台,致力于成为中国资本市场的标准提供者,通过主观与客观相结合的方式,对资本市场的重要参与主体进行透明、独立的专业评价,并提供基于这些评价的资本市场数据和分析,为市场各方提供投资、融资、执业等方面的参考,促进资本市场更有效率地配置资源。

2003 年 1 月,《新财富》杂志借鉴美国《机构投资者》杂志的做法,首次推出由国内机构投资者票选中国内地资本市场最出色分析师的活动,评选以基金经理直接提名分析师并为其打分的方式进行。2003年3月提名截止，主办方开始回收选票、计票，并最终评选出26个研究方向的"最佳分析师"。6月新财富以"探寻真实价值"为题，刊登了首届"最佳分析师"评选结果及分析文章。这一开创性评选获得资本圈人士的广泛关注和普遍认可，上榜的"最佳分析师"获得了公司的奖励与重用。《证券时报》《上海证券报》以及新浪网、中新网等媒体对评选进行了专题推荐与报道。

一般地，新财富的最佳分析师评选流程主要包括以下三个步骤：

（1）参评分析师报名。分析师作为参评候选方，在每年的评选活动中需要主动向主办方提交报名参与的材料信息。新财富作为主办方会依据评审细则对报名分析师的资质进行审查，对不符合要求的分析师，会取消其参评资格。新财富对分析师根据其团队所属的细分行业来进行划分，各个券商的分析师都可以选择报名参加其覆盖行业的评选。

（2）机构投资者投票。评选活动的投票方主要是机构投资者，主办方会适时开启投票人征集活动。在征集投票人期间，包括公募基金公司、保险资产管理公司以及证券公司资产管理部等在内机构投资者可以按照规定向主办方申请投票人资格。主办方对申请者的资质进行合规性审查，最终确定参与最佳分析师评选的投票者。

（3）计算分析师得分。投票者遵照评选流程在规定时间内登录投票系统通过填写问卷的方式对参评分析师进行投票，以此完成对分析师的评价。主办方会依据投票者的类别、资产规模等客观指标来赋予不同机构投资者以不同的"选票数"和"权重"。最后，新财富收集所有机构投资者的选票进行统计，将选票按照预先设定好的算法换算成统一的分数，并按照得分高低给隶属于同行业的分析师进行排名，从而评选出"最佳分析师"。

截至2017年，《新财富》的"最佳分析师"评选活动连续成功举办了15届，在证券市场各参与主体的共同努力下，在"公开、公平、公正"的前提下，这一评选获得市场的广泛认同，影响力不断扩大，该评选已经成为中国分析师行业内最具影响力的分析师评价活动。但是，该评选也存在诸多问题，比如评选规则量化程度低，投票机构容易客观性缺失等。在市场的发展过程中，分析师评选排名开始与其收入挂钩，每到评选投票阶段，各种形式的拉票拜票行为层出不穷。2018年9月"不雅饭局"事件①的爆发，让新财富的第十六届最佳分析师评选被迫暂停，整个分析师评价行业遭遇了严重的信任危机。

为规范证券分析师参加评选活动，维护分析师的职业声誉，推动合规、诚信、专业、稳健的行业文化建设，促进证券研究业务健康发展，构建资本市场良好生态，中国证券业协会于2019年10月8日制定并发布了《证券分析师参加外部评选规范》②，规范要求证券公司应对分析师参加评选活动进行统一管理，建立分析师参加评选活动各个环节廉洁自律的内控机制。与此同时，深圳证券时报社有限公司、《证券日报》社、上海第一财经传媒有限公司、广东二十一世纪环球经济报社、北京富华创新科技发展有限责任公司、东方财富信息股份有限公司、路孚特信息服务（中国）有限公司等多家分析师评选组织机构签订了《证券分析师评选组织机构自律公约》③。各评选组织均表示将按照自律公约的承诺，依法合规、诚实守信、公平公正、独立客观地组织开展分析师评选活动，并加强对参评人、投票人的管理，维护评选活动的严肃性、公平性和专业性，自觉接受社会、媒体的监督和协会自律管理。2019年10月22日晚间，新财富杂志公众号发布了"第十七届新财富最佳分析师评选规则四大修订方向"，在公布评选规则修订办法的同时，宣布已签署成为《证券分析师评选活动组织机构自律公约》的缔约机构，接受中国证券业协会的监督并郑重承诺将严格遵守《自律公约》，与各方共同弘扬正气，传播行业正能量，为维护证券分析师的职业声誉和社会公共利益，为促进中国证券研究行业健康发展贡献积极力量，这宣告了《新财富》主办的最佳分析师评选活动重整归来。

---

① 新财富分析师评选陷"拉票"风波：方正证券两人被停职调查 [EB/OL]. 新华网，http：//finance. ce. cn/stock/gsgdbd/201809/19/t20180919_30344165. shtml，2018－09－19.
② 关于发布《证券分析师参加外部评选规范》的通知 [EB/OL]. https：//www. sac. net. cn/tzgg/201910/t20191008_140266. html，2019－10－08.
③ 七家分析师评选组织机构签订自律公约 [EB/OL]. https：//www. sac. net. cn/ljxh/xhgzdt/202001/t20200121_141304. html，2020－01－21.

2.4.3 小结

从上述明星分析师评选的实例中可以看出，如何构建完善的分析师评价体系依然是分析师实践中重要且亟须解决的问题，已有的评价方法量化程度低、客观性缺失，难以满足科学评价分析师股评表现的需求。为此，本书以分析师发布的荐股评级为研究对象，试图构建基于荐股评级可信度的分析师量化评价方法，为健全分析师评价体系提供新思路。

3
分析师荐股评级可信度构建

3.1 荐股评级可信度定义

证券分析师在资本市场中扮演着重要的信息角色[1,84]。其发布的荐股评级是向市场传递专业信息的主要载体之一[3,4,5]。但分析师发布的荐股评级良莠不齐,健全针对分析师荐股评级的科学评价方法是重要且亟待解决的问题。已有研究主要聚焦于从分析师荐股的获利能力对分析师荐股评级的价值进行评价[4,11,12],尽管该类方法提供了一种行之有效的途径来评价分析师荐股评级的实际表现,但由于时间窗口、收益计算方法等要素的差异,该类方法的度量标准并不统一。为了解决上述问题,本章在综合考虑实践与理论需求的基础上,构建了可信度来对分析师荐股评级的价值进行评价,为客观评价分析师荐股评级实际表现提供新思路。具体的,本书基于分析师荐股评级及其发布标准,建立了量化提取分析师荐股评级预期收益的统一框架,若分析师所荐股票的实际收益表现能满足该评级的预期收益,则该评级是可信的,否则是不可信的。

分析师荐股评级是其研究报告的重要内容之一,由股票评级和评级标准两个部分组成。股票评级反映了分析师对股票未来收益走势的综合性预判,而评级标准则是对股票评级对应的预期收益水平进行详细的解释。举例来说,来自西南证券的分析师商某于 2017 年 1 月 2 日对上市公司时代新材(股票代码：600458）发表"买入"的股票评级，而该评级对应的标准如表3-1所示。

表3-1 荐股评级标准样例

荐股评级	收益预期
买入	未来6个月内，个股相对沪深300指数涨幅介于［20%，+∞］区间
增持	未来6个月内，个股相对沪深300指数涨幅介于［10%，20%）区间
中性	未来6个月内，个股相对沪深300指数涨幅介于［-10%，10%）区间
回避	未来6个月内，个股相对沪深300指数涨幅介于［-∞，-10%）区间

根据分析师给出的"买入"股票评级以及上述评级发布标准可以得出该分析师本次评级的预期是被评价股票在未来6个月内相对沪深300指数的涨幅在20%以上。如果在申明的有效期内该股票的收益表现达到本次评级的预期，则本次荐股评级是可信的，反之则是不可信的。

不失一般性的，通过上述样例可以归纳发现：根据分析师发布的股票评级及其发布标准，分析师对被评股票的预期收益可以用三元组 $\{period, indexBench, (minValue, maxValue)\}$ 表示，其中 $period$ 表示评级申明的有效期限；$indexBench$ 表示被评价股票收益表现所要对比的收益标尺，通常是沪深300指数等大盘指数；$(minValue, maxValue)$ 则表示分析师对股票未来收益表现的预测区间。表3-1中"买入"评级的收益预期可以表示为 $\{6个月，沪深300指数，[20\%, +\infty)\}$，"增持"评级为 $\{6个月，沪深300指数，[10\%, 20\%)\}$，"中性"评级为 $\{6个月，沪深300指数，[-10\%, 10\%)\}$，"回避"评级则为 $\{6个月，沪深300指数，[-\infty, -10\%)\}$。

分析师荐股评级标准中包括的各种收益对比标尺的占比分布如图3-1所示，可以看到常用的收益对比标尺有六种：沪深300指数、股票价格、中信标普300指数、深证综指、深证成指和上证综指，其中沪深300指数和股票价格是最常用的标尺。

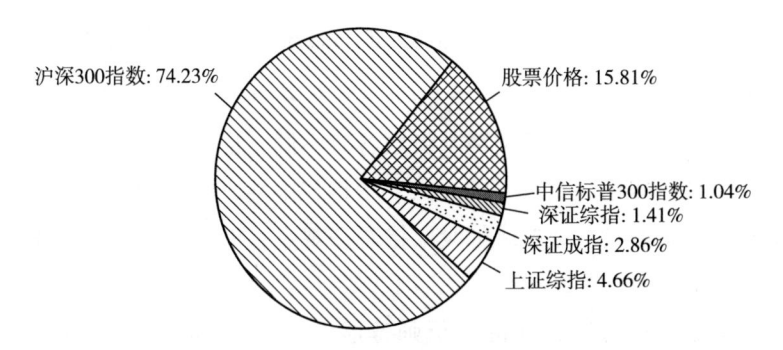

图 3-1 收益对比标尺占比分布

为了确定分析师荐股评级的可信度，需要查验荐股评级的预期收益表现是否符合实际。当荐股评级声明的收益对比标尺是股票价格时，只需要计算被评价股票在预测有效期内的累计收益率即可。具体的，被评价股票自评级之日起到第 t 天的累计收益率为：

$$CR^{stock}_{[0,t]} = \prod_{i=1}^{t}\left(1+\frac{p^{stock}_i - p^{stock}_{i-1}}{p^{stock}_{i-1}}\right) - 1 \tag{3-1}$$

公式（3-1）中，p^{stock}_i 是被评价股票 stock 在评级日后第 i 天的收盘价，p^{stock}_{i-1} 是被评价股票 stock 在评级日后第 $i-1$ 天的收盘价。

而当荐股评级声明的收益对比标尺是其他大盘指数时，分析师荐股评级的实际收益表现需要计算股票收益相对于标尺的超额收益。此时需要同时计算被评价股票和收益对比标尺在预测有效期内的累计收益率。类似公式（3-1），荐股评级中的收益对比标尺自评级之日起到第 t 天的累计收益率为：

$$CR^{bench}_{[0,t]} = \prod_{i=1}^{t}\left(1+\frac{p^{bench}_i - p^{bench}_{i-1}}{p^{bench}_{i-1}}\right) - 1 \tag{3-2}$$

公式（3-2）中，p^{bench}_i 是收益对比标尺 bench 在评级日后第 i 天的收盘价，p^{bench}_{i-1} 是收益对比标尺 bench 在评级日后第 $i-1$ 天的收盘价。相对于收益对比标尺 bench，股票 stock 自评级之日起第 t 天的累计超额收益率为：

$$CAR^{stock}_{[0,t]} = CR^{stock}_{[0,t]} - CR^{bench}_{[0,t]} \tag{3-3}$$

假设评级有效期为 $period = \{t \mid t = 1, 2, \cdots, T\}$，那么分析师荐股评级在有效期内的实际收益表现为：

$$AP = \begin{cases} \{CR_{[0,t]}^{stock} \mid t=1, 2, \cdots, T\} & \text{if } indexBench = \text{"股票价格"} \\ \{CAR_{[0,t]}^{stock} \mid t=1, 2, \cdots, T\} & \text{if } indexBench \neq \text{"股票价格"} \end{cases} \quad (3-4)$$

因各证券公司股票分级类别及级数各有不同,证券分析师行业内将证券公司荐股评级标准化为5级,即买入、增持、中性、减持和卖出。其中买入和增持属于正向评级,对被评价股票持看涨观点;而减持和卖出属于负向评级,对被评价股票持看跌观点。

可信度定义:对于正向的分析师荐股评级,若 $minValue \leq \max(AP) < maxValue$,则该荐股评级是可信的,否则是不可信的;对于负向的分析师荐股评级,若 $minValue \leq \min(AP) < maxValue$,则该荐股评级是可信的,否则是不可信的;对于中性的分析师荐股评级,若 $minValue \leq \min(AP) \leq \max(AP) < maxValue$,则该荐股评级是可信的,否则是不可信的。

3.2 可信度量化方法示例

为了对第3.1节中提出的针对分析师荐股评级可信度的度量方法进行更加清晰的说明,我们在此提供四个具有明显差异的分析师荐股评级可信度计算实例来进行演示,并结合这四个实例对提出可信度指标来量化分析师荐股评级实际表现的必要性进行解释。

3.2.1 实例一

首先,第一个计算实例就是第3.1节中提及的示例:来自西南证券的分析师商某于2017年1月2日对上市公司时代新材(股票代码:600458)发表"买入"的股票评级,其评级发布标准如表3-1所示。根据第3.1节中提出的分析师荐股评级预期收益的统一表示框架,该评级的预期收益可以表示为 $\{6\text{个月},沪深300指数,[20\%,+\infty)\}$。由于该评级实例对应的收益对比标尺是沪深300指数,我们不仅需要依据公式(3-1)计算股票600458自2017年1月2日起6个月内各个交易日的累计收益率 $\{CR_{[0,t]}^{stock} \mid t=1, 2, \cdots, T\}$,

还需要根据公式（3-2）计算沪深300指数在同一时间窗口内各个交易日的累计收益率 $\{CR_{[0,t]}^{bench}|t=1,2,\cdots,T\}$，进而根据公式（3-3）计算出被评级股票在2017年1月3日至2017年7月2日内各个交易日的累计超额收益率 $\{CAR_{[0,t]}^{stock}|t=1,2,\cdots,T\}$。通过查询股票交易数据可以得知2017年1月3日至2017年7月2日这6个月内共有119个交易日，故在本评级实例中 $T=119$。以上三个部分实际收益的计算结果图3-2所示。

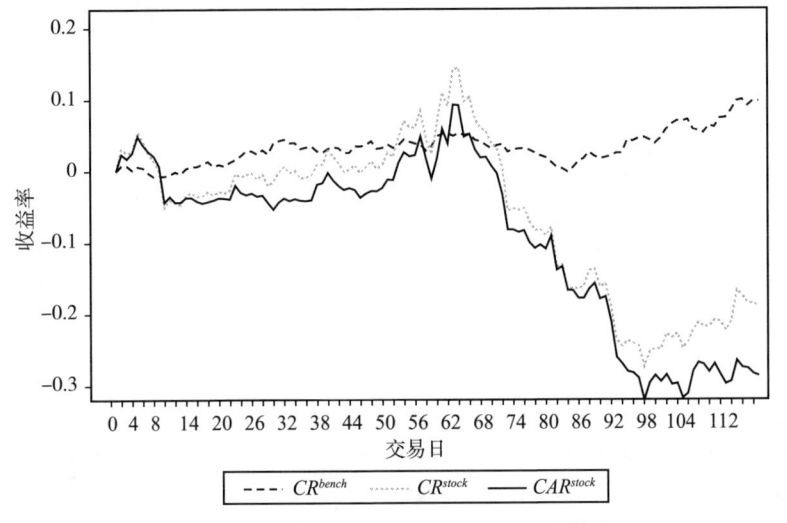

图3-2 分析师荐股评级实例一：收益计算结果

在图3-2中，横轴表示交易日，纵轴则表示收益率。其中浅色虚线是被评级股票600458在评级有效期内119个交易日的累计收益率变化，深色虚线表示的是沪深300指数在评级有效期内累计收益率变化，而深色实线表示的则是评级有效期内股票600458相对沪深300指数的累计超额收益率变化。可以看出，沪深300指数在评级有效期内的走势为平稳增长，而分析师推荐买入的股票600458的走势则波动较大：短期内有小幅上涨，随后下跌明显，虽然中期涨势不俗，但最终跌势显著。

该评级的预期收益是目标个股相对沪深300指数的涨幅在6个月内超过20%，但根据实际的收益计算结果，我们得知股票600458在2017年1月3日至2017年7月2日间的119个交易日内超过沪深300指数最多达到

9.29%，显然股票的实际收益表现并没有达到该分析师荐股评级的预期，所以该荐股评级是不可信的。

3.2.2 实例二

表3-2详细展示了第二个分析师荐股评级实例的具体内容，我们可以从中看出分析师张某对目标股票002367持看涨观点，并给出了"买入"的投资评级，该分析师是第一次对该股票进行评级。从分析师荐股评级的发布标准来看，本实例在评级有效期与收益对比标尺两个内容上与实例一保持了一致（有效期均为6个月，收益对比标尺则均为沪深300指数），但是在评级划分与预期收益区间上则与实例一并不一致。本实例的评级标准中包含了买入、增持、中性、减持和卖出五个等级，而实例一则是买入、增持、中性和回避四个等级。此外，虽然实例一和实例二的荐股评级都是各自标准中的最高评级，但是二者的预期收益却有所差别。本实例的预期收益是 [15%，+∞)，而实例一是 [20%，+∞)。

表3-2　　　　　　　　　分析师荐股评级实例二

分析师名字	张某	性别	女	学历	本科
股票代码	002367	公司名称	康力电梯	公司行业	资本品
评级日期	2013-01-15	荐股评级	买入	评级变动	首次
评级发布标准					
荐股评级	预期收益				
买入	未来6个月内，个股相对沪深300指数涨幅介于 [15%，+∞) 区间				
增持	未来6个月内，个股相对沪深300指数涨幅介于 [5%，15%) 区间				
中性	未来6个月内，个股相对沪深300指数涨幅介于 [-5%，5%) 区间				
减持	未来6个月内，个股相对沪深300指数涨幅介于 [-15%，-5%) 区间				
卖出	未来6个月内，个股相对沪深300指数涨幅介于 [-∞，-15%) 区间				

本实例中的荐股评级的预期收益可以表示为 {6个月，沪深300指数，[15%，+∞)}，由于该评级实例对应的收益对比标尺是沪深300指数，我们

不仅需要依据公式（3-1）计算股票002367自2013年1月15日至2013年7月14日内各个交易日的累计收益率 $\{CR_{[0,t]}^{stock}|t=1,2,\cdots,T\}$，还需要根据公式（3-2）和公式（3-3）计算同一时间窗口内沪深300指数在各个交易日的累计收益率 $\{CR_{[0,t]}^{bench}|t=1,2,\cdots,T\}$ 和被评级股票在各个交易日内的累计超额收益率 $\{CAR_{[0,t]}^{stock}|t=1,2,\cdots,T\}$。通过查询股票交易数据可以得知本实例的6个月有效期内共有117个交易日，故在本评级实例中 $T=117$。以上三部分实际收益的计算结果图3-3所示。

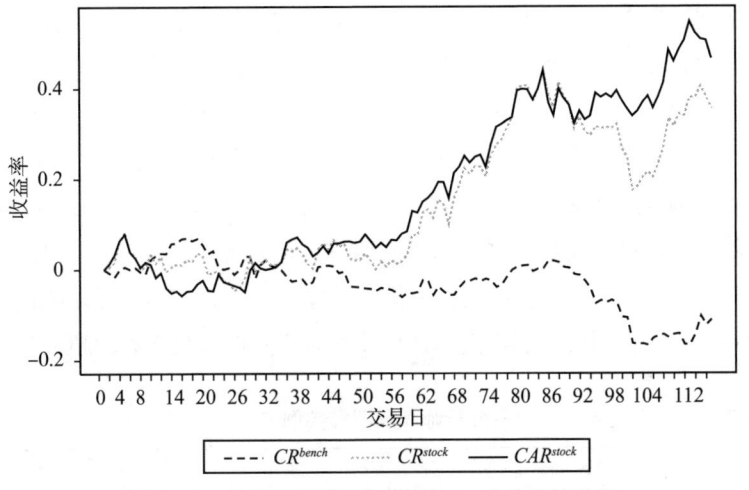

图3-3　分析师荐股评级实例二：收益计算结果

在图3-3中，横轴表示交易日，纵轴则表示收益率。其中浅色虚线是被评级股票002367在评级有效期内117个交易日的累计收益率变化，深色虚线表示的是沪深300指数在评级有效期内累计收益率变化，而深色实线表示的则是评级有效期内股票002367相对沪深300指数的累计超额收益率变化。可以看出，沪深300指数在评级有效期内的走势较为平稳，而分析师推荐买入的股票002367则有显著的上涨势头：在起始的一个月内该股票的累计收益率稍有波动：先上涨至8.34%，随后下跌至-4.63%，而后的一段时期内股票处于强势上涨阶段，虽然有段时间有明显回撤，但整体来看该股票的收益率在分析师的预测有效期内有明显的上涨势头。

该评级的收益预期是目标个股相对沪深300指数的涨幅在6个月内超过

15%，根据实际的收益计算结果，我们得知股票002367在2013年1月15日至2013年7月14日间的117个交易日内超过沪深300指数最多达到54.66%，显然股票的实际收益表现已经达到该分析师荐股评级的预期，所以该荐股评级是可信的。

3.2.3 实例三与实例四

表3-3和表3-4分别详细展示了分析师荐股评级实例三与实例四的具体内容。从评级发布标准来看，实例三和实例四与实例一和实例二主要存在以下三个方面的差异：①评级内容的划分与预期收益表现存在差异，实例三的评级等级划分只包括"推荐""中性"与"回避"三个内容，而其他三个实例的等级划分则采用四至五个等级；②实例一和实例二的评级有效期均为6个月，而实例三和实例四的评级有效期为12个月；③实例一和实例二使用沪深300指数作为收益对比标尺，而从实例三和实例四只关注目标个股的实际收益。因此在量化实例三和实例四的可信度时，只需要依据公式（3-1）计算目标个股在有效期内的累计收益即可，而不需要计算其相对于其他大盘指数的超额收益。

表3-3 分析师荐股评级实例三

分析师名字	李某	性别	男	学历	博士研究生
股票代码	000792	公司名称	盐湖股份	公司行业	原材料
评级日期	2018-04-27	荐股评级	回避	评级变动	维持

评级发布标准	
荐股评级	预期收益
推荐	未来6~12个月内，个股绝对收益超过20%
中性	未来6~12个月内，个股绝对收益介于-10%~20%
回避	未来6~12个月内，个股绝对收益低于-10%

表3-4 分析师荐股评级实例四

分析师名字	王某	性别	女	学历	硕士研究生
股票代码	000100	公司名称	TCL科技	公司行业	耐用消费品与服装
评级日期	2013-01-10	荐股评级	增持	评级变动	维持

续表

荐股评级	评级发布标准
	预期收益
买入	未来6~12个月内，个股涨幅介于 [20%，+∞) 区间
增持	未来6~12个月内，个股涨幅介于 [5%，20%) 区间
中性	未来6~12个月内，个股涨幅介于 [-5%，5%) 区间
减持	未来6~12个月内，个股涨幅介于 [-∞，-5%) 区间

分析师荐股评级实例三中，分析师李某对目标股票 000792 持看跌观点，并给出了"回避"的投资评级，该分析师并不是第一次对该目标个股进行评级，本次的荐股评级与上次保持一致。依据第 3.1 节中提出的分析师荐股评级预期收益统一表示框架和表 3-3 中的评级内容，实例三的预期收益可以表示为 {12 个月，股票价格，[-∞，-10%)}，我们根据目标个股在 2018 年 4 月 27 日至 2019 年 4 月 26 日之间的实际股票价格数据计算得到的该个股的实际累计收益，结果如图 3-4 中的深色虚线所示。可以从中看出目标个股 000792 在评级后的 12 个月内下跌趋势显著，最低的累计收益率达到 -51.52%，这与分析师评级的预期相符，故该评级是可信的。

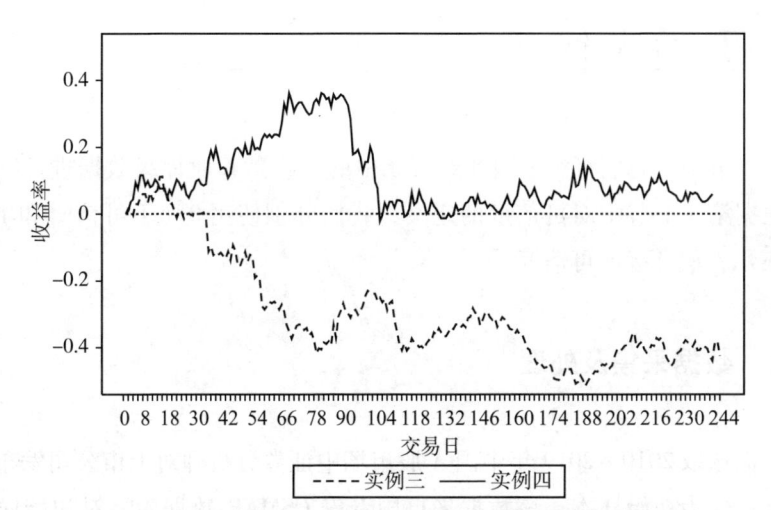

图 3-4 分析师荐股评级实例三和实例四：收益计算结果

分析师荐股评级实例四中，分析师王某对目标股票000100持看涨观点，并给出了"增持"的投资评级。从分析师荐股评级的发布标准来看，本实例在评级有效期与收益对比标尺两个内容上与实例三保持一致（有效期均为12个月，收益对比标尺则均为目标个股的股票价格），但是在评级划分与预期收益区间上则与实例三并不一致。本实例的评级标准中包含了买入、增持、中性和减持四个等级，而实例三则是推荐、中性和回避三个等级。实例三中的中性评级的预期收益为 $[-10\%, 20\%)$，而实例四中的中性评级的预期收益为 $[-5\%, +5\%)$；作为各自评级发布标准中的最低评级，实例三中回避评级的预期收益是 $[-\infty, -10\%)$，而实例四中减持评级的预期收益是 $[-\infty, -5\%)$。

实例四中的荐股评级的预期收益可以表示为 $\{12$ 个月，股票价格， $[5\%, 20\%)\}$，我们根据目标个股在2013年1月10日至2014年1月10日之间的实际股票价格数据计算得到的该个股的实际累计收益，结果如图3-4中的深色实线所示。我们可以从中看出目标个股000100在评级后的12个月内有显著的上涨趋势，最高的累计收益率达到36.13%，这与分析师评级的预期收益介于5%~20%之间不相符，故该评级是不可信的。

3.3 可信度统计分析

在本节中，我们将对中国证券市场中的分析师荐股评级数据进行统计分析。根据第3.1节中对可信度的定义，我们分别使用0（不可信）和1（可信）表示荐股评级的可信度。

3.3.1 数据采集及处理

我们选取2010~2019年中国A股市场中证券分析师对上市公司发布的荐股评级报告为初始样本，该数据来自国泰安CSMAR数据库。对初始样本剔除主要变量数据缺失的样本，最终得到2010~2019年共计308 167次中国证券分析师荐股评级观测样本，该样本数据囊括了来自 18 个行业的 2 667 只股票和 3 961 名分析师。本数据集中分析师荐股评级数量的历年分布如图 3-5 所示，可以看出随着互联网信息渠道的不断拓宽，分析师发布荐股评级的数量从 2016 年开始比之前要有显著的增加。

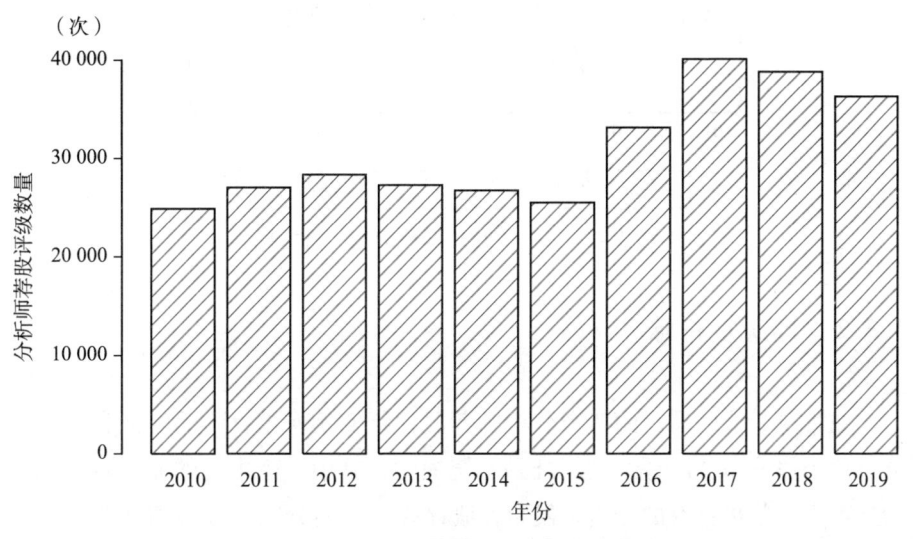

图 3-5 分析师荐股评级年度分布

此外，为了构建本书研究相关的必要变量，本书还从国泰安 CSMAR 数据库中提取了上市公司的部分财务指标数据，从 Wind 金融数据库中提取了 2010～2019 年 A 股上市公司的估值指标数据。为了计算分析师荐股评级的可信度，本书从 Wind 金融数据库中收集了 2010～2020 年 A 股市场中所有股票以及相关大盘指数的日股票价格数据。图 3-6 展示了沪深 300 指数（深色实线）、上证综指（浅色虚线）和深证成指（深色虚线）这三个中国 A 股市场中代表性的指数在 2010～2020 年的详细变动情况，可以看出三个指数的相关性较高，均可代表 A 股市场的平均收益变动水平。而且我们可以从市场指数的变动中看出在样本期内的 2014 年下半年至 2015 年上半年期间，中国股市迎来大牛市，而随后半年则进入显著的下行市态。

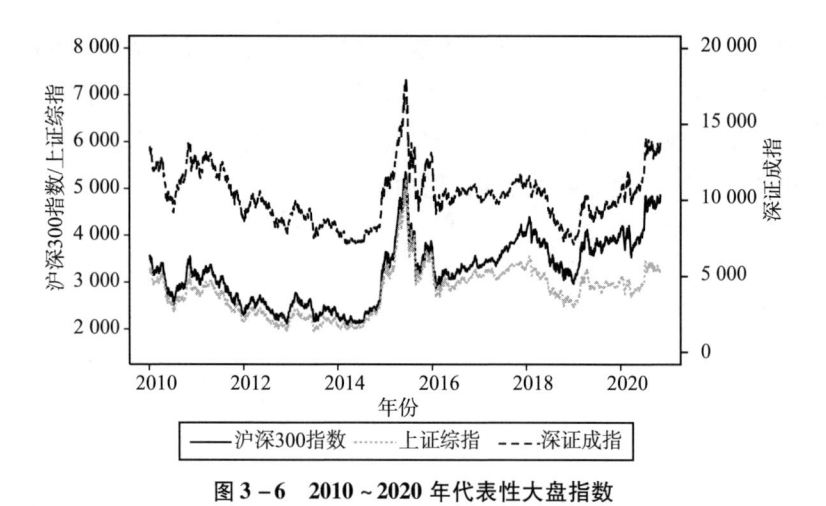

图 3–6 2010~2020 年代表性大盘指数

3.3.2 评级发布标准

如第 3.2 节中展示的四个分析师荐股评级实例所示，不同的证券公司或分析师个体发布荐股评级的标准是不统一的，其中一个主要的差异就体现在划分等级的数量：有的分析师发布荐股评级采用划分三个等级的标准（实例三），有的采用划分四个等级的标准（实例一和实例四），而有的则采用划分五个等级的标准（实例二）。分析师荐股评级标准中采用的等级划分数量的占比分布如图 3–7 所示，采用四等级划分制的标准是最多的，占比达到 66.91%，而采用三等级划分制的标准是最少的，数量仅占 4.23%，采用五等级划分制的评级发布标准的荐股评级数量处于二者之间，占比为 28.86%。

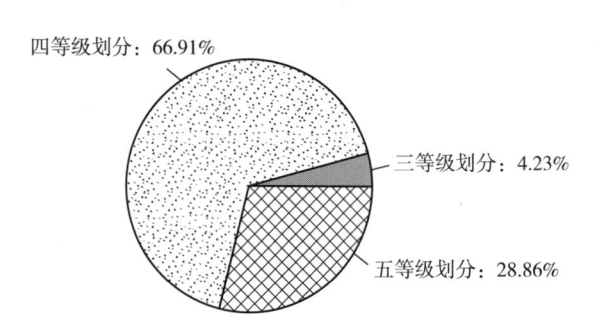

图 3–7 分析师评级发布标准等级划分分布

虽然各个荐股评级发布标准中所划分的等级数量有所差异，但各划分等级基本上可以归纳为三个类别：①最高评级——该类评级代表的是发布标准中对目标个股看涨程度最高的评级，例如，实例一、实例二、实例四中的"买入"评级和实例三中的"推荐"评级；②最低评级——该类评级代表的是评级发布标准中对目标个股看跌程度最高的评级，例如，实例一、实例三中的"回避"评级，实例二中的"卖出"评级和实例四中的"减持"评级；③中间评级——该类评级代表的则是处于最高评级和最低评级之间的评级，例如，实例二中的"增持""中性"和"减持"评级。

由于评级发布标准的差异，不同类型的评级通常表示了分析师对目标个股不同的收益预期，在最高评级中，分析师通常采用"在未来一段时间内，目标个股的上涨幅度超过某一收益阈值"这一表述，因而其对应的预期收益区间通常表示为 $(\bar{R}_{\min}, +\infty)$，其中 $\bar{R}_{\min}$ 为最低收益阈值。为了探究各评级划分中最高评级类的荐股评级的预期收益之间的差异，我们根据 $\bar{R}_{\min}$ 的高低将属于最高评级类型的分析师荐股评级按照公式（3-5）将其划分为三类：

$$class(\bar{R}_{\min}) = \begin{cases} 1, & \bar{R}_{\min} < 15\% \\ 2, & 15\% \leq \bar{R}_{\min} < 20\% \\ 3, & \bar{R}_{\min} \geq 20\% \end{cases} \quad (3-5)$$

根据公式（3-5）可以看出对于最高评级，其预期收益越高则其收益等级越高。各种评级划分方法中最高评级对应的预期收益类别的分布如图3-8所示。

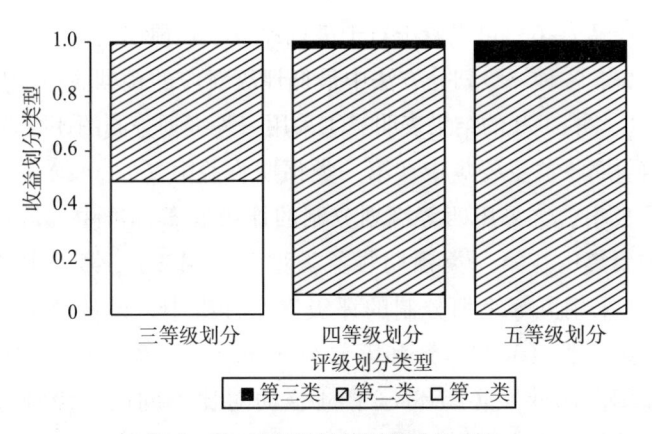

图3-8 最高评级的预期收益分布

图 3-8 的结果表明：①采用三等级划分制的评级发布标准中，最高评级的预期收益主要集中在第一类（48.9%）和第二类（50.8%）预期收益类型，第三类的占比极小（0.3%）；②采用四等级划分制的评级发布标准中，最高评级的预期收益主要集中在第二类预期收益类型（90.5%），第三类的占比最小（2.3%）；③采用五等级划分制的评级发布标准中，最高评级的预期收益主要集中在第二类预期收益类型（92.6%），接下来是占比相对较小的第三类（7.4%），而第一类预期收益则不存在；④横向对比不同的评级划分方法可以看出，随着等级划分的精细度越来越高（五等级划分的精细度最高），最高评级对应的预期收益为第一类的占比越来越少，而第三类预期收益的占比则越来越多，这表明分析师荐股评级发布标准中采用的等级划分越精细，其最高评级表明的分析师对目标个股收益表现水平的看涨程度就越高。

在最低评级中，分析师通常采用"在未来一段时间内，目标个股的下跌幅度超过某一收益阈值"这一表述，因而其对应的预期收益区间通常表示为 $(-\infty, \bar{R}_{max})$，其中 $\bar{R}_{max}$ 为最低收益阈值。为了探究各评级划分中最低评级类别的荐股评级的预期收益之间的差异，我们根据 $\bar{R}_{max}$ 的高低将属于最低评级类型的分析师荐股评级按照公式（3-6）将其划分为三类：

$$class(\bar{R}_{max}) = \begin{cases} 1, & \bar{R}_{max} \geq -10\% \\ 2, & -15\% \leq \bar{R}_{max} < -10\% \\ 3, & \bar{R}_{max} < -15\% \end{cases} \quad (3-6)$$

根据公式（3-6）可以看出对于最低评级，其预期的收益越低则其收益划分等级越高。各种评级划分方法中最低评级对应的预期收益类别的分布如图 3-9 所示。图 3-9 的结果表明：①采用三等级划分制的评级发布标准中，最低评级的预期收益主要集中在第一类预期收益中（98.0%），第二类和第三类的占比极小；②采用四等级划分制的评级发布标准中，最低评级的预期收益也主要集中在第一类预期收益类型（76.4%），第二类的占比最小（9.9%）；③采用五等级划分制的评级发布标准中，最低评级的预期收益主要集中在第一类（36.9%）和第二类（36.3%）预期收益类型，而第三类预期收益则占比最少（26.8%）；④横向对比不同的评级划分方法可以看出，随着等级划分的精细度越来越高（五等级划分的精细度最高），最低评级对应的预期收益为第一类的占比越来越少,而第二类和第三类预期收益的占比则越来越多,这表明分析师荐股评级发布标准中采用的等级划分越精细,其最低评级表明的分析师对目标个股收益表现水平的看跌程度就越高。

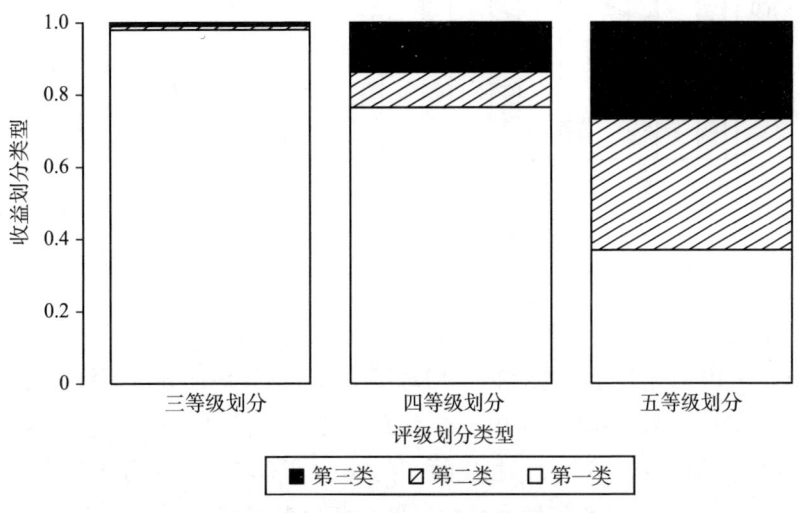

图 3-9 最低评级的预期收益分布

3.3.3 评级发布数量分布

在本小节,我们对分析师、证券公司以及目标个股相关的荐股评级发布数量进行分析。

3.3.3.1 分析师数量及经验

根据我们从国泰安 CSMAR 数据库中收集整理的数据显示 2010~2019 年这一时间段内共有来自 113 家证券公司的 3 961 位分析师做出了 308 167 次荐股评级观测,平均每年发布荐股评级超过 3 万次,其中在各个年份发布了荐股评级的分析师数量如图 3-10 所示。

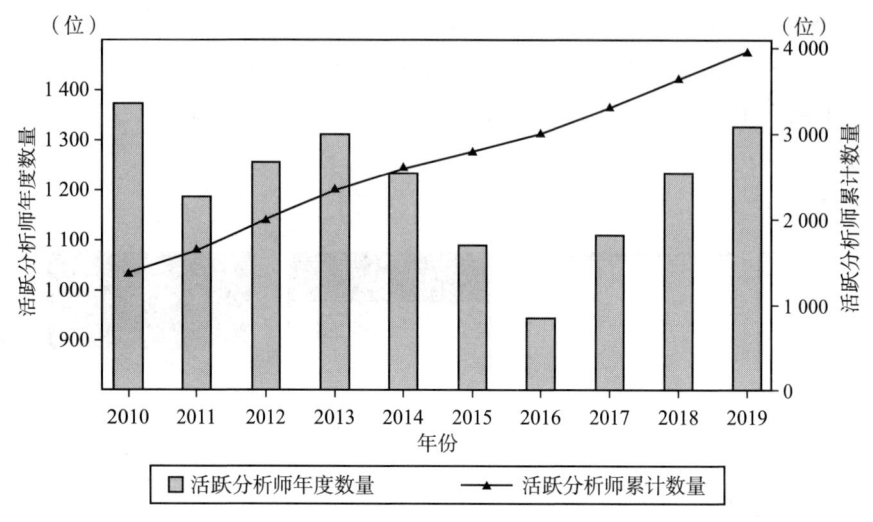

图 3-10 证券分析师数量

图 3-10 数据显示样本期内平均每年发布荐股评级的分析师数量为 1 207 位，其中 2010 年是 2010~2019 年中活跃分析师数量最多的一年，发布了荐股评级的分析师有 1 372 位；相反的，在 2016 年仅有 943 位分析师发布了荐股评级，是 2010~2019 年样本期内活跃分析师数量最少的，而且 2015 年活跃分析师的数量是倒数第二少的，可能的原因是 2015~2016 年中国 A 股市场处于大熊市时期，大幅下跌的市场行情对分析师的活跃程度起到了较为显著的抑制作用。图 3-10 不仅展示了各年度活跃分析师的数量，还通过展示了样本期内各年度累计出现的分析师数量，可以看到累计数量整体处于平稳上升的状态，即使在市场下行状态下，分析师行业也不断地有新鲜血液注入。结合图 3-10 中可以看出中国证券市场中的分析师群体新老交替较为频繁，为了佐证这一点，我们还统计了分析师的经验分布，结果如图 3-11 所示。

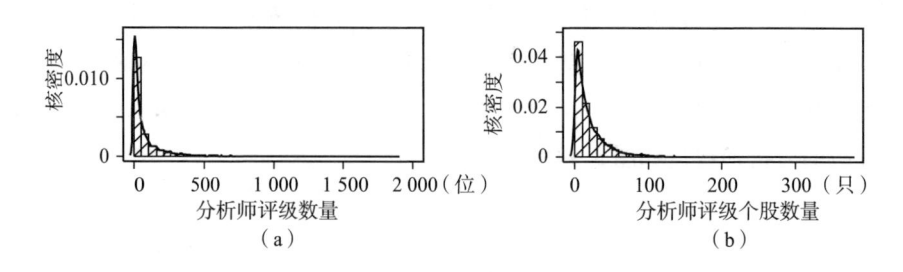

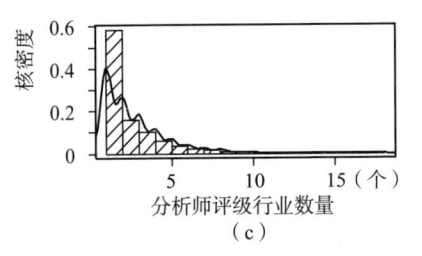

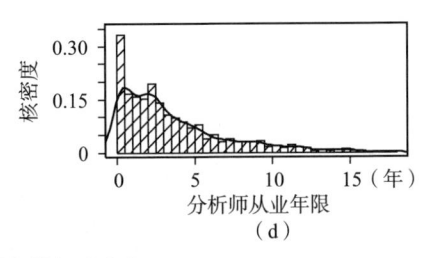

图 3-11 分析师的经验分布

首先,我们使用分析师发布的荐股评级数量作为度量分析师经验的第一个维度,分析师发布的荐股评级数量越多,其经验越丰富。样本数据中分析师荐股评级数量的分布如图 3-11(a)所示,可以看出,如预期所想一致,分析师群体发布的荐股评级数量呈现明显的幂律分布,明显右偏,只有少量分析师发布较多的荐股评级。其次,我们分别使用分析师评级的个股数量和个股行业数量作为度量分析师经验的第二个和第三个维度,这两个变量与分析师经验也是正向相关的关系,其分布如图 3-11(b)和图 3-11(c)所示,可以看到二者的分布与图 3-11(a)类似,也呈现出类似幂律分布的形态。最后,我们使用分析师发布荐股评级的从业年限作为量化其经验的最后一个维度,分析师从业年限的分布结果如图 3-11(d)所示,可以看出分析师的从业年限也呈现出显著的右偏分布,数据显示超过40%的分析师从业年限不超过2年。以上数据结果佐证了分析师行业新老交替较频繁的特点。

3.3.3.2 证券公司数量及经验

数据显示2010~2019年样本期内平均每年发布荐股评级的活跃证券公司有72家,在各个年份发布了荐股评级的活跃证券公司数量如图 3-12 所示。与图 3-10 显示出2016年活跃分析师数量最少这一现象一致,在2010~2019年样本期内,2016年也是活跃证券公司数量最少的年份,受市场下行状态的影响,仅有62家证券公司在这一年内发布了荐股评级;相反的,2011年发布了荐股评级的证券公司的数量高达82家,是2010~2019年样本期内活跃证券公司数量最多的一年。

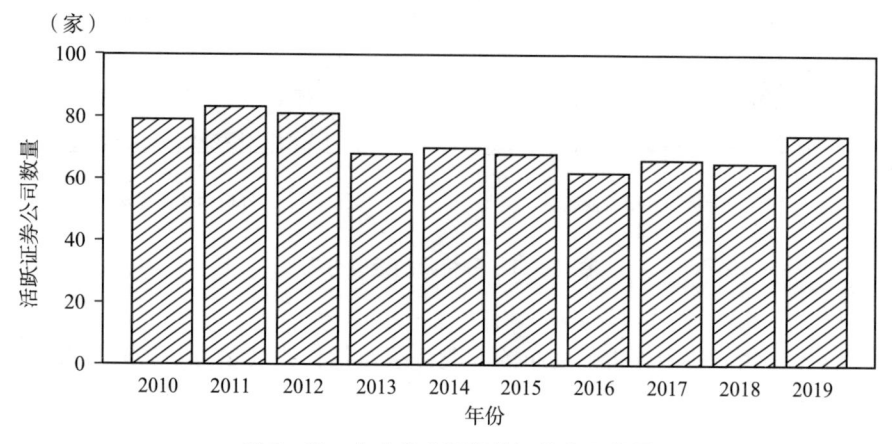

图 3–12　年度发布评级的证券公司数量

接下来，我们统计了样本中涉及的 113 家证券公司各自包含的分析师数量，该变量可用于度量证券公司的规模：隶属于证券公司的分析师数量越多，该证券公司的规模就越大。样本数据显示平均每家证券公司有 47 位分析师发布了荐股评级，其中隶属于国泰君安证券公司的分析师达到 199 位，是所有证券公司中最多的，而元大证券是最少的，样本中只有该公司的 1 位分析师发布的 1 次荐股评级记录在内。各个证券公司所拥有的分析师数量的分布如图 3–13（a）所示，可以看出各个证券公司所拥有的分析师数量呈现明显的右偏分布，只有少部分的证券公司规模较大。进一步地，我们分别使用证券公司发布的评级数量以及评级的个股数量作为度量证券公司经验的两个不同维度，其分布如图 3–13（b）和图 3–13（c）所示，可以看到证券公司评级数量和评级个股的数量的分布与图 3–13（a）类似，也呈现出明显右偏的态势，表明经验丰富的证券公司占比较少。最后，我们使用证券公司发布评级所涉及的个股所属的行业数量作为量化其经验的最后一个维度，该变量的分布结果如图 3–13（d）所示，可以看出证券公司评级的行业数量呈现出显著的左偏分布，数据显示超过 72% 的证券公司评级的行业不少于 10 个，说明多数证券公司评级行业的多样性较高。

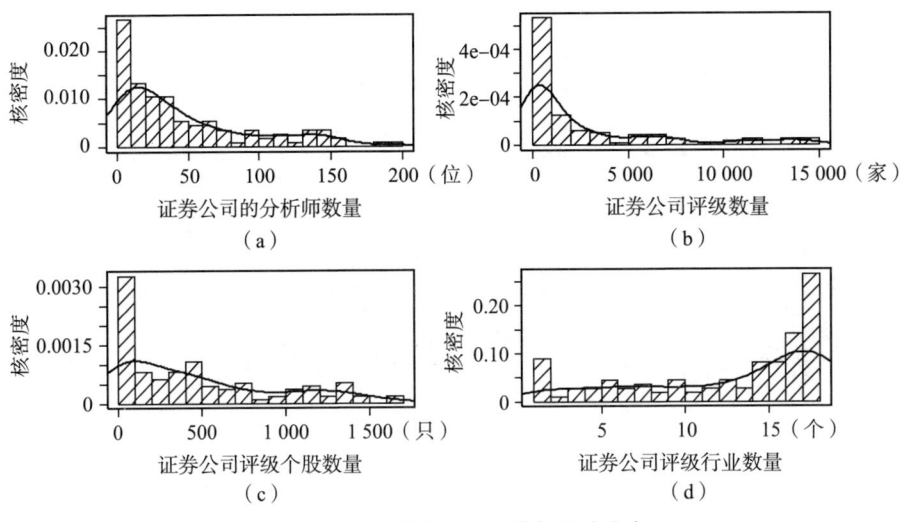

图 3-13 证券公司的规模与经验分布

3.3.3.3 目标个股

在我们收集的 2010~2019 年样本期数据中一共有 2 667 只 A 股的股票被证券分析师所评级，其中各个年份被评级的目标个股的数量如图 3-14（a）所示。其中 2017 年共有 1 961 只股票被分析师评级，是 2010~2019 年样本期内目标个股数量最多的一年，而 2013 年共有 1 371 只股票被分析师评级，是 2010~2019 年样本期内目标个股数量最少的一年。图 3-14（b）是各目标个股被评级的数量分布，可以看到该分布呈现明显右偏，只有少部分个股被评级的次数偏多，其中股票 000002（万科 A）被分析师评级的次数最多，共计有 1 465 次荐股评级与其相关。图 3-14（c）是各目标个股的分析师数量的分布，可以看到该分布也呈现明显右偏，只有少部分个股受到众多分析师的评级，其中股票 000858（五粮液）先后被 168 位分析师所评级，是所有目标个股中最多的。这 168 位评级了股票 000858（五粮液）的分析师来自 76 家证券公司，该数据也是所有目标个股中最多的。所有目标个股的证券公司数量的分布如图 3-14（d）所示，可以看到该分布呈现明显右偏，少部分个股受到较少多证券公司的评级。

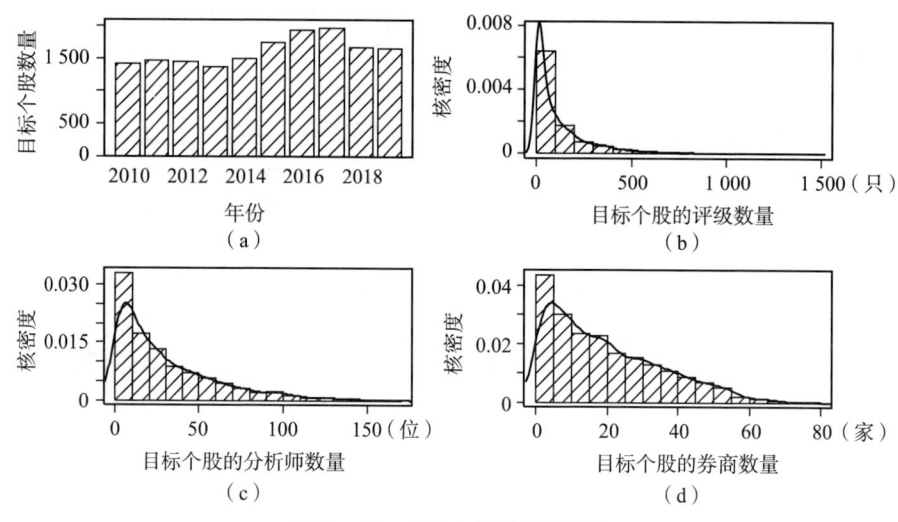

图 3-14 目标个股的荐股评级

3.3.4 评级与可信度

在本小节中，我们将从不同的角度对分析师荐股评级的可信度进行统计分析。

3.3.4.1 荐股评级可信度年度分布

根据第 3.1 节中介绍的分析师荐股评级可信度计算方法，我们对收集到的发布于 2010～2019 年之间的 308 167 次分析师荐股评级样本的可信度进行了计算。其中，可信的荐股评级样本数量为 110 990 次，占比为 36.02%，不可信的荐股评级样本数量为 197 177 次，占比为 63.98%。可以看出，从整体来说我国证券市场中的分析师荐股评级的可信度偏低，不可信的荐股评级占了很大比例。

图 3-15 统计了 2010～2019 年样本期内各年度内分析师荐股评级可信度分布的示意图。从图 3-15 中可以看出我国证券分析师于 2011 年内共发布荐股评级 27 408 次，其中可信的分析师荐股评级占 31%，是 2010～2019 年样本期内平均可信度最低的一年；相反，我国证券分析师于 2015 年内发布的 25 520 次荐股评级中有 44% 是可信的，是 2010～2019 年样本期内平均可信度

最高的一年。整体来看，各个年份发布的荐股评级中可信的样本比例均显著少于不可信样本，说明我国证券分析师荐股评级的可信度水平有待提高，投资者直接无差别的利用分析师荐股评级进行投资决策的风险较高。但需要指出的是，分析师荐股评级中可信样本的数量依旧不可忽略，设计恰当的方法来对分析师荐股评级的可信度进行甄别是有必要的。

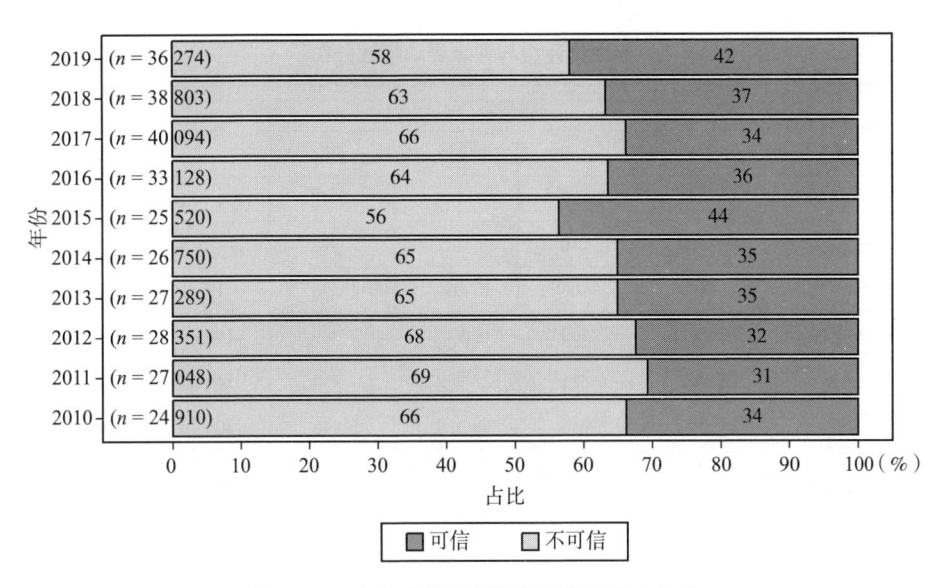

图3–15　各年度分析师荐股评级可信度分布

3.3.4.2　标准评级、评级变动与可信度

如第3.1节中所述，因为各证券公司股票分级类别及级数各有不同，证券分析师行业内通常根据分析师对目标个股未来收益走势预测的涨跌程度将其发布的荐股评级标准化为5个等级，即卖出、减持、中性、增持和买入，可以使用数值1~5来对上述标准化评级进行表示，评级数值越高，分析师对目标个股的看涨程度越高。同时，由于分析师在对目标个股进行追踪时，通常会根据市场的即时状态对同一目标个股进行连续的多次评级，我们将相邻两次评级之间的变化称为评级变动。一般情况下，每次荐股评级对应的评级变动属于首次、上调、维持和下调这四种状态中的一种。其中，"首次"表

明分析师是第一次对目标个股进行评级;"上调(下调)"表示分析师对目标个股的本次评级相比上次评级是提高(降低)的,例如分析师上次的标准化评级是4——增持,而本次标准化评级为5——买入;最后,评级变动为"维持"则表示本次评级与上次评级是相同的。分析师荐股评级的标准化评级及其评级变动的分布如表3-5所示。

表3-5 标准化评级与评级变动频数分布 单位:次

标准化评级	评级变动				合计	占比(%)
	首次	上调	维持	下调		
1——卖出	6	0	165	43	214	0.07
2——减持	5	0	57	18	80	0.03
3——中性	1 386	66	10 264	1 696	13 412	4.35
4——增持	20 590	2 569	119 875	3 789	145 823	47.64
5——买入	13 338	6 311	127 989	0	147 638	47.91
合计	35 325	8 946	258 350	5 546	308 167	100
占比(%)	11.46	2.90	83.83	1.80	100	—

表3-5中的数据显示:①我国证券分析师发布的荐股评级中,正面评级(4——增持,5——买入)占比超过95%,而负面评级(1——卖出,2——减持)的占比仅为1%,这表明证券分析师在进行评级时更倾向于寻找有上涨空间的个股向投资者推荐,而不是向投资者推荐有很高下跌风险的个股。②从评级变动来看,一方面,属于首次评级的样本数量占比仅为11.45%,表明了分析师在跟踪目标个股时具有较强的连续性,针对同一只目标个股通常会发布多次荐股评级;另一方面,属于维持状态的荐股评级占比高达83.83%,上调和下调的占比不足5%,这表明分析师极少会改变自己的观点,做出与之前不同的评级。③所有标准化评级与评级变动的组合中,5——买入与维持的组合是数量最多的,很多分析师会连续多次的强烈推荐投资者买入他们推荐的个股。

相应的,我们统计了不同标准化评级与评级变动的荐股评级的平均可信度，具体结果如表3-6所示。表中数据显示：①从标准化评级来看，卖出评级的平均可信度最高，而中性评级的可信度是最低的；②最高评级（5——买入）和最低评级（1——卖出）这两个极端评级的可信度显著高于中间评级（2——减持，3——中性，4——增持）的可信度，这说明买入评级和卖出评级能够引起的市场反应更加强烈；③从评级变动来看，上调评级的可信度最高，而下调评级的可信度最低；④但是，下调到卖出评级的荐股评级的可信度是所有组合里最高的，这和前面的发现佐证了绝大多数投资者都是风险厌恶的；⑤对应的，上调评级中，如果是上调到5——买入评级，则其可信度也处于较高水平。

表3-6　　　　　　　标准化评级与评级变动的可信度统计

标准化评级	评级变动				全部
	首次	上调	维持	下调	
1——卖出	0.6667	NA	0.7152	0.9070	0.7523
2——减持	0.8000	NA	0.4035	0.5556	0.4625
3——中性	0.0079	0.0152	0.0172	0.0142	0.0159
4——增持	0.2395	0.2188	0.2391	0.2644	0.2394
5——买入	0.5329	0.5547	0.5064	NA	0.5109
全部	0.3413	0.4543	0.3630	0.1938	—

3.4　小结

针对分析师发布荐股评级标准不一、量化评价困难的问题，我们在本章中提出了形式化表示分析师荐股评级预期收益的统一框架，并构建了可信度来标准化度量分析师荐股评级的信息质量。随后，我们不仅提供了四个分析师荐股评级实例及其可信度量化的具体过程来对可信度量化方法进行说明，还结合真实数据对证券分析师、证券公司的荐股评级发布行为进行了分析。从中可以发现来自不同证券公司的不同分析师发布荐股评级的标准在评价期、收益对比标尺、等级划分等方面存在显著差异，这意味着分析师在评级时对目标个股的收益预期并不一致。已有文献采用目标个股在被评级后的收益获利能力来对分析师评级的信息质量进行评价，这显然无法满足客观评价分析师荐股评级能力的需求。本书提出的可信度充分利用分析师荐股评级与其发布标准来形式化表示其预期收益，并通过与实际市场表现进行比对的后验证方式来客观量化荐股评级的信息质量，为分析师评价提供了新的可行选择。

4 基于荐股评级可信度的评价方案设计

4.1 评价指标设计

为了基于分析师荐股评级可信度对分析师的荐股表现进行客观评价，本书在对分析师发布荐股评级的行为进行深入剖析的基础上，通过多个维度来对分析师的荐股评级能力进行定量刻画。具体的，本书首先使用二部网络图（bipartite network）来形式化描述分析师与目标个股之间的评级关系；然后通过量化分析师的荐股经验、可信度均值以及可信度不确定性来构建分析师荐股评级档案，以此来对分析师的荐股评级能力进行基础性量化；最后，基于上述三个基础性评价变量，本书借鉴现代投资理论中夏普比率（Sharpe ratio）以及统计学中置信区间（confidence interval）的原理，先后构建三个度量分析师荐股评级能力的评价指标，即平均可信度分数（average reliability score）、风险因子调整的可信度分数（risk-factor-adjusted reliability score）以及风险－经验因子调整的可信度分数（risk-experience-factor-adjusted reliability score）。

4.1.1 分析师－股票二部网络图

假设分析师荐股评级数据中有 m 个分析师和 n 只股票，则可以根据分析师群体的荐股评级记录构建分析师－股票二部网络图来描述分析师与股票之间的评价关系。具体如图 4-1 所示，我们构建了基于分析师、股票及其评价关系的二部图，其中，U 表示分析师集合，u_i 表示第 i 个分析师，V 表示股票集合，v_j 表示第 j 只股票，E 表示荐股评级关系的集合，由于一个分析师可以对同一只股票在不同时间点进行多次评价，e_{ij} 表示第 i 个分析师对第 j 只股票的评价集合。

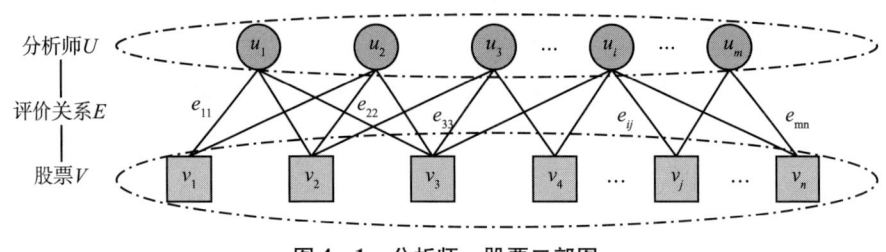

图 4-1 分析师-股票二部图

具体的，$e_{ij} = \{(e_{ijt}, r_{ijt}) | t = 1, 2, \cdots, T_{ij}\}$，其中，$T_{ij}$ 表示分析师 u_i 共发布了 T_{ij} 次以股票 v_j 为目标的荐股评级，e_{ijt} 表示分析师 u_i 对股票 v_j 进行的第 t 次评级，而 r_{ijt} 表示的是该次评级对应的可信度。

4.1.2　构建分析师荐股评级档案

对于证券市场中从事股票分析的分析师而言，本节基于第 3.1 节中提出的分析师荐股评级可信度从三个维度对分析师的历史荐股评级能力进行归纳，即荐股评级经验、荐股评级可信度均值和荐股评级可信度不确定性。基于分析师在特定时间段内发布的所有荐股评级数据，我们构建包含以上三个基本评价变量的分析师荐股评级档案来刻画分析师的荐股评级专业能力。

4.1.2.1　分析师荐股评级经验

一般地，分析师荐股评级的经验会随着其荐股评级次数的增加而增长，所以，我们在此使用分析师发布荐股评级的次数来度量分析师的经验（analyst experience）。具体的，分析师 u_i 的经验 E_i 的计算公式如下：

$$E_i = \sum_{j=1}^{m} T_{ij} \tag{4-1}$$

4.1.2.2 分析师荐股评级可信度均值

本书选取分析师荐股评级可信度均值（analyst reliability）作为刻画分析师的荐股能力的另一个重要指标，我们将分析师的可信度均值定义为分析师所有荐股评级记录的可信度的简单平均值。分析师荐股评级的可信度均值越高，其荐股能力就越强。具体的，分析师 u_i 的可信度均值 P_i 的计算公式如下：

$$P_i = \frac{\sum_{j=1}^{m} \sum_{t=1}^{T_{ij}} r_{ijt}}{\sum_{j=1}^{m} T_{ij}} \qquad (4-2)$$

4.1.2.3 分析师荐股评级可信度不确定性

本书选取分析师所发布的荐股评级的可信度的标准差来度量其荐股评级可信度的不确定性（analyst uncertainty）。如果分析师荐股评级可信度的标准差越大，则说明分析师对目标个股评级的可信度波动性越高，即对应的不确定性越高；相反的，如果分析师荐股评级的可信度的标准差越小，则说明分析师的荐股评级表现越稳定，即其对应不确定性就越低。总的来说，分析师荐股评级可信度的不确定性越小，分析师的荐股能力越强。具体的，分析师 u_i 的荐股评级可信度不确定性 R_i 的计算公式如下：

$$R_i = \frac{\sqrt{\sum_{j=1}^{m} \sum_{t=1}^{T_{ij}} (r_{ijt-P_i})^2}}{\sum_{j=1}^{m} T_{ij} - 1} \qquad (4-3)$$

由于知识结构、认知发展、行为偏好以及所处环境的差异，不同的分析师会作出不同的荐股评级，进而展现出不同的个体特征。因此，为了探究分析师之间的差异性，我们统计了分析师荐股评级档案中的不同指标变量，通过图 4-2 中的三维散点图来展现。立体图中每一个点代表一个独立的分析师个体，各个坐标轴为档案中的各个指标：荐股评级经验、可信度均值以及可信度不确定性。从图 4-2 中可以明显地看出所有分析师的散点的分布并没有以有规则的形状呈现，没有明显的规律可循。所以，我们认为分析师个体之间存在显著差异。

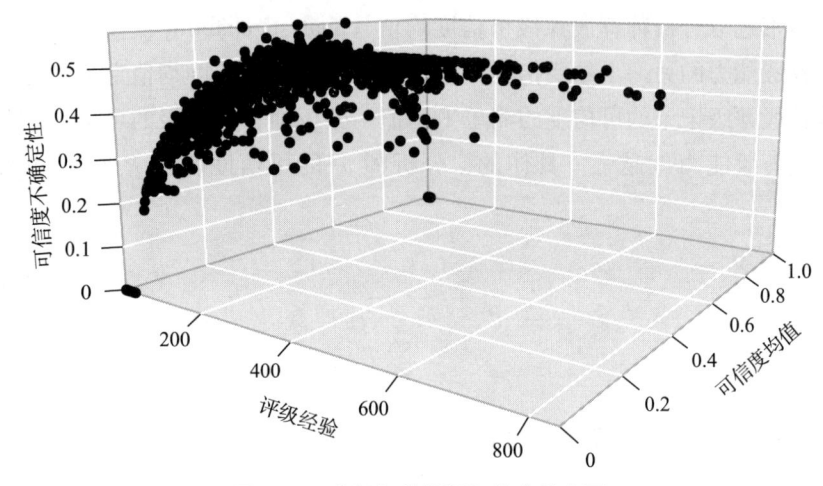

图 4-2 分析师荐股评级档案散点图

具体的，分析师在档案中的不同方面（荐股评级经验，可信度均值以及可信度不确定性）对应的统计分布如图 4-3 所示。如预期所想一致，分析师群体的评级经验呈现右偏分布，只有少数分析师拥有较为丰富的评级经验；而分析师的可信度均值近似呈现正态分布，说明一部分分析师作出荐股评级的可信度较高，而另一部分分析师会作出错误的推荐；分析师荐股评级可信度不确定性的分布则表明一些分析师的可信度不确定性要显著高于其他分析师，而有一些分析师可信度的不确定性则相对较小。

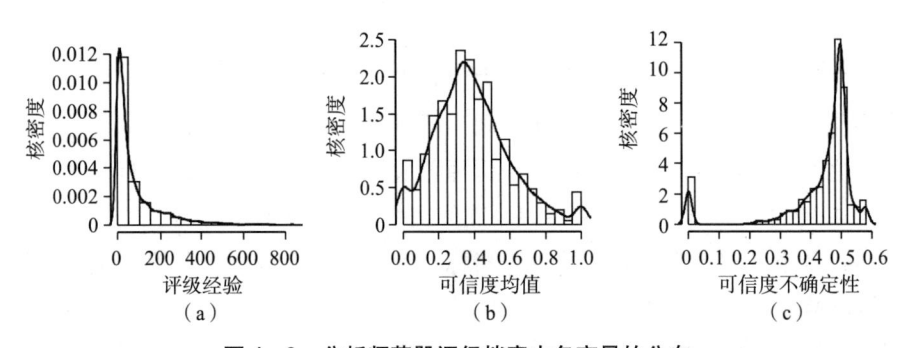

图 4-3 分析师荐股评级档案中各变量的分布

4.1.3 分析师可信度分数

在第4.1.2节中构建的分析师荐股评级档案的基础上，本书进一步构建了评价分析师荐股评级能力的指标体系，主要包括平均可信度分数（average reliability score）、风险因子调整的可信度分数（risk-factor-adjusted reliability score）以及风险-经验因子调整的可信度分数（risk-experience-factor-adjusted reliability score）。以上三个评价指标基于分析师荐股评级的经验、可信度均值以及可信度不确定性构建，从三个不同的视角刻画了分析师的荐股评级能力，它们之间的具体联系如图4-4所示。

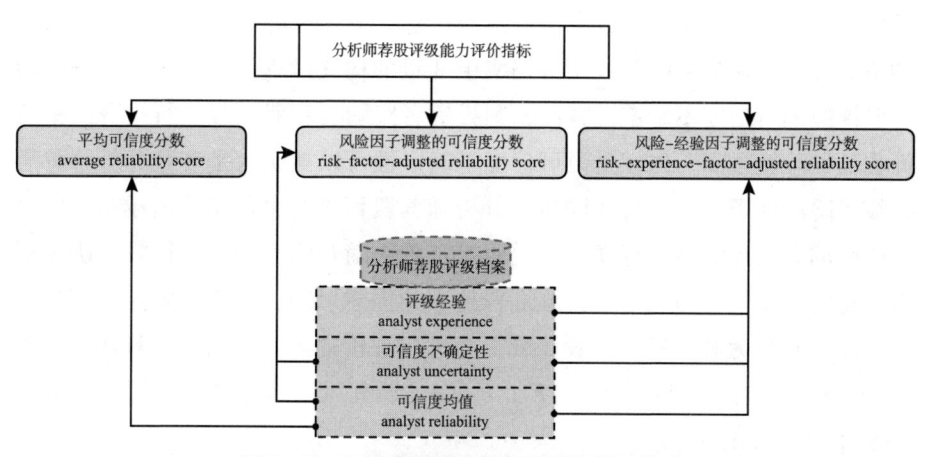

图4-4 分析师荐股评级能力评价指标构建

由图4-4可以看出，第一个评价指标——平均可信度分数仅与分析师荐股评级档案中的可信度均值有关；第二个评价指标——风险因子调整的可信度分数则同时考虑了分析师的可信度均值与其可信度不确定性；第三个评价指标——风险-经验因子调整的可信度分数则综合考虑了分析师荐股评级的经验、可信度均值与可信度不确定性三个方面的特征。三种可信度分数的详细计算方式如下：

4.1.3.1 平均可信度分数

本书直接使用分析师荐股评级档案中的可信度均值指标来作为评价分析师可信度的第一个指标,即平均可信度分数。给定分析师 u_i 的荐股评级档案 $\{E_i, P_i, R_i\}$,其平均可信度分数 RS_i 的计算公式如下:

$$ARS_i = P_i \tag{4-4}$$

4.1.3.2 风险因子调整的可信度分数

在现代投资理论的研究中,夏普比率(Sharpe ratio)是基金绩效评价的标准化指标,可以同时对收益与风险加以综合考虑。夏普比率表明,风险的大小在决定组合的表现上具有基础性的作用。风险调整后的收益率就是一个可以同时对收益与风险加以考虑的综合指标,能够排除风险因素对绩效评估的不利影响。从分析师荐股评级档案中变量的构造过程可以看出,若分析师荐股评级的可信度不确定性越高,则投资者跟随其荐股评级进行投资决策所面临的风险就越高,也就是说可信度不确定性可以被认为是度量分析师荐股评级风险的因子之一。与此同时,分析师荐股评级的可信度均值越高,则该分析师的荐股评级能力越强,也说明投资者跟随其荐股评级进行投资决策获得收益的可能性越高。本书借鉴夏普比率的构建思路,构建风险因子调整的可信度分数作为对分析师荐股评级能力进行评价的第二个指标。具体的,给定分析师 u_i 的荐股评级档案 $\{E_i, P_i, R_i\}$,其风险因子调整的可信度分数 RRS_i 的计算公式如下:

$$RRS_i = \frac{P_i}{R_i} \tag{4-5}$$

4.1.3.3 风险 – 经验因子调整的可信度分数

在构建分析师荐股评级档案的过程中,需要对分析师历史中发布的荐股评级及其可信度进行分析。常理来看,样本库中关于某分析师的荐股评级记录信息越多,那么该分析师荐股评级档案中的各个指标就能越精确的刻画其荐股评级能力。举例来说,相对只有 5 次荐股评级记录的分析师,我们可以更加精确地对做出了 50 次荐股评级的分析师进行能力刻画。当根据计算方法得到的2个分析师的可信度均值或者可信度不确定性相同时,我们更相信评级次数相对多的分析师的能力刻画是更精确的。可以确信的是,只有当分析师的荐股评级次数达到某一阈值时,档案中对该分析师可信度均值和可信度不确定性的估计才是可靠的。在本书研究中,我们只针对在给定样本选择范围内至少有3次荐股评级记录的分析师构建其档案。

然而,由于分析师经验,也就是分析师的历史评级次数,对精确估计其可信度均值与可信度不确定性的影响很可能是非线性的,仅仅通过设定经验阈值来对分析师荐股评级档案的精确性进行区分是粗粒度且缺乏可解释性的。因此,本书基于统计学中的置信区间理论,在此提出通过构造风险-经验因子来刻画分析师经验与分析师可信度不确定性之间的相互作用。风险-经验因子值更高的分析师,我们对其可信度均值的估计越准确,也更能代表其真实的荐股评级能力。反之,风险-经验因子值较低的分析师,其可信度均值则有较大概率不能刻画其真实的荐股评级能力。进而,本书构建了风险-经验因子调整的可信度分数来对分析师的荐股评级能力进行评价。

具体来说,我们将分析师的风险-经验因子转化为一个样本规模问题,通过计算落入固长置信区间的概率来对该因子进行估计。假设分析师的可信度均值是一个随机变量P,服从均值是μ_i和标准差是σ_i的正态分布,这样分析师发布的荐股评级的可信度就是从该正态分布中抽取的一个样本。分析师发布的每一次荐股评级的可信度都是独立同分布的,具体服从如下高斯分布:

$$r_{ijt} \sim N(\mu_i, \sigma_i^2), \quad (j=1, 2, \cdots, n; t=1, 2, \cdots, T_{ij}) \quad (4-6)$$

不同的分析师,其荐股评级可信度有不同的均值和标准差,对于有E_i次荐股评级经验的分析师,其可信度均值P_i需要服从如下高斯分布:

$$P_i \sim N\left(\mu_i, \frac{\sigma_i^2}{E_i}\right) \quad (4-7)$$

分析师的荐股评级经验和可信度不确定性对其可信度均值分布的影响可以通过图4-5得到直观的解释,可以看出,σ_i越大或者E_i越小,则分析师的可信度分布的概率密度曲线越高越窄。

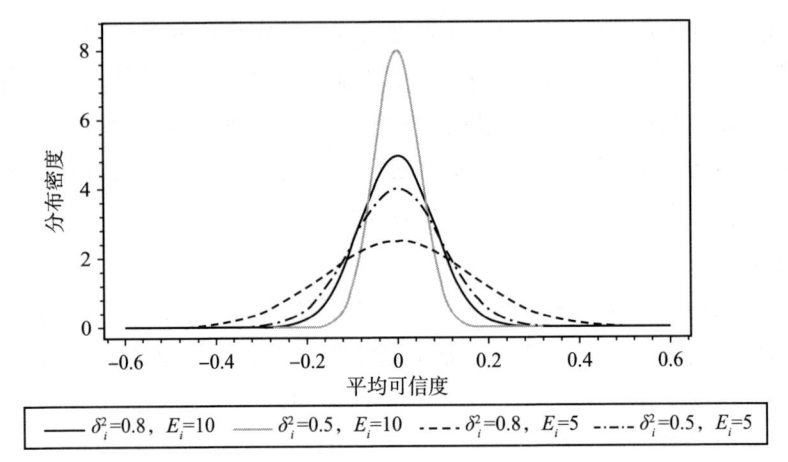

图4-5 分析师荐股评级的平均可信度的概率密度曲线

在统计学中,置信区间(confidence interval)作为在给定一个置信水平下的可能值的范围被广泛使用。随着总体样本规模的增加,从总体中抽出的样本其均值的方差就会减少,概率密度曲线就会向中间趋近,就会导致在相同的置信水平下,置信区间显得更加狭小。而风险-经验因子的构建恰好是对上述置信区间原理的逆向运用,可以称之为"区间置信"。也就是说,通过给定误差边际来计算相应的置信度,而不是给定置信度水平来计算置信区间。

分析师的可信度服从正态分布,其分布均值和标准差可以通过历史数据来进行计算,对均值进行估计的具体计算如公式(4-2)所示,而对标准差进行估计的具体计算如公式(4-3)所示。

假设所有分析师都有相同的误差边界,就可以设置误差边界 b 作为全局变量,对所有分析师适用。分析师 u_i 的风险-经验因子就是分析师荐股评级的可信度均值落入区间 $[P_i - b, P_i + b]$ 内的概率。尽管不同的分析师具有不同的可信度均值表现 P_i、可信度不确定性 R_i 及荐股评级经验 E_i,但是通过风险-经验因子的计算,可以将分析师荐股评级可信度的特征进行融合,并且使不同分析师在风险-经验因子这一度量下的比较变得可行。

对于分析师 u_i,给定其分析师荐股评级档案 $\{E_i, P_i, R_i\}$,误差的边界可以记为:

$$b = t_{E_i-1} \alpha_i \frac{R_i}{\sqrt{E_i}} \quad (4-8)$$

计算风险-经验因子就是要从公式（4-8）中求解出 α_i，也就是服从自由度为 (E_i-1) 的 t 分布在 $b\sqrt{E_i}/R_i$ 处的分布函数值，或者概率密度曲线下包围的面积。

综上所述，我们将分析师 u_i 的风险-经验因子（risk-experienced factor）定义为：

$$REF_i = 1 - 2\alpha_i = 2F_{t(E_i-1)}\left(\frac{b\sqrt{E_i}}{R_i} - 1\right) \tag{4-9}$$

其中，$F_{t(E_i-1)}(x)$ 是 t 分布的分布函数，可以看出，风险-经验因子的本质是概率，所以风险-经验因子的值域为 [0，1]，这使得用风险-经验因子在统一标尺下度量分析师可信度均值估计的可靠程度变得可行。

图4-6直观地展示了在不同可信度不确定性水平下分析师的风险-经验因子和分析师荐股评级经验的关系。可以看出，分析师的风险-经验因子会随着分析师的经验非线性单调递增，并且会逐渐趋近于1。另外，风险-经验因子随着分析师经验的增加而增加的速度还取决于分析师荐股评级可信度不确定性水平，当可信度不确定性水平较高时，分析师风险-经验因子的增长速度相对比较缓慢。

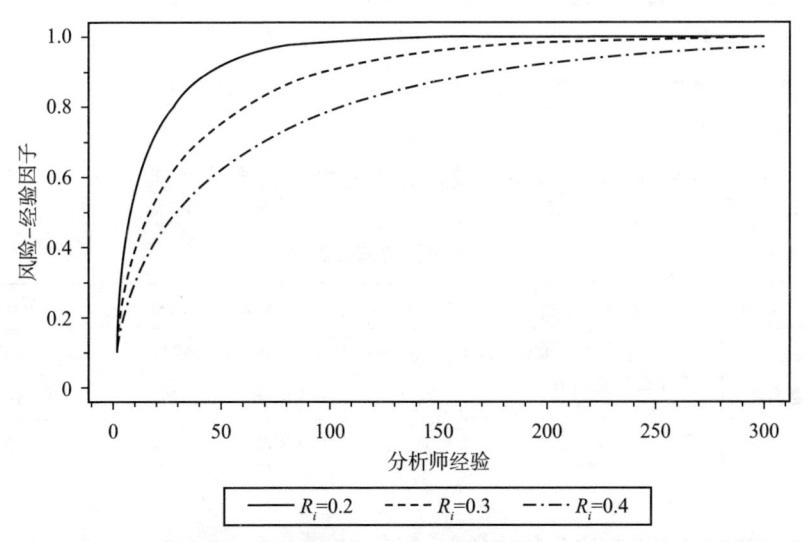

图4-6 不同可信度不确定性水平下分析师的风险-经验因子与经验的关系

通过前面的分析可以看出，分析师荐股评级的风险-经验因子综合度量了分析师经验与可信度不确定性对其荐股评级可信度均值准确性的影响：分析师的风险-经验因子越高，则我们对该分析师可信度均值的估计越精确。因此，给定分析师 u_i 的荐股评级档案 $\{E_i, P_i, R_i\}$，我们可以根据公式（4-9）计算其风险-经验因子，在此基础上，本书定义分析师 u_i 的风险-经验因子调整的可信度分数 $RERS_i$ 为：

$$RERS_i = P_i \times REF_i \qquad (4-10)$$

可以看到，上述风险-经验因子调整的可信度分数同时综合考虑了分析师的荐股评级经验、可信度均值和可信度不确定性三个方面的信息。

4.2 行业分类方法

为了对分析师的荐股评级能力进行评价，本书选择根据荐股评级中目标个股所属的行业对所有的荐股评级数据进行划分，进而以行业为细分范围对其中涉及的证券分析师的荐股评级能力进行对比分析以及评价。关于行业分类，我们主要以中证指数有限公司发布的上市公司行业分类为基准，并在中证行业划分的二级行业基础上进行一定调整。本书采用最新版本的中证指数行业分类结果，即中证指数公司官方网站于2020年6月1日发布的《全部A股中证行业分类》[①]。本书采用的行业划分方法具体如表4-1所示，可以看到本书最终将A股的上市公司共划分为包括主要用品零售与个人用品，食品、饮料与烟草和计算机及电子设备等在内的20个细分行业。

表4-1　　　　　　　　　上市公司行业划分结果

中证一级简称	行业划分	中证二级简称	中证三级简称	上市公司数量
主要消费	主要用品零售与个人用品	食品与主要用品零售	食品与主要用品零售	14
		家庭与个人用品	个人用品	10
			家常用品	5

---

① 中证指数公司更新中证行业分类结果：全部A股中证行业分类［EB/OL］. 中证指数有限公司，http://www.csindex.com.cn/zh-CN/indices/notices-and-announcements-detail/1348，2020-06-15.

续表

中证一级简称	行业划分	中证二级简称	中证三级简称	上市公司数量
主要消费	食品、饮料与烟草	食品、饮料与烟草	农牧渔产品	61
			包装食品与肉类	74
			饮料	40
信息技术	计算机及电子设备	计算机及电子设备	电子设备	270
			电脑与外围设备	20
	计算机运用与半导体	计算机运用	互联网服务	81
			信息技术服务	111
			软件开发	73
		半导体	半导体	46
公用事业	公用事业	公用事业	供热或其他公用事业	6
			水务	11
			燃气	23
			电力	64
			电网	2
医药卫生	医药生物与服务	医疗器械与服务	医疗器械	44
			医疗用品与服务提供商	20
		医药生物	制药	214
			制药与生物科技服务	10
			生物科技	48
原材料	原材料	原材料	化学制品	243
			化学原料	60
			容器与包装	24
			建筑材料	40
			有色金属	98
			纸类与林业产品	29
			钢铁	47
			非金属采矿及制品	15

续表

中证一级简称	行业划分	中证二级简称	中证三级简称	上市公司数量
可选消费	传媒	传媒	传媒	92
	汽车与汽车零部件	汽车与汽车零部件	汽车与摩托车	38
			汽车零配件与轮胎	150
	消费者服务	消费者服务	综合消费者服务	12
			酒店、餐馆与休闲	31
	耐用消费品与服装	耐用消费品与服装	休闲设备与用品	23
			家庭耐用消费品	120
			珠宝与奢侈品	13
			纺织服装	80
	零售业	零售业	互联网零售	3
			其他零售	13
			多元化零售	43
			日用品经销商	1
工业	交通运输	交通运输	交通基本设施	43
			航空公司	7
			航空货运与物流	35
			航运	11
			道路运输	16
	商业服务与用品	商业服务与用品	商业服务与用品	107
	资本品	资本品	工业集团企业	6
			建筑与工程	97
			建筑产品	32
			机械制造	289
			环保设备、工程与服务	80
			电气设备	217
			航空航天与国防	58

续表

中证一级简称	行业划分	中证二级简称	中证三级简称	上市公司数量
电信业务	电信服务与设备	电信服务	电信增值服务	8
			电信运营服务	1
		通信设备	通信设备	83
能源	能源	能源	煤炭	35
			石油与天然气	20
			能源开采设备与服务	22
金融地产	其他金融	保险	保险	7
		资本市场	资本市场	59
		其他金融	其他金融服务	12
			消费信贷	5
	房地产	房地产	房地产开发与园区	114
			房地产管理与服务	16
	银行	银行	商业银行	36

对于给定的行业以及在特定样本期内该行业内的分析师荐股评级数据，本书从行业关注度以及可信度两个方面分别对该行业进行分析。其中行业关注度从整体关注度（行业评级关注度、行业分析师关注度、行业券商关注度）、个股平均关注度（个股平均分析师关注度、个股平均券商关注度、个股平均评级关注度）以及被评个股覆盖范围（被评个股占比）三个方面进行刻画。同时，行业可信度方面使用行业荐股评级平均可信度刻画，上述行业指标的层级及详细计算方法如表4-2所示。

表4-2　　　　　　　　　行业评价指标体系

一级维度	二级维度	三级维度	计算方法
关注度	整体关注度	行业评级关注度	行业内所有荐股评级的数量
		行业分析师关注度	行业内股票进行评级的分析师的数量
		行业券商关注度	行业内股票进行评级的证券公司的数量

续表

一级维度	二级维度	三级维度	计算方法
关注度	个股平均关注度	个股平均分析师关注度	行业分析师关注度与行业内被评级股票数量的比值
		个股平均券商关注度	行业券商关注度与行业内被评级股票数量的比值
		个股平均评级关注度	行业内荐股评级数量与被评级股票数量的比值
	被评个股覆盖范围	被评个股占比	行业内被评级股票数量与行业内股票数量的比值
可信度	荐股评级表现	行业平均可信度	行业内所有荐股评级的可信度的平均值

4.3 评价方法

根据前面两节所构建的评价指标与行业划分，本书从广大投资者对分析师荐股评级能力评价的现实关切出发，分别从证券分析师个体层面和证券公司层面构建基于荐股评级可信度的评价方案来全面考察证券分析师行业中的荐股评级能力。

4.3.1 证券分析师评价方法

在对分析师个体的荐股评级能力进行评价时，本书首先根据预先设定的评价时间段选择所有发布于该评价期内的荐股评级作为评价样本集合。正如第3章所总结的，分析师行业中分析师的新老交替较为频繁，所以本书选择距离目前较近的时间段为评价期，以期对投资者提供实践参考。具体的，本书选取2017年1月1日至2019年12月31日（样本期三年）和2015年1月1日至2019年12月31日（样本期五年）两个时间段作为对分析师荐股评级能力进行评价的目标评价期。

紧接着，本书根据第4.2节中的行业划分方法将目标评价期内的分析师的荐股评级进行划分，即按照荐股评级对应的目标个股所属的行业将荐股评级划分为20个集合，与表4-1中划分好的20个行业一一对应。然后根据第4.1.2节中介绍的分析师荐股评级档案构建方法在每个行业数据集内构建相关分析师的荐股评级档案。在分析师荐股评级档案中我们将评级次数小于三次的分析师进行了剔除处理，主要原因是：①分析师评级次数过少，对其荐股评级能力的评估偶然性较高；②分析师评级次数小于3次时，其可信度不确定性无法计算或者有较高概率为0，这是后续可信度分数的计算方法所不允许的。

接下来，本书基于上述构建的分析师荐股评级档案，根据第4.1.3节中提出的分析师荐股评级能力评价指标体系分别计算每个分析师的平均可信度分数、风险因子调整的可信度分数以及风险-经验因子调整的可信度分数。最后，本书基于各个可信度分数按照从高到低的顺序对同行业内的分析师进行排序，最终得到分析师荐股评级能力的对比排名。若分数相同，则评级次数更多的分析师排名优先。我们将上述分析师层面的评价方法总结在表4-3中。

表4-3　　　　　　　　分析师荐股评级能力评价方法

输入：荐股评级数据集：$DataSet = \{(u_i, v_j, e_{ij}) \mid i=1, 2, \cdots, m; j=1, 2, \cdots, n\}$
　　　评价期集合：$PeriodSet = \{P_i \mid i=1, 2\}$
　　　行业集合：$IndustrySet = \{Ind_i \mid i=1, 2, \cdots, 20\}$
　　　荐股评级-评价期映射：$f: E \to PeriodSet$
　　　目标个股-行业映射：$g: V \to InsustrySet$
说明：$u_i \in U$：分析师集合U中第i位分析师，共m位分析师；
　　　$v_j \in V$：股票集合V中第j只股票，共n只股票；
　　　$e_{ij} \in E = \{(e_{ijt}, r_{ijt}) \mid t=1, 2, \cdots T_{ij}\}$：分析师$u_i$对股票$v_j$的$T_{ij}$次荐股评级集合；
　　　P_i：评价期中第i个评价期，共2个评价期，P_1：2015-2019，P_2：2017-2019；
　　　Ind_i：股票行业集合中第i个行业，共20个行业，具体如表4-1所示；
　　　$f(e_{ijt}) = P_k$：分析师u_i对股票v_j的第t次荐股评级发布于评价期P_k内；
　　　$g(v_i) = Ind_j$：股票v_i属于行业Ind_j；
输出：分析师排名列表：$ART_{Ind_j}^{P_i}(Score)$；
　　　行业Ind_j在评价期P_i内根据评价指标$Score$的分析师排名

续表

```
1. Initializations
2. Input: DataSet, PeriodSet, IndustrySet
#数据集划分
3. foreach $P_i \in PeriodSet$ do
4.     $Data^{P_i} = \{(u_i, v_j, e_{ijt}, r_{ijt}) \in DataSet \mid f(e_{ijt}) = P_i\}$
5.     foreach $Ind_i \in IndustrySet$ do
6.         $Data^{P_i}_{Ind_i} = \{(u_i, v_j, e_{ijt}, r_{ijt}) \in Data^{P_i} \mid g(v_i) = Ind_i\}$
#构建分析师荐股评级档案: $\{E_i, P_i, R_i\} = BulidAnalystProfile(Data^{P_i}_{Ind_i})$
7.     foreach $u_i \in Data^{P_i}_{Ind_i}$ do
8.         $E_i = \sum_{j=1}^{m} T_{ij}$  #荐股评级评级经验
9.         $P_i = \sum_{j=1}^{m} \sum_{t=1}^{T_{ij}} r_{ijt} \Big/ \sum_{j=1}^{m} T_{ij}$  #荐股评级可信度均值
10.        $R_i = \sqrt{\sum_{j=1}^{m} \sum_{t=1}^{T_{ij}} (r_{ijt} - P_i)^2 \Big/ (\sum_{j=1}^{m} T_{ij} - 1)}$  #荐股评级可信度不确定性
#分析师评价指标: $ScoreSet = \{ARS, RRS, RERS\}$
11.        $ARS_i = P_i$   #平均可信度分数
12.        $RRS_i = P_i / R_i$ #风险因子调整的可信度分数
13.        $RERS_i = P_i * 2F_{t(E_i-1)}(b\sqrt{E_i}/R_i - 1)$  #风险-经验因子调整的可信度分数
14.    end
#分析师荐股评级能力评价
15.    foreach $Score \in ScoreSet$ do
16.        $ART^{P_i}_{Ind_j}(Score) = Rank(u_i \in Data^{P_i}_{Ind_j}, Score)$
17.    end
18.   end
19. end
20. Output: $\{ART^{P_i}_{Ind_j}(Score) \mid P_i \in PeriodSet; Ind_i \in IndustrySet; Score \in ScoreSet\}$
```

4.3.2 证券公司评价方法

在对证券公司的荐股评级能力进行评价时，本书一方面选择从证券公司发布的所有荐股评级的可信度对其进行评价，另一方面则从证券公司拥有的明星分析师数量这一维度对其进行评价，下面我们将分别详细介绍以上两个评价方法的具体流程。

4.3.2.1 基于荐股评级可信度分数的评价方法

与第 4.3.1 节中介绍的对分析师进行评价的方法类似，在依据荐股评级可信度分数对证券公司进行评价时，本书首先，根据评价期内各证券公司发布的荐股评级及其可信度建立证券公司的荐股评级可信度档案。其次，根据档案分别构建证券公司的平均可信度分数、风险因子调整的可信度分数以及风险－经验因子调整的可信度分数三个评价指标来量化证券公司的荐股评级能力。最后，根据各公司在给定评价指标下的分数高低对证券公司进行排名。需要指出的是，在构建证券公司荐股评级档案时我们将评级次数小于 30 次的证券公司进行了剔除处理，主要原因是评级记录过少无法对其能力进行准确评估。具体评价流程如表 4－4 所示，需要指出的是，为避免歧义，除去个别新引入的变量符号，本小节中使用的所有符号均与前面小节保持一致。

表 4－4　基于可信度分数的证券公司荐股评级能力评价方法

输入：荐股评级数据集：$DataSet = \{(u_i, v_j, e_{ij}) | i=1, 2, \cdots, m; j=1, 2, \cdots, n\}$
评价期集合：$PeriodSet = \{P_i | i=1, 2\}$
证券公司集合：$BrokerSet = \{Bro_i | i=1, 2, \cdots, p\}$
荐股评级－评价期映射：$f: E \to PeriodSet$
分析师－证券公司映射：$h: U \to BrokerSet$
说明：$u_i \in U$：分析师集合 U 中第 i 位分析师，共 m 位分析师；
$v_j \in V$：股票集合 V 中第 j 只股票，共 n 只股票；
$e_{ij} \in E = \{(e_{ijt}, r_{ijt}) | t=1, 2, \cdots, T_{ij}\}$：分析师 u_i 对股票 v_j 的 T_{ij} 次荐股评级集合；
P_i：评价期中第 i 个评价期，共 2 个评价期，P_1: 2015－2019，P_2: 2014－2019；
Bro_i：证券公司集合 $BrokerSet$ 中第 i 个证券公司；
$f(e_{ijt}) = P_k$：分析师 u_i 对股票 v_j 的第 t 次荐股评级发布于评价期 P_k 内；
$h(u_i) = Bro_j$：分析师 u_i 属于证券公司 Bro_j；
输出：证券公司排名列表：$BRT_{BrokerSet}^{P_i}(Score)$：
在评价期 P_i 内的证券公司 $BrokerSet$ 根据评价指标 $Score$ 的排名

续表

```
1. Initializations
2. Input：DataSet, PeriodSet, BrokerSet
#数据集划分
3. foreach $P_i \in PeriodSet$ do
4.     $Data^{P_i} = \{(u_i, v_j, e_{ijt}, r_{ijt}) \in DataSet \mid f(e_{ijt}) = P_i\}$
5.     $BrokerSet^{P_i} = \{Bro_i \mid \exists u_i \in Data^{P_i} \xrightarrow{yields} h(u_i) = Bro_i\}$
#构建证券公司荐股评级档案：$\{BE_i, BP_i, BR_i\} = BulidBrokerProfile(Data^{P_i}_{Bro_i})$
6.     foreach $Bro_i \in BrokerSet^{P_i}$ do
7.         $Data^{P_i}_{Bro_i} = \{(u_i, v_j, e_{ijt}, r_{ijt}) \in Data^{P_i} \mid h(u_i) = Bro_i\}$
#证券公司评级经验
8.         $BE_i = \sum_{u_i \in Data^{P_i}_{Bro_i}} \sum_{j=1}^{m} T_{ij}$
##证券公司可信度均值
9.         $BP_i = (\sum_{u_i \in Data^{P_i}_{Bro_i}} \sum_{j=1}^{m} \sum_{t=1}^{T_{ij}} r_{ijt}) / (\sum_{u_i \in Data^{P_i}_{Bro_i}} \sum_{j=1}^{m} T_{ij})$
#可信度不确定性
10.        $BR_i = \sqrt{\sum_{u_i \in Data^{P_i}_{Bro_i}} \sum_{j=1}^{m} \sum_{t=1}^{T_{ij}} (r_{ijt} - BP_i)^2 / (\sum_{u_i \in Data^{P_i}_{Bro_i}} \sum_{j=1}^{m} T_{ij} - 1)}$
#证券公司评价指标：$ScoreSet = \{BRS, BRRS, BRERS\}$
11.        $BARS_i = BP_i$    #平均可信度分数
12.        $BRRS_i = BP_i / BR_i$ #风险因子调整的可信度分数
13.        $BRERS_i = BP_i * 2F_{t(BE_i - 1)}(b\sqrt{BE_i}/BR_i - 1)$ #风险-经验因子调整的可信度分数
14.    end
#证券公司荐股评级能力评价
15.    foreach $Score \in ScoreSet$ do
16.        $BRT^{P_i}_{BrokerSet}(Score) = Rank(Bro_i \in BrokerSet^{P_i}, Score)$
17.    end
18. end
19. Output：$\{BRT^{P_i}_{BrokerSet}(Score) \mid BrokerSet; P_i \in PeriodSet; Score \in ScoreSet\}$
```

4.3.2.2 基于明星分析师数量的评价方法

从证券公司拥有的明星分析师数量角度对证券公司的荐股评级能力进行评价时需要对明星分析师进行定义。本书将明星分析师定义为在给定评价年份（评价期内的某一年）、荐股评级行业（行业划分如表4-1所示）以及度量分析师能力的评价指标时［三种可信度分数中的一种，公式（4-4）、公式（4-5）和公式（4-10）］，在该年度该行业内表现排名前五位的分析师。

在依据明星分析师数量对证券公司进行评价时，本书首先根据各行业在各年度内的分析师荐股评级及其可信度，构建相关分析师的荐股评级档案，进而计算其相应的可信度分数。其次，按照可信度分数对分析师进行排名，选择前五名作为该行业在该年度内的明星分析师。最后，统计各证券公司在评价期内的产生的明星分析师数量，并基于明星分析师数量对证券公司进行排名。需要指出的是，在计算各行业在各年度内的明星分析师时，我们提出了荐股评级少于3次的分析师，原因同上。具体评价流程的相关算法如表4-5所示，为避免歧义，除去个别新引入的变量符号，本小节中使用的所有符号均与前面小节保持一致。

表4-5　基于明星分析师数量的证券公司荐股评级能力评价方法

输入：荐股评级数据集：$DataSet = \{(u_i, v_j, e_{ij}) | i=1, 2, \cdots, m; j=1, 2, \cdots, n\}$
　　　评价期集合：$PeriodSet = \{P_i | i=1, 2\}$
　　　行业集合：$IndustrySet = \{Ind_i | i=1, 2, \cdots, 20\}$
　　　证券公司集合：$BrokerSet = \{Bro_i | i=1, 2, \cdots, p\}$
　　　年份集合：$YearSet = \{Year_i | i=1, 2, \cdots, q\}$
　　　荐股评级-评价期映射：$f: E \rightarrow PeriodSet$
　　　荐股评级-年份映射：$f_1: E \rightarrow YearSet$
　　　年份-评价期映射：$f_2: YearSet \rightarrow PeriodSet$
　　　目标个股-行业映射：$g: V \rightarrow InsustrySet$
　　　分析师-证券公司映射：$h: U \rightarrow BrokerSet$
说明：$u_i \in U$：分析师集合U中第i位分析师，共m位分析师；
　　　$v_i \in V$：股票集合V中第j只股票，共n只股票；
　　　$e_{ij} \in E = \{(e_{ijt}, r_{ijt}) | t=1, 2, \cdots, T_{ij}\}$：分析师$u_i$对股票$v_j$的$T_{ij}$次荐股评级集合；
　　　P_i：评价期中第i个评价期，共2个评价期，P_1: 2015-2019，P_2: 2014-2019；
　　　Ind_i：股票行业集合中第i个行业，共20个行业，具体如表4-1所示；
　　　Bro_i：证券公司集合中第i个证券公司；
　　　$Year_i$：年份集合中第i个年份；
　　　$f(e_{ijt}) = P_k$：分析师u_i对股票v_j的第t次荐股评级发布于评价期P_k内；
　　　$f_1(e_{ijt}) = Year_k$：分析师u_i对股票v_j的第t次荐股评级发布于$Year_k$年内；
　　　$f_2(Year_i) = P_k$：年份$Year_i$属于评价期P_k内；
　　　$g(v_i) = Ind_j$：股票v_i属于行业Ind_j；
　　　$h(u_i) = Bro_j$：分析师u_i属于证券公司Bro_j；
输出：证券公司排名列表：$BSART_{BrokerSet}^{P_i}(Score)$：
　　　在评价期P_i内的证券公司$BrokerSet$根据评价指标$Score$的排名

续表

```
1.  Initializations
2.  Input：DataSet, PeriodSet, IndustrySet, BrokerSet
```
#数据集划分
```
3.   foreach Year_i ∈ YearSet do
4.       Data^{Year_i} = {(u_i, v_j, e_{ijt}, r_{ijt}) ∈ DataSet | f_1(e_{ijt}) = Year_i}
5.       foreach Ind_j ∈ IndustrySet do
6.           Data^{Year_i}_{Ind_j} = {(u_i, v_j, e_{ijt}, r_{ijt}) ∈ Data^{Year_i} | g(v_j) = Ind_j}
```
#构建分析师荐股评级档案：{E_i, P_i, R_i} = BulidAnalystProfile(Data^{Year_i}_{Ind_j})
```
7.       foreach u_i ∈ Data^{Year_i}_{Ind_j} do
8.           E_i = Σ_{j=1}^{m} T_{ij}                                    #分析师评级经验
9.           P_i = Σ_{j=1}^{m} Σ_{t=1}^{T_{ij}} r_{ijt} / Σ_{j=1}^{m} T_{ij}    #分析师可信度均值
10.          R_i = √(Σ_{j=1}^{m} Σ_{t=1}^{T_{ij}} (r_{ijt} - P_i)^2 / Σ_{j=1}^{m} T_{ij} - 1)  #分析师可信度不确定性
```
#分析师评价指标：ScoreSet = {RS, RRS, RERS}
```
11.          ARS_i = P_i          #平均可信度分数
12.          RRS_i = P_i / R_i    #风险因子调整的可信度分数
13.          RERS_i = P_i * 2F_{t(E_i - 1)}(b√(E_i)/R_i - 1)  #风险-经验因子调整的可信度分数
14.      end
```
#分析师荐股评级能力评价
```
15.      foreach Score ∈ ScoreSet do
16.          ART^{Year_i}_{Ind_j}(Score) = Rank(u_i ∈ Data^{Year_i}_{Ind_j}, Score)
```
#明星分析师
```
17.          SART^{Year_i}_{Ind_j}(Score) = Top5[ART^{Year_i}_{Ind_j}(Score)]
18.      end
19.  end
19.  end
```
#明星分析师集合
```
20.  SA = {SART^{Year_i}_{Ind_j}(Score) | Year_i ∈ YearSet, Ind_j ∈ IndustrySet, score ∈ ScoreSet}
```
#证券公司明星分析师数量
```
21.  foreach P_i ∈ PeriodSet do
22.      Data^{P_i} = {(u_i, v_j, e_{ijt}, r_{ijt}) ∈ DataSet | f(e_{ijt}) = P_i}
23.      BrokerSet^{P_i} = {Bro_i | ∃ u_i ∈ Data^{P_i} ⟶^{yields} h(u_i) = Bro_i}
24.      foreach Score ∈ ScoreSet do
24.          SA^{P_i} = {SART^{Year_i}_{Ind_j}(Score) | f_2(Year_i) = P_i}
25.          foreach Bro_i ∈ BrokerSet^{P_i} do
26.              SAN^{P_i}_{Bro_i}(Score) = #{u_i ∈ SA^{P_i} | h(u_i) = Bro_i}
```

4 | 基于荐股评级可信度的评价方案设计

续表

27.　　　end
#基于明星分析师数量的证券公司排名
28.　　　$BSART_{BrokerSet}^{P_i}(Score) = Rank(Bro_i \in BrokerSet^{P_i}, SAN_{Bro_i}^{P_i}(Score))$
28.　　end
29. end
30. Output：$\{BSART_{BrokerSet}^{P_i}(Score) \mid BrokerSet; P_i \in PeriodSet; Score \in ScoreSet\}$

77

5 证券分析师评价结果

5.1 主要用品零售与个人用品

5.1.1 三年期

基于表 4-2 中展示构建的行业评价指标体系,我们对主要消费——主要用品零售与个人用品这一行业在三年样本期内(2017 年 1 月 1 日至 2019 年 12 月 31 日)的各项指标进行统计计算,并依据各项指标的高低对行业进行排名,结果如图 5-1 所示。以主要消费——主要用品零售与个人用品行业内的上市公司股票作为荐股评级目标个股的分析师有 153 位(行业分析师关注度,行业排名第 16 位),他们来自 50 家不同的证券公司(行业券商关注度,行业排名第 18 位),针对该行业内的 20 只股票(被评个股占比 68.97%,行业排名第 10 位)发布了共计 1 679 次荐股评级观测(行业评级关注度,行业排名第 20 位)。该行业的个股平均关注度方面,个股平均评级关注度为 83.95,行业排名第 2 位;个股平均分析师关注度为 7.65,行业排名第 1 位;个股平均券商关注度为 2.5,行业排名第 1 位。最后,该行业荐股评级的平均可信度为 0.4544,行业排名第 2 位。

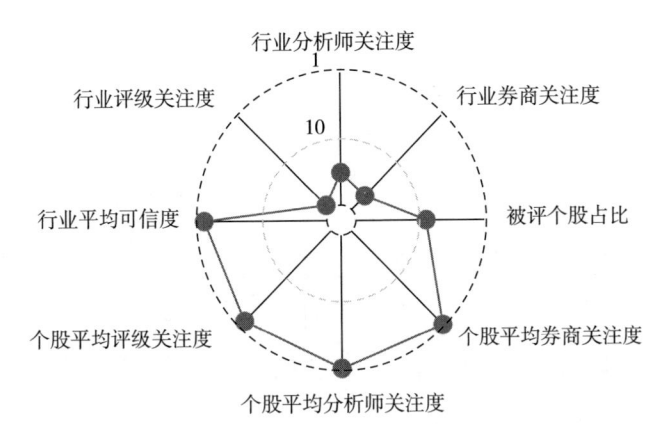

图 5-1　主要消费——主要用品零售与个人用品行业雷达图：2017～2019 年

表 5-1 展示了该行业在三年期内基于平均可信度分数（average reliability score）的分析师表现排名①。可以看出，以平均信度分数为评价指标时，排在前五名的分析师分别是：广发证券公司的汪达、长江证券公司的鄢鹏、安信证券公司的雷慧华、群益证券公司的何敏亮以及中泰证券公司的徐稚涵。

表 5-1　三年期分析师荐股评级能力评价——平均可信度分数
行业：主要消费——主要用品零售与个人用品

表现排名	分析师姓名	隶属证券公司	评级个股数量（只）	荐股评级次数（次）
1	汪达	广发证券	1	7
2	鄢鹏	长江证券	1	5
3	雷慧华	安信证券	1	5
4	何敏亮	群益证券	2	4
5	徐稚涵	中泰证券	1	4
6	商艾华	中泰证券	1	3
7	叶倩瑜	光大证券	1	3
8	王学恒	国信证券	1	3
9	邓文慧	东方证券	1	3

---

① 因篇幅限制，在给定的评价期与评价指标下，本书只列出行业内排名前20位的证券分析师，下同。

续表

表现排名	分析师姓名	隶属证券公司	评级个股数量（只）	荐股评级次数（次）
10	林寰宇	华泰证券	3	3
11	花小伟	中信建投证券	3	21
12	周文波	安信证券	1	14
13	谭倩	国海证券	4	14
14	王凤华	粤开证券	5	6
15	笃慧	中泰证券	1	6
16	蒋正山	中泰证券	2	6
17	史凡可	东吴证券	1	9
18	丁婷婷	国盛证券	3	9
19	梅昕	华泰证券	3	13
20	刘文正	安信证券	7	24

表 5-2 展示了该行业在三年期内基于风险因子调整的可信度分数（risk-factor-adjusted reliability score）的分析师表现排名。可以看出，以风险因子调整的可信度分数为评价指标时，排在前五名的分析师分别是：广发证券公司的汪达、长江证券公司的鄢鹏、安信证券公司的雷慧华、群益证券公司的何敏亮以及中泰证券公司的徐稚涵。

表 5-2　三年期分析师荐股评级能力评价——风险因子调整的可信度分数
行业：主要消费——主要用品零售与个人用品

表现排名	分析师姓名	隶属证券公司	评级个股数量（只）	荐股评级次数（次）
1	汪达	广发证券	1	7
2	鄢鹏	长江证券	1	5
3	雷慧华	安信证券	1	5
4	何敏亮	群益证券	2	4
5	徐稚涵	中泰证券	1	4
6	商艾华	中泰证券	1	3
7	叶倩瑜	光大证券	1	3
8	王学恒	国信证券	1	3

续表

表现排名	分析师姓名	隶属证券公司	评级个股数量（只）	荐股评级次数（次）
9	邓文慧	东方证券	1	3
10	林寰宇	华泰证券	3	3
11	花小伟	中信建投证券	3	21
12	周文波	安信证券	1	14
13	谭倩	国海证券	4	14
14	王凤华	粤开证券	5	6
15	笃慧	中泰证券	1	6
16	蒋正山	中泰证券	2	6
17	史凡可	东吴证券	1	9
18	丁婷婷	国盛证券	3	9
19	梅昕	华泰证券	3	13
20	刘文正	安信证券	7	24

表5-3展示了该行业在三年期内基于风险-经验因子调整的可信度分数（risk-experience-factor-adjusted reliability score）的分析师表现排名。可以看出，以风险-经验因子调整的可信度分数为评价指标时，排在前五名的分析师分别是：中信建投证券公司的花小伟、广发证券公司的汪达、长江证券公司的李锦、中信证券公司的徐晓芳以及长江证券公司的鄢鹏。

表5-3　三年期分析师荐股评级能力评价——风险-经验因子调整的可信度分数
行业：主要消费——主要用品零售与个人用品

表现排名	分析师姓名	隶属证券公司	评级个股数量（只）	荐股评级次数（次）
1	花小伟	中信建投证券	3	21
2	汪达	广发证券	1	7
3	李锦	长江证券	4	43
4	徐晓芳	中信证券	8	39
5	鄢鹏	长江证券	1	5
6	雷慧华	安信证券	1	5
7	周文波	安信证券	1	14

续表

表现排名	分析师姓名	隶属证券公司	评级个股数量（只）	荐股评级次数（次）
8	谭倩	国海证券	4	14
9	刘文正	安信证券	7	24
10	黄守宏	安信证券	9	31
11	何敏亮	群益证券	2	4
12	徐稚涵	中泰证券	1	4
13	汪立亭	海通证券	7	67
14	刘章明	天风证券	9	54
15	周羽	中信证券	6	44
16	商艾华	中泰证券	1	3
17	叶倩瑜	光大证券	1	3
18	王学恒	国信证券	1	3
19	邓文慧	东方证券	1	3
20	林寰宇	华泰证券	3	3

5.1.2 五年期

基于表4-2中展示构建的行业评价指标体系，我们对主要消费——主要用品零售与个人用品这一行业在五年样本期内（2015年1月1日至2019年12月31日）的各项指标进行统计计算，并依据各项指标的高低对行业进行排名，结果如图5-2所示。以主要消费——主要用品零售与个人用品行业内的上市公司股票作为荐股评级目标个股的分析师有198位（行业分析师关注度，行业排名第19位），他们来自55家不同的证券公司（行业券商关注度，行业排名第19位），针对该行业内的21只股票（被评个股占比72.41%，行业排名第11位）发布了共计2 276次荐股评级观测（行业评级关注度，行业排名第20位）。该行业的个股平均关注度方面，个股平均评级关注度为108.38，行业排名第4位；个股平均分析师关注度为9.43，行业排名第1位；个股平均券商关注度为2.62，行业排名第1位。最后，该行业荐股评级的平均可信度为0.4530，行业排名第2位。

```
                    行业分析师关注度
         行业评级关注度  │1       行业券商关注度
                    │10
    行业平均可信度 ──────┼────── 被评个股占比

   个股平均评级关注度            个股平均券商关注度
                个股平均分析师关注度
```

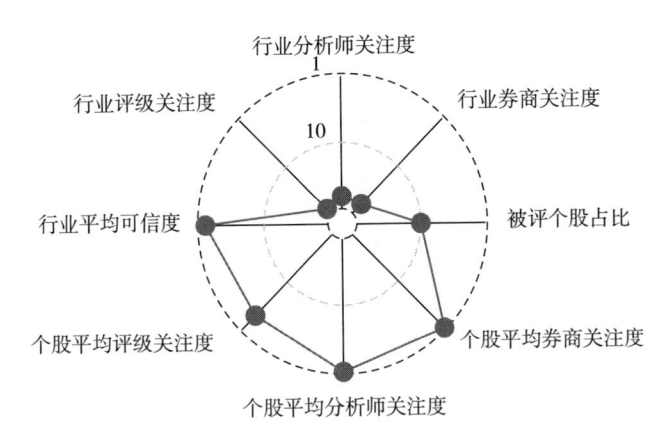

图 5-2　主要消费——主要用品零售与个人用品行业雷达图：2015~2019年

表 5-4 展示了该行业在五年期内基于平均可信度分数（average reliability score）的分析师表现排名。可以看出，以平均信度分数为评价指标时，排在前五名的分析师分别是：广发证券公司的汪达、长江证券公司的鄢鹏、安信证券公司的雷慧华、中泰证券公司的徐稚涵以及中泰证券公司的商艾华。

表 5-4　五年期分析师荐股评级能力评价——平均可信度分数
行业：主要消费——主要用品零售与个人用品

表现排名	分析师姓名	隶属证券公司	评级个股数量（只）	荐股评级次数（次）
1	汪达	广发证券	1	7
2	鄢鹏	长江证券	1	5
3	雷慧华	安信证券	1	5
4	徐稚涵	中泰证券	1	4
5	商艾华	中泰证券	1	3
6	叶倩瑜	光大证券	1	3
7	王学恒	国信证券	1	3
8	邓文慧	东方证券	1	3
9	林寰宇	华泰证券	3	3
10	张龙	安信证券	4	12
11	马科	民生证券	6	14
12	何敏亮	群益证券	2	6

续表

表现排名	分析师姓名	隶属证券公司	评级个股数量（只）	荐股评级次数（次）
13	王凤华	粤开证券	5	6
14	笃慧	中泰证券	1	6
15	蒋正山	中泰证券	2	6
16	花小伟	中信建投证券	3	29
17	张宇	海通证券	1	5
18	史凡可	东吴证券	1	9
19	丁婷婷	国盛证券	3	9
20	梅昕	华泰证券	3	13

表 5-5 展示了该行业在五年期内基于风险因子调整的可信度分数（risk-factor-adjusted reliability score）的分析师表现排名。可以看出，以风险因子调整的可信度分数为评价指标时，排在前五名的分析师分别是：广发证券公司的汪达、长江证券公司的鄢鹏、安信证券公司的雷慧华、中泰证券公司的徐稚涵以及中泰证券公司的商艾华。

表 5-5 五年期分析师荐股评级能力评价——风险因子调整的可信度分数

行业：主要消费——主要用品零售与个人用品

表现排名	分析师姓名	隶属证券公司	评级个股数量（只）	荐股评级次数（次）
1	汪达	广发证券	1	7
2	鄢鹏	长江证券	1	5
3	雷慧华	安信证券	1	5
4	徐稚涵	中泰证券	1	4
5	商艾华	中泰证券	1	3
6	叶倩瑜	光大证券	1	3
7	王学恒	国信证券	1	3
8	邓文慧	东方证券	1	3
9	林寰宇	华泰证券	3	3
10	张龙	安信证券	4	12
11	马科	民生证券	6	14

续表

表现排名	分析师姓名	隶属证券公司	评级个股数量（只）	荐股评级次数（次）
12	花小伟	中信建投证券	3	29
13	何敏亮	群益证券	2	6
14	王凤华	粤开证券	5	6
15	笃慧	中泰证券	1	6
16	蒋正山	中泰证券	2	6
17	张宇	海通证券	1	5
18	史凡可	东吴证券	1	9
19	丁婷婷	国盛证券	3	9
20	梅昕	华泰证券	3	13

表5-6展示了该行业在五年期内基于风险-经验因子调整的可信度分数（risk-experience-factor-adjusted reliability score）的分析师表现排名。可以看出，以风险-经验因子调整的可信度分数为评价指标时，排在前五名的分析师分别是：长江证券公司的李锦、中信证券公司的周羽、中信建投证券公司的花小伟、安信证券公司的张龙以及广发证券公司的汪达。

表5-6 五年期分析师荐股评级能力评价——风险-经验因子调整的可信度分数
行业：主要消费——主要用品零售与个人用品

表现排名	分析师姓名	隶属证券公司	评级个股数量（只）	荐股评级次数（次）
1	李锦	长江证券	6	90
2	周羽	中信证券	9	100
3	花小伟	中信建投证券	3	29
4	张龙	安信证券	4	12
5	汪达	广发证券	1	7
6	徐晓芳	中信证券	8	39
7	鄢鹏	长江证券	1	5
8	雷慧华	安信证券	1	5
9	马科	民生证券	6	14
10	汪立亭	海通证券	7	102

续表

表现排名	分析师姓名	隶属证券公司	评级个股数量（只）	荐股评级次数（次）
11	刘文正	安信证券	7	24
12	周文波	安信证券	1	21
13	黄守宏	安信证券	9	31
14	徐稚涵	中泰证券	1	4
15	刘章明	天风证券	10	78
16	唐佳睿	光大证券	7	135
17	谭倩	国海证券	5	16
18	商艾华	中泰证券	1	3
19	叶倩瑜	光大证券	1	3
20	王学恒	国信证券	1	3

5.2 食品、饮料与烟草

5.2.1 三年期

基于表4-2中展示构建的行业评价指标体系，我们对主要消费——食品、饮料与烟草这一行业在三年样本期内（2017年1月1日至2019年12月31日）的各项指标进行统计计算，并依据各项指标的高低对行业进行排名，结果如图5-3所示。以主要消费——食品、饮料与烟草行业内的上市公司股票作为荐股评级目标个股的分析师有321位（行业分析师关注度，行业排名第6位），他们来自67家不同的证券公司（行业券商关注度，行业排名第2位），针对该行业内的126只股票（被评个股占比72%，行业排名第9位）发布了共计10 153次荐股评级观测（行业评级关注度，行业排名第3位）。该行业的个股平均关注度方面，个股平均评级关注度为80.58，行业排名第3位；个股平均分析师关注度为2.55，行业排名第11位；个股平均券商关注度为0.53，行业排名第14位。最后，该行业荐股评级的平均可信度为0.4749，行业排名第1位。

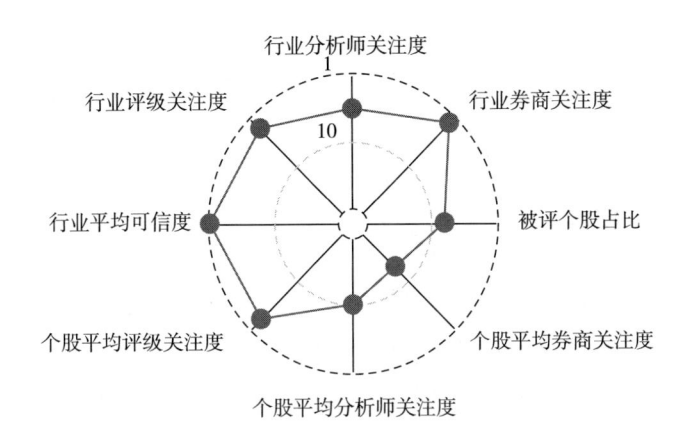

图 5-3　主要消费——食品、饮料与烟草行业雷达图：2017~2019 年

表 5-7 展示了该行业在三年期内基于平均可信度分数（average reliability score）的分析师表现排名。可以看出，以平均信度分数为评价指标时，排在前五名的分析师分别是：光大证券公司的张喆、国金证券公司的姚遥、安信证券公司的邓永康、中泰证券公司的邹玲玲以及上海申银万国证券公司的韩启明。

表 5-7　　三年期分析师荐股评级能力评价——平均可信度分数
行业：主要消费——食品、饮料与烟草

表现排名	分析师姓名	隶属证券公司	评级个股数量（只）	荐股评级次数（次）
1	张喆	光大证券	4	10
2	姚遥	国金证券	1	7
3	邓永康	安信证券	1	6
4	邹玲玲	中泰证券	1	6
5	韩启明	上海申银万国证券	1	6
6	杨云	浙商证券	2	5
7	黄斌	华泰证券	1	5
8	王鹏	浙商证券	1	5
9	邹博华	长江证券	1	4
10	黄守宏	安信证券	1	4
11	刘卓	信达证券	4	4
12	何昕	华泰证券	1	3

续表

表现排名	分析师姓名	隶属证券公司	评级个股数量（只）	荐股评级次数（次）
13	陈子坤	广发证券	1	3
14	蒲强	国金证券	1	3
15	董思远	长江证券	7	20
16	弓永峰	中信证券	1	16
17	徐伟	中信建投证券	1	10
18	范劲松	中泰证券	30	256
19	李晓璐	群益证券	8	16
20	王永锋	广发证券	30	231

表5-8展示了该行业在三年期内基于风险因子调整的可信度分数（risk-factor-adjusted reliability score）的分析师表现排名。可以看出，以风险因子调整的可信度分数为评价指标时，排在前五名的分析师分别是：光大证券公司的张喆、国金证券公司的姚遥、安信证券公司的邓永康、中泰证券公司的邹玲玲以及上海申银万国证券公司的韩启明。

表5-8 三年期分析师荐股评级能力评价——风险因子调整的可信度分数
行业：主要消费——食品、饮料与烟草

表现排名	分析师姓名	隶属证券公司	评级个股数量（只）	荐股评级次数（次）
1	张喆	光大证券	4	10
2	姚遥	国金证券	1	7
3	邓永康	安信证券	1	6
4	邹玲玲	中泰证券	1	6
5	韩启明	上海申银万国证券	1	6
6	杨云	浙商证券	2	5
7	黄斌	华泰证券	1	5
8	王鹏	浙商证券	1	5
9	邹博华	长江证券	1	4
10	黄守宏	安信证券	1	4
11	刘卓	信达证券	4	4

续表

表现排名	分析师姓名	隶属证券公司	评级个股数量（只）	荐股评级次数（次）
12	何昕	华泰证券	1	3
13	陈子坤	广发证券	1	3
14	蒲强	国金证券	1	3
15	董思远	长江证券	7	20
16	弓永峰	中信证券	1	16
17	徐伟	中信建投证券	1	10
18	范劲松	中泰证券	30	256
19	李晓璐	群益证券	8	16
20	王永锋	广发证券	30	231

表 5-9 展示了该行业在三年期内基于风险-经验因子调整的可信度分数 (risk-experience-factor-adjusted reliability score) 的分析师表现排名。可以看出，以风险-经验因子调整的可信度分数为评价指标时，排在前五名的分析师分别是：中泰证券公司的范劲松、广发证券公司的王永锋、安信证券公司的苏铖、中信证券公司的薛缘以及国金证券公司的唐川。

表 5-9 三年期分析师荐股评级能力评价——风险-经验因子调整的可信度分数
行业：主要消费——食品、饮料与烟草

表现排名	分析师姓名	隶属证券公司	评级个股数量（只）	荐股评级次数（次）
1	范劲松	中泰证券	30	256
2	王永锋	广发证券	30	231
3	苏铖	安信证券	37	246
4	薛缘	中信证券	24	92
5	唐川	国金证券	22	81
6	董思远	长江证券	7	20
7	肖婵	东方证券	23	135
8	戴佳娴	中信证券	32	150
9	薛玉虎	方正证券	33	266

续表

表现排名	分析师姓名	隶属证券公司	评级个股数量（只）	荐股评级次数（次）
10	李强	东北证券	58	321
11	弓永峰	中信证券	1	16
12	刘畅	东兴证券	31	171
13	张喆	光大证券	4	10
14	陈梦瑶	国信证券	37	254
15	符蓉	国盛证券	16	33
16	余春生	国海证券	46	240
17	吕昌	上海申银万国证券	33	287
18	黄付生	太平洋证券	55	360
19	杨勇胜	招商证券	28	240
20	姚遥	国金证券	1	7

5.2.2 五年期

基于表4-2中展示构建的行业评价指标体系，我们对主要消费——食品、饮料与烟草这一行业在五年样本期内（2015年1月1日至2019年12月31日）的各项指标进行统计计算，并依据各项指标的高低对行业进行排名，结果如图5-4所示。以主要消费——食品、饮料与烟草行业内的上市公司股票作为荐股评级目标个股的分析师有398位（行业分析师关注度，行业排名第8位），他们来自72家不同的证券公司（行业券商关注度，行业排名第3位），针对该行业内的138只股票（被评个股占比78.86%，行业排名第9位）发布了共计15 510次荐股评级观测（行业评级关注度，行业排名第3位）。该行业的个股平均关注度方面，个股平均评级关注度为112.39，行业排名第3位；个股平均分析师关注度为2.88，行业排名第14位；个股平均券商关注度为0.52，行业排名第16位。最后，该行业荐股评级的平均可信度为0.4659，行业排名第1位。

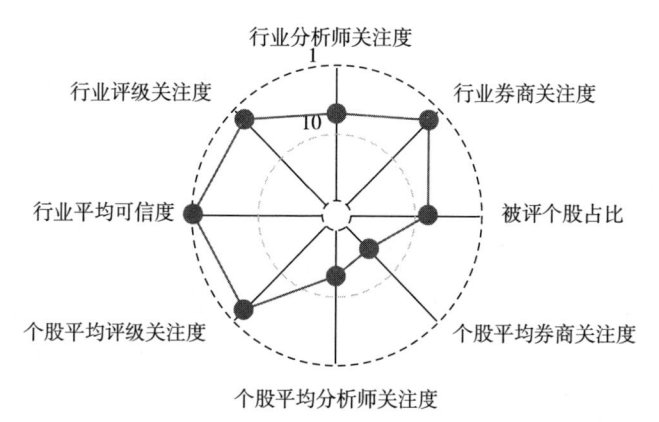

图 5 - 4　主要消费——食品、饮料与烟草行业雷达图：2015～2019 年

表 5 - 10 展示了该行业在五年期内基于平均可信度分数（average reliability score）的分析师表现排名。可以看出，以平均信度分数为评价指标时，排在前五名的分析师分别是：光大证券公司的张喆、平安证券公司的郭哲、国金证券公司的姚遥、招商证券公司的顾佳以及安信证券公司的邓永康。

表 5 - 10　五年期分析师荐股评级能力评价——平均可信度分数
行业：主要消费——食品、饮料与烟草

表现排名	分析师姓名	隶属证券公司	评级个股数量（只）	荐股评级次数（次）
1	张喆	光大证券	4	10
2	郭哲	平安证券	1	7
3	姚遥	国金证券	1	7
4	顾佳	招商证券	1	6
5	邓永康	安信证券	1	6
6	邹玲玲	中泰证券	1	6
7	韩启明	上海申银万国证券	1	6
8	杨云	浙商证券	2	5
9	黄斌	华泰证券	1	5
10	王鹏	浙商证券	1	5
11	郭伟明	东北证券	3	4
12	蒲强	国金证券	2	4

续表

表现排名	分析师姓名	隶属证券公司	评级个股数量（只）	荐股评级次数（次）
13	邬博华	长江证券	1	4
14	黄守宏	安信证券	1	4
15	刘卓	信达证券	4	4
16	姚彦君	上海申银万国证券	3	3
17	罗毅	华泰证券	1	3
18	何昕	华泰证券	1	3
19	陈子坤	广发证券	1	3
20	董思远	长江证券	7	20

表5-11展示了该行业在五年期内基于风险因子调整的可信度分数（risk-factor-adjusted reliability score）的分析师表现排名。可以看出，以风险因子调整的可信度分数为评价指标时，排在前五名的分析师分别是：光大证券公司的张喆、平安证券公司的郭哲、国金证券公司的姚遥、招商证券公司的顾佳以及安信证券公司的邓永康。

表5-11 五年期分析师荐股评级能力评价——风险因子调整的可信度分数
行业：主要消费——食品、饮料与烟草

表现排名	分析师姓名	隶属证券公司	评级个股数量（只）	荐股评级次数（次）
1	张喆	光大证券	4	10
2	郭哲	平安证券	1	7
3	姚遥	国金证券	1	7
4	顾佳	招商证券	1	6
5	邓永康	安信证券	1	6
6	邹玲玲	中泰证券	1	6
7	韩启明	上海申银万国证券	1	6
8	杨云	浙商证券	2	5
9	黄斌	华泰证券	1	5
10	王鹏	浙商证券	1	5
11	郭伟明	东北证券	3	4

续表

表现排名	分析师姓名	隶属证券公司	评级个股数量（只）	荐股评级次数（次）
12	蒲强	国金证券	2	4
13	邬博华	长江证券	1	4
14	黄守宏	安信证券	1	4
15	刘卓	信达证券	4	4
16	姚彦君	上海申银万国证券	3	3
17	罗毅	华泰证券	1	3
18	何昕	华泰证券	1	3
19	陈子坤	广发证券	1	3
20	董思远	长江证券	7	20

表5-12展示了该行业在五年期内基于风险-经验因子调整的可信度分数（risk-experience-factor-adjusted reliability score）的分析师表现排名。可以看出，以风险-经验因子调整的可信度分数为评价指标时，排在前五名的分析师分别是：中泰证券公司的范劲松、广发证券公司的王永锋、中信证券公司的薛缘、中泰证券公司的胡彦超以及国金证券公司的唐川。

表5-12 五年期分析师荐股评级能力评价——风险-经验因子调整的可信度分数
行业：主要消费——食品、饮料与烟草

表现排名	分析师姓名	隶属证券公司	评级个股数量（只）	荐股评级次数（次）
1	范劲松	中泰证券	30	256
2	王永锋	广发证券	45	367
3	薛缘	中信证券	24	92
4	胡彦超	中泰证券	33	322
5	唐川	国金证券	22	81
6	苏铖	安信证券	44	382
7	董思远	长江证券	7	20
8	戴佳娴	中信证券	33	169
9	肖婵	东方证券	27	195
10	施亮	中信证券	14	74

续表

表现排名	分析师姓名	隶属证券公司	评级个股数量（只）	荐股评级次数（次）
11	薛玉虎	方正证券	44	381
12	刘颜	长江证券	33	115
13	李强	东北证券	69	416
14	刘畅	东兴证券	31	171
15	陈佳	长江证券	25	337
16	张喆	光大证券	4	10
17	陈梦瑶	国信证券	38	264
18	谢刚	中泰证券	27	86
19	符蓉	国盛证券	16	33
20	黄巍	中信证券	24	114

5.3 计算机及电子设备

5.3.1 三年期

基于表4-2中展示构建的行业评价指标体系，我们对信息技术——计算机及电子设备这一行业在三年样本期内（2017年1月1日至2019年12月31日）的各项指标进行统计计算，并依据各项指标的高低对行业进行排名，结果如图5-5所示。以信息技术——计算机及电子设备行业内的上市公司股票作为荐股评级目标个股的分析师有440位（行业分析师关注度，行业排名第3位），他们来自66家不同的证券公司（行业券商关注度，行业排名第3位），针对该行业内的118只股票（被评个股占比40.69%，行业排名第19位）发布了共计6 084次荐股评级观测（行业评级关注度，行业排名第7位）。该行业的个股平均关注度方面，个股平均评级关注度为51.56，行业排名第9位；个股平均分析师关注度为3.73，行业排名第5位；个股平均券商关注度为0.56，行业排名第11位。最后，该行业荐股评级的平均可信度为0.4543，行业排名第3位。

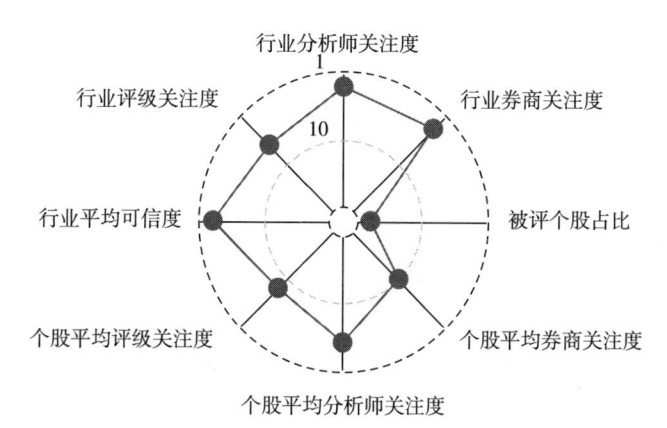

图 5-5 信息技术——计算机及电子设备行业雷达图：2017~2019 年

表 5-13 展示了该行业在三年期内基于平均可信度分数（average reliability score）的分析师表现排名。可以看出，以平均信度分数为评价指标时，排在前五名的分析师分别是：川财证券公司的欧阳宇剑、中信建投证券公司的阎贵成、方正证券公司的樊生龙、国盛证券公司的丁琼以及中泰证券公司的李俊松。

表 5-13　三年期分析师荐股评级能力评价——平均可信度分数
行业：信息技术——计算机及电子设备

表现排名	分析师姓名	隶属证券公司	评级个股数量（只）	荐股评级次数（次）
1	欧阳宇剑	川财证券	4	6
2	阎贵成	中信建投证券	1	6
3	樊生龙	方正证券	2	5
4	丁琼	国盛证券	3	4
5	李俊松	中泰证券	2	4
6	王奕红	天风证券	2	4
7	孙胜权	交银国际证券	1	3
8	周海晨	上海申银万国证券	1	3
9	吴彤	方正证券	2	3
10	张小郭	方正证券	1	3
11	何柄谕	中泰证券	3	3

续表

表现排名	分析师姓名	隶属证券公司	评级个股数量（只）	荐股评级次数（次）
12	夏庐生	安信证券	6	24
13	冯胜	中泰证券	3	14
14	李哲	安信证券	3	11
15	刘凯	光大证券	10	30
16	樊志远	国金证券	17	39
17	侯宾	东吴证券	2	9
18	张铖	长江证券	2	8
19	王林	华泰证券	3	7
20	唐川	国金证券	4	7

表5-14展示了该行业在三年期内基于风险因子调整的可信度分数（risk-factor-adjusted reliability score）的分析师表现排名。可以看出，以风险因子调整的可信度分数为评价指标时，排在前五名的分析师分别是：川财证券公司的欧阳宇剑、中信建投证券公司的阎贵成、方正证券公司的樊生龙、国盛证券公司的丁琼以及中泰证券公司的李俊松。

表5-14　三年期分析师荐股评级能力评价——风险因子调整的可信度分数
　　　　　行业：信息技术——计算机及电子设备

表现排名	分析师姓名	隶属证券公司	评级个股数量（只）	荐股评级次数（次）
1	欧阳宇剑	川财证券	4	6
2	阎贵成	中信建投证券	1	6
3	樊生龙	方正证券	2	5
4	丁琼	国盛证券	3	4
5	李俊松	中泰证券	2	4
6	王奕红	天风证券	2	4
7	孙胜权	交银国际证券	1	3
8	周海晨	上海申银万国证券	1	3
9	吴彤	方正证券	2	3
10	张小郭	方正证券	1	3

续表

表现排名	分析师姓名	隶属证券公司	评级个股数量（只）	荐股评级次数（次）
11	何柄谕	中泰证券	3	3
12	夏庐生	安信证券	6	24
13	冯胜	中泰证券	3	14
14	李哲	安信证券	3	11
15	刘凯	光大证券	10	30
16	樊志远	国金证券	17	39
17	侯宾	东吴证券	2	9
18	张铖	长江证券	2	8
19	王林	华泰证券	3	7
20	唐川	国金证券	4	7

表5-15展示了该行业在三年期内基于风险-经验因子调整的可信度分数（risk-experience-factor-adjusted reliability score）的分析师表现排名。可以看出，以风险-经验因子调整的可信度分数为评价指标时，排在前五名的分析师分别是：安信证券公司的夏庐生、华西证券公司的孙远峰、国金证券公司的樊志远、光大证券公司的刘凯以及广发证券公司的许兴军。

表5-15 三年期分析师荐股评级能力评价——风险-经验因子调整的可信度分数
行业：信息技术——计算机及电子设备

表现排名	分析师姓名	隶属证券公司	评级个股数量（只）	荐股评级次数（次）
1	夏庐生	安信证券	6	24
2	孙远峰	华西证券	25	154
3	樊志远	国金证券	17	39
4	刘凯	光大证券	10	30
5	许兴军	广发证券	30	142
6	郑震湘	国盛证券	31	100
7	谢春生	华泰证券	16	40
8	张世杰	东北证券	24	45

续表

表现排名	分析师姓名	隶属证券公司	评级个股数量（只）	荐股评级次数（次）
9	冯胜	中泰证券	3	14
10	刘翔	中泰证券	30	176
11	欧阳宇剑	川财证券	4	6
12	阎贵成	中信建投证券	1	6
13	黄瑜	中信建投证券	13	67
14	杨明辉	光大证券	10	54
15	王凌涛	太平洋证券	24	60
16	潘暕	天风证券	26	138
17	蒯剑	东方证券	12	83
18	樊生龙	方正证券	2	5
19	肖明亮	广州广证恒生证券	11	29
20	胡又文	安信证券	12	68

5.3.2 五年期

基于表4-2中展示构建的行业评价指标体系，我们对信息技术——计算机及电子设备这一行业在五年样本期内（2015年1月1日至2019年12月31日）的各项指标进行统计计算，并依据各项指标的高低对行业进行排名，结果如图5-6所示。以信息技术——计算机及电子设备行业内的上市公司股票作为荐股评级目标个股的分析师有577位（行业分析师关注度，行业排名第5位），他们来自73家不同的证券公司（行业券商关注度，行业排名第2位），针对该行业内的130只股票（被评个股占比44.83%，行业排名第19位）发布了共计8 348次荐股评级观测（行业评级关注度，行业排名第8位）。该行业的个股平均关注度方面，个股平均评级关注度为64.22，行业排名第12位；个股平均分析师关注度为4.44，行业排名第7位；个股平均券商关注度为0.56，行业排名第12位。最后，该行业荐股评级的平均可信度为0.4293，行业排名第3位。

```
                    行业分析师关注度
                          1
    行业评级关注度                   行业券商关注度
                         10

    行业平均可信度                    被评个股占比


   个股平均评级关注度                  个股平均券商关注度

                    个股平均分析师关注度
```

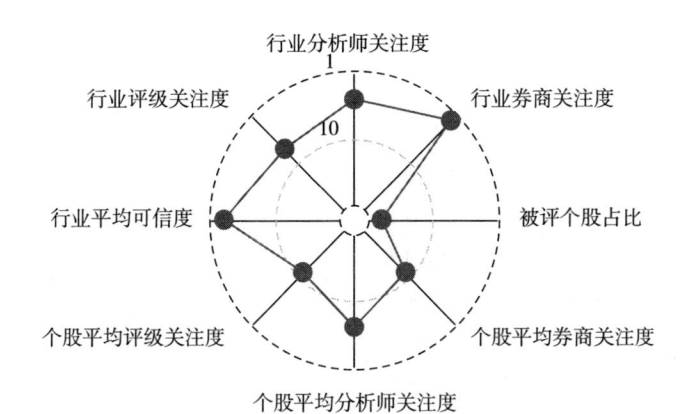

图 5–6　信息技术—计算机及电子设备行业雷达图：2015~2019 年

表 5–16 展示了该行业在五年期内基于平均可信度分数（average reliability score）的分析师表现排名。可以看出，以平均信度分数为评价指标时，排在前五名的分析师分别是：川财证券公司的欧阳宇剑、中信建投证券公司的阎贵成、方正证券公司的樊生龙、群益证券公司的韩伟琪以及东北证券公司的龚斯闻。

表 5–16　五年期分析师荐股评级能力评价——平均可信度分数
行业：信息技术——计算机及电子设备

表现排名	分析师姓名	隶属证券公司	评级个股数量（只）	荐股评级次数（次）
1	欧阳宇剑	川财证券	4	6
2	阎贵成	中信建投证券	1	6
3	樊生龙	方正证券	2	5
4	韩伟琪	群益证券	2	4
5	龚斯闻	东北证券	4	4
6	丁琼	国盛证券	3	4
7	李俊松	中泰证券	2	4
8	王奕红	天风证券	2	4
9	后立尧	国金证券	2	3
10	张磊	广州广证恒生证券	3	3
11	孙胜权	交银国际证券	1	3

续表

表现排名	分析师姓名	隶属证券公司	评级个股数量（只）	荐股评级次数（次）
12	周海晨	上海申银万国证券	1	3
13	吴彤	方正证券	2	3
14	张小郭	方正证券	1	3
15	何柄谕	中泰证券	3	3
16	夏庐生	安信证券	6	24
17	李哲	安信证券	3	11
18	刘凯	光大证券	10	30
19	樊志远	国金证券	17	39
20	侯宾	东吴证券	2	9

表5-17展示了该行业在五年期内基于风险因子调整的可信度分数（risk-factor-adjusted reliability score）的分析师表现排名。可以看出，以风险因子调整的可信度分数为评价指标时，排在前五名的分析师分别是：川财证券公司的欧阳宇剑、中信建投证券公司的阎贵成、方正证券公司的樊生龙、群益证券公司的韩伟琪以及东北证券公司的龚斯闻。

表5-17 五年期分析师荐股评级能力评价——风险因子调整的可信度分数
行业：信息技术——计算机及电子设备

表现排名	分析师姓名	隶属证券公司	评级个股数量（只）	荐股评级次数（次）
1	欧阳宇剑	川财证券	4	6
2	阎贵成	中信建投证券	1	6
3	樊生龙	方正证券	2	5
4	韩伟琪	群益证券	2	4
5	龚斯闻	东北证券	4	4
6	丁琼	国盛证券	3	4
7	李俊松	中泰证券	2	4
8	王奕红	天风证券	2	4
9	后立尧	国金证券	2	3
10	张磊	广州广证恒生证券	3	3

续表

表现排名	分析师姓名	隶属证券公司	评级个股数量（只）	荐股评级次数（次）
11	孙胜权	交银国际证券	1	3
12	周海晨	上海申银万国证券	1	3
13	吴彤	方正证券	2	3
14	张小郭	方正证券	1	3
15	何柄谕	中泰证券	3	3
16	夏庐生	安信证券	6	24
17	李哲	安信证券	3	11
18	刘凯	光大证券	10	30
19	樊志远	国金证券	17	39
20	侯宾	东吴证券	2	9

表5-18展示了该行业在五年期内基于风险-经验因子调整的可信度分数（risk-experience-factor-adjusted reliability score）的分析师表现排名。可以看出，以风险-经验因子调整的可信度分数为评价指标时，排在前五名的分析师分别是：安信证券公司的夏庐生、华西证券公司的孙远峰、国金证券公司的樊志远、广发证券公司的许兴军以及光大证券公司的刘凯。

表5-18 五年期分析师荐股评级能力评价——风险-经验因子调整的可信度分数
行业：信息技术——计算机及电子设备

表现排名	分析师姓名	隶属证券公司	评级个股数量（只）	荐股评级次数（次）
1	夏庐生	安信证券	6	24
2	孙远峰	华西证券	25	168
3	樊志远	国金证券	17	39
4	许兴军	广发证券	32	191
5	刘凯	光大证券	10	30
6	郑震湘	国盛证券	31	102
7	谢春生	华泰证券	16	40
8	张世杰	东北证券	24	45
9	刘翔	中泰证券	34	199

续表

表现排名	分析师姓名	隶属证券公司	评级个股数量（只）	荐股评级次数（次）
10	欧阳宇剑	川财证券	4	6
11	阎贵成	中信建投证券	1	6
12	王凌涛	太平洋证券	34	99
13	蒯剑	东方证券	15	100
14	黄瑜	中信建投证券	13	67
15	杨明辉	光大证券	10	54
16	潘暕	天风证券	26	138
17	樊生龙	方正证券	2	5
18	肖明亮	广州广证恒生证券	11	29
19	冯胜	中泰证券	4	16
20	骆思远	上海申银万国证券	21	98

5.4 计算机运用与半导体

5.4.1 三年期

基于表 4-2 中展示构建的行业评价指标体系，我们对信息技术——计算机运用与半导体这一行业在三年样本期内（2017 年 1 月 1 日至 2019 年 12 月 31 日）的各项指标进行统计计算，并依据各项指标的高低对行业进行排名，结果如图 5-7 所示。以信息技术——计算机运用与半导体行业内的上市公司股票作为荐股评级目标个股的分析师有 437 位（行业分析师关注度，行业排名第 5 位），他们来自 65 家不同的证券公司（行业券商关注度，行业排名第 5 位），针对该行业内的 122 只股票（被评个股占比 39.23%，行业排名第 20 位）发布了共计 5 693 次荐股评级观测（行业评级关注度，行业排名第 8 位）。该行业的个股平均关注度方面，个股平均评级关注为 46.66，行业排名第 13 位；个股平均分析师关注度为 3.58，行业排名第 6 位；个股平均券商关注度为 0.53 行业排名第 13 位。最后，该行业荐股评级的平均可信度为

0.4242，行业排名第5位。

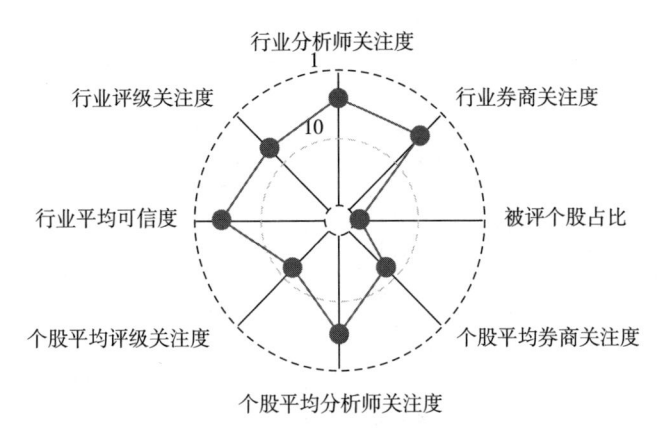

图5-7　信息技术——计算机运用与半导体行业雷达图：2017~2019年

表5-19展示了该行业在三年期内基于平均可信度分数（average reliability score）的分析师表现排名。可以看出，以平均信度分数为评价指标时，排在前五名的分析师分别是：中银国际证券公司的杨绍辉、长江证券公司的刘慧慧、中泰证券公司的张欣、新时代证券公司的吴吉森以及方正证券公司的方闻千。

表5-19　三年期分析师荐股评级能力评价——平均可信度分数
行业：信息技术——计算机运用与半导体

表现排名	分析师姓名	隶属证券公司	评级个股数量（只）	荐股评级次数（次）
1	杨绍辉	中银国际证券	1	16
2	刘慧慧	长江证券	2	7
3	张欣	中泰证券	2	7
4	吴吉森	新时代证券	2	6
5	方闻千	方正证券	2	6
6	陈宁玉	中泰证券	1	4
7	张颖	东方证券	2	3
8	黄俊伟	国金证券	1	3
9	任天辉	东兴证券	1	3

续表

表现排名	分析师姓名	隶属证券公司	评级个股数量（只）	荐股评级次数（次）
10	常潇雅	西南证券	3	3
11	李艳丽	西部证券	1	3
12	袁艺博	国金证券	1	3
13	苏晨	中泰证券	1	3
14	翟炜	方正证券	2	3
15	马良	安信证券	3	3
16	曹旭特	申港证券	3	3
17	刘高畅	国盛证券	10	39
18	蒯剑	东方证券	2	14
19	许兴军	广发证券	4	24
20	骆思远	上海申银万国证券	5	21

表 5-20 展示了该行业在三年期内基于风险因子调整的可信度分数（risk-factor-adjusted reliability score）的分析师表现排名。可以看出，以风险因子调整的可信度分数为评价指标时，排在前五名的分析师分别是：中银国际证券公司的杨绍辉、长江证券公司的刘慧慧、中泰证券公司的张欣、新时代证券公司的吴吉森以及方正证券公司的方闻千。

表 5-20　三年期分析师荐股评级能力评价——风险因子调整的可信度分数
　　　　　　行业：信息技术——计算机运用与半导体

表现排名	分析师姓名	隶属证券公司	评级个股数量（只）	荐股评级次数（次）
1	杨绍辉	中银国际证券	1	16
2	刘慧慧	长江证券	2	7
3	张欣	中泰证券	2	7
4	吴吉森	新时代证券	2	6
5	方闻千	方正证券	2	6
6	陈宁玉	中泰证券	1	4
7	张颖	东方证券	2	3
8	黄俊伟	国金证券	1	3

续表

表现排名	分析师姓名	隶属证券公司	评级个股数量（只）	荐股评级次数（次）
9	任天辉	东兴证券	1	3
10	常潇雅	西南证券	3	3
11	李艳丽	西部证券	1	3
12	袁艺博	国金证券	1	3
13	苏晨	中泰证券	1	3
14	翟炜	方正证券	2	3
15	马良	安信证券	3	3
16	曹旭特	申港证券	3	3
17	刘高畅	国盛证券	10	39
18	蒯剑	东方证券	2	14
19	许兴军	广发证券	4	24
20	骆思远	上海申银万国证券	5	21

表 5-21 展示了该行业在三年期内基于风险-经验因子调整的可信度分数（risk-experience-factor-adjusted reliability score）的分析师表现排名。可以看出，以风险-经验因子调整的可信度分数为评价指标时，排在前五名的分析师分别是：国盛证券公司的刘高畅、安信证券公司的胡又文、中银国际证券公司的杨绍辉、广发证券公司的许兴军以及东吴证券公司的郝彪。

表 5-21　三年期分析师荐股评级能力评价——风险-经验因子调整的可信度分数
行业：信息技术——计算机运用与半导体

表现排名	分析师姓名	隶属证券公司	评级个股数量（只）	荐股评级次数（次）
1	刘高畅	国盛证券	10	39
2	胡又文	安信证券	37	263
3	杨绍辉	中银国际证券	1	16
4	许兴军	广发证券	4	24
5	郝彪	东吴证券	14	125
6	骆思远	上海申银万国证券	5	21
7	谢春生	华泰证券	16	71

续表

表现排名	分析师姓名	隶属证券公司	评级个股数量（只）	荐股评级次数（次）
8	蒯剑	东方证券	2	14
9	孙远峰	华西证券	8	43
10	郑震湘	国盛证券	4	19
11	刘泽晶	招商证券	16	142
12	刘慧慧	长江证券	2	7
13	张欣	中泰证券	2	7
14	杨思睿	中银国际证券	8	30
15	吴吉森	新时代证券	2	6
16	方闻千	方正证券	2	6
17	潘暕	天风证券	9	45
18	郑宏达	海通证券	26	94
19	闻学臣	中泰证券	25	110
20	沈海兵	天风证券	34	185

5.4.2 五年期

基于表4-2中展示构建的行业评价指标体系，我们对信息技术——计算机运用与半导体这一行业在五年样本期内（2015年1月1日至2019年12月31日）的各项指标进行统计计算，并依据各项指标的高低对行业进行排名，结果如图5-8所示。以信息技术——计算机运用与半导体行业内的上市公司股票作为荐股评级目标个股的分析师有595位（行业分析师关注度，行业排名第4位），他们来自70家不同的证券公司（行业券商关注度，行业排名第6位），针对该行业内的133只股票（被评个股占比42.77%，行业排名第20位）发布了共计8 852次荐股评级观测（行业评级关注度，行业排名第7位）。该行业的个股平均关注度方面，个股平均评级关注度为66.56，行业排名第10位；个股平均分析师关注度为4.47，行业排名第6位；个股平均券商关注度为0.53，行业排名第14位。最后，该行业荐股评级的平均可信度为0.4050，行业排名第6位。

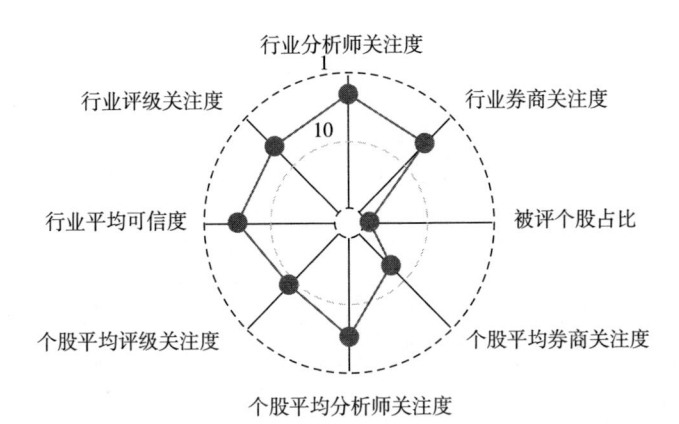

图 5-8　信息技术——计算机运用与半导体行业雷达图：2015~2019 年

表 5-22 展示了该行业在五年期内基于平均可信度分数（average reliability score）的分析师表现排名。可以看出，以平均信度分数为评价指标时，排在前五名的分析师分别是：中银国际证券公司的杨绍辉、海通证券公司的陈美风、长江证券公司的刘慧慧、中泰证券公司的张欣以及华泰证券公司的马仁敏。

表 5-22　五年期分析师荐股评级能力评价——平均可信度分数
　　　　　行业：信息技术——计算机运用与半导体

表现排名	分析师姓名	隶属证券公司	评级个股数量（只）	荐股评级次数（次）
1	杨绍辉	中银国际证券	1	16
2	陈美风	海通证券	5	8
3	刘慧慧	长江证券	2	7
4	张欣	中泰证券	2	7
5	马仁敏	华泰证券	2	6
6	吴吉森	新时代证券	2	6
7	张帅	国金证券	3	5
8	王少勃	中信证券	3	5
9	刘正	中信证券	1	4
10	马良	安信证券	4	4
11	陈宁玉	中泰证券	1	4

续表

表现排名	分析师姓名	隶属证券公司	评级个股数量（只）	荐股评级次数（次）
12	尹沿技	民生证券	2	3
13	吕江峰	中信建投证券	2	3
14	张杰伟	海通证券	2	3
15	真怡	广发证券	1	3
16	陈振志	东方证券	1	3
17	郭翔	华泰证券	3	3
18	王京乐	招商证券	2	3
19	周文波	安信证券	1	3
20	黄俊伟	国金证券	1	3

表5-23展示了该行业在五年期内基于风险因子调整的可信度分数（risk-factor-adjusted reliability score）的分析师表现排名。可以看出，以风险因子调整的可信度分数为评价指标时，排在前五名的分析师分别是：中银国际证券公司的杨绍辉、海通证券公司的陈美凤、长江证券公司的刘慧慧、中泰证券公司的张欣以及华泰证券公司的马仁敏。

表5-23 五年期分析师荐股评级能力评价——风险因子调整的可信度分数
行业：信息技术——计算机运用与半导体

表现排名	分析师姓名	隶属证券公司	评级个股数量（只）	荐股评级次数（次）
1	杨绍辉	中银国际证券	1	16
2	陈美凤	海通证券	5	8
3	刘慧慧	长江证券	2	7
4	张欣	中泰证券	2	7
5	马仁敏	华泰证券	2	6
6	吴吉森	新时代证券	2	6
7	张帅	国金证券	3	5
8	王少勃	中信证券	3	5
9	刘正	中信证券	1	4
10	马良	安信证券	4	4

续表

表现排名	分析师姓名	隶属证券公司	评级个股数量（只）	荐股评级次数（次）
11	陈宁玉	中泰证券	1	4
12	尹沿技	民生证券	2	3
13	吕江峰	中信建投证券	2	3
14	张杰伟	海通证券	2	3
15	真怡	广发证券	1	3
16	陈振志	东方证券	1	3
17	郭翔	华泰证券	3	3
18	王京乐	招商证券	2	3
19	周文波	安信证券	1	3
20	黄俊伟	国金证券	1	3

表5-24展示了该行业在五年期内基于风险-经验因子调整的可信度分数（risk-experience-factor-adjusted reliability score）的分析师表现排名。可以看出，以风险-经验因子调整的可信度分数为评价指标时，排在前五名的分析师分别是：国盛证券公司的刘高畅、中银国际证券公司的杨绍辉、安信证券公司的胡又文、东吴证券公司的郝彪以及东方证券公司的蒯剑。

表5-24 五年期分析师荐股评级能力评价——风险-经验因子调整的可信度分数
行业：信息技术——计算机运用与半导体

表现排名	分析师姓名	隶属证券公司	评级个股数量（只）	荐股评级次数（次）
1	刘高畅	国盛证券	10	39
2	杨绍辉	中银国际证券	1	16
3	胡又文	安信证券	43	459
4	郝彪	东吴证券	21	223
5	蒯剑	东方证券	3	15
6	谢春生	华泰证券	16	71
7	许兴军	广发证券	6	38
8	陈美风	海通证券	5	8
9	郑震湘	国盛证券	4	19

续表

表现排名	分析师姓名	隶属证券公司	评级个股数量（只）	荐股评级次数（次）
10	刘慧慧	长江证券	2	7
11	张欣	中泰证券	2	7
12	杨思睿	中银国际证券	8	30
13	马仁敏	华泰证券	2	6
14	吴吉森	新时代证券	2	6
15	刘泽晶	招商证券	21	179
16	骆思远	上海申银万国证券	5	39
17	孙远峰	华西证券	10	61
18	赵晓光	安信证券	6	16
19	潘暕	天风证券	9	45
20	陈平	海通证券	9	50

5.5 公用事业

5.5.1 三年期

基于表4-2中展示构建的行业评价指标体系，我们对公用事业——公用事业这一行业在三年样本期内（2017年1月1日至2019年12月31日）的各项指标进行统计计算，并依据各项指标的高低对行业进行排名，结果如图5-9所示。以公用事业——公用事业行业内的上市公司股票作为荐股评级目标个股的分析师有169位（行业分析师关注度，行业排名第12位），他们来自56家不同的证券公司（行业券商关注度，行业排名第11位），针对该行业内的79只股票（被评个股占比74.53%，行业排名第6位）发布了共计2 367次荐股评级观测（行业评级关注度，行业排名第16位）。该行业的个股平均关注度方面，个股平均评级关注度为29.96，行业排名第20位；个股平均分析师关注度为2.14，行业排名第15位；个股平均券商关注度为0.71，行业排名第10位。最后，该行业荐股评级的平均可信度为0.2915，行业排名第20位。

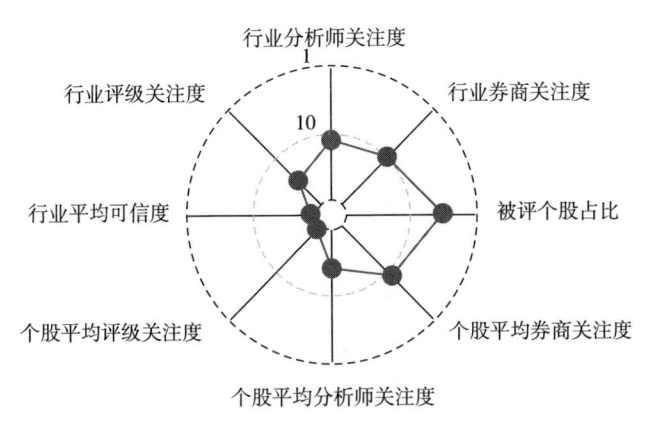

图 5-9　公用事业——公用事业行业雷达图：2017~2019 年

表 5-25 展示了该行业在三年期内基于平均可信度分数（average reliability score）的分析师表现排名。可以看出，以平均信度分数为评价指标时，排在前五名的分析师分别是：光大证券公司的唐雪雯、中金公司的蒋昕昊、国金证券公司的姚遥、川财证券公司的杨欧雯以及中信建投证券公司的郑小波。

表 5-25　三年期分析师荐股评级能力评价——平均可信度分数
行业：公用事业——公用事业

表现排名	分析师姓名	隶属证券公司	评级个股数量（只）	荐股评级次数（次）
1	唐雪雯	光大证券	2	3
2	蒋昕昊	中金公司	4	9
3	姚遥	国金证券	1	6
4	杨欧雯	川财证券	4	9
5	郑小波	中信建投证券	1	4
6	朱玥	兴业证券	2	3
7	殷中枢	光大证券	2	3
8	庞文亮	平安证券	1	3
9	顾一弘	东北证券	2	8
10	杨敬梅	西部证券	3	10
11	马步芳	信达证券	4	5
12	谭倩	国海证券	11	22

续表

表现排名	分析师姓名	隶属证券公司	评级个股数量（只）	荐股评级次数（次）
13	曾朵红	东吴证券	3	20
14	张韦华	长江证券	9	33
15	卢日鑫	东方证券	2	15
16	邬博华	长江证券	12	33
17	郭鹏	广发证券	10	49
18	杨心成	国盛证券	2	14
19	方重寅	国信证券	2	8
20	刘博	东吴证券	3	8

表5-26展示了该行业在三年期内基于风险因子调整的可信度分数（risk-factor-adjusted reliability score）的分析师表现排名。可以看出，以风险因子调整的可信度分数为评价指标时，排在前五名的分析师分别是：光大证券公司的唐雪雯、中金公司的蒋昕昊、国金证券公司的姚遥、川财证券公司的杨欧雯以及中信建投证券公司的郑小波。

表5-26 三年期分析师荐股评级能力评价——风险因子调整的可信度分数
行业：公用事业——公用事业

表现排名	分析师姓名	隶属证券公司	评级个股数量（只）	荐股评级次数（次）
1	唐雪雯	光大证券	2	3
2	蒋昕昊	中金公司	4	9
3	姚遥	国金证券	1	6
4	杨欧雯	川财证券	4	9
5	郑小波	中信建投证券	1	4
6	顾一弘	东北证券	2	8
7	谭倩	国海证券	11	22
8	杨敬梅	西部证券	3	10
9	朱玥	兴业证券	2	3
10	殷中枢	光大证券	2	3
11	庞文亮	平安证券	1	3

续表

表现排名	分析师姓名	隶属证券公司	评级个股数量（只）	荐股评级次数（次）
12	马步芳	信达证券	4	5
13	张韦华	长江证券	9	33
14	曾朵红	东吴证券	3	20
15	卢日鑫	东方证券	2	15
16	邬博华	长江证券	12	33
17	郭鹏	广发证券	10	49
18	杨心成	国盛证券	2	14
19	方重寅	国信证券	2	8
20	刘博	东吴证券	3	8

表5-27展示了该行业在三年期内基于风险-经验因子调整的可信度分数（risk-experience-factor-adjusted reliability score）的分析师表现排名。可以看出，以风险-经验因子调整的可信度分数为评价指标时，排在前五名的分析师分别是：中金公司的蒋昕昊、上海申银万国证券公司的刘晓宁、中信建投证券公司的万炜、广发证券公司的郭鹏以及安信证券公司的邵琳琳。

表5-27 三年期分析师荐股评级能力评价——风险-经验因子调整的可信度分数
行业：公用事业——公用事业

表现排名	分析师姓名	隶属证券公司	评级个股数量（只）	荐股评级次数（次）
1	蒋昕昊	中金公司	4	9
2	刘晓宁	上海申银万国证券	45	277
3	万炜	中信建投证券	26	135
4	郭鹏	广发证券	10	49
5	邵琳琳	安信证券	24	69
6	张韦华	长江证券	9	33
7	郭丽丽	方正证券	19	74
8	邬博华	长江证券	12	33
9	唐雪雯	光大证券	2	3

续表

表现排名	分析师姓名	隶属证券公司	评级个股数量（只）	荐股评级次数（次）
10	谭倩	国海证券	11	22
11	郭荆璞	信达证券	6	34
12	杨欧雯	川财证券	4	9
13	王威	光大证券	28	97
14	王玮嘉	华泰证券	19	65
15	姚遥	国金证券	1	6
16	周妍	国泰君安证券	26	95
17	曾朵红	东吴证券	3	20
18	郑丹丹	东兴证券	5	48
19	崔霖	中信证券	8	22
20	卢日鑫	东方证券	2	15

5.5.2 五年期

基于表4-2中展示构建的行业评价指标体系，我们对公用事业——公用事业这一行业在五年样本期内（2015年1月1日至2019年12月31日）的各项指标进行统计计算，并依据各项指标的高低对行业进行排名，结果如图5-10所示。以公用事业——公用事业行业内的上市公司股票作为荐股评级目标个股的分析师有251位（行业分析师关注度，行业排名第11位），他们来自61家不同的证券公司（行业券商关注度，行业排名第13位），针对该行业内的88只股票（被评个股占比83.02%，行业排名第7位）发布了共计3669次荐股评级观测（行业评级关注度，行业排名第16位）。该行业的个股平均关注度方面，个股平均评级关注度为41.69，行业排名第20位；个股平均分析师关注度为2.85，行业排名第15位；个股平均券商关注度为0.69，行业排名第10位。最后，该行业荐股评级的平均可信度为0.3350，行业排名第15位。

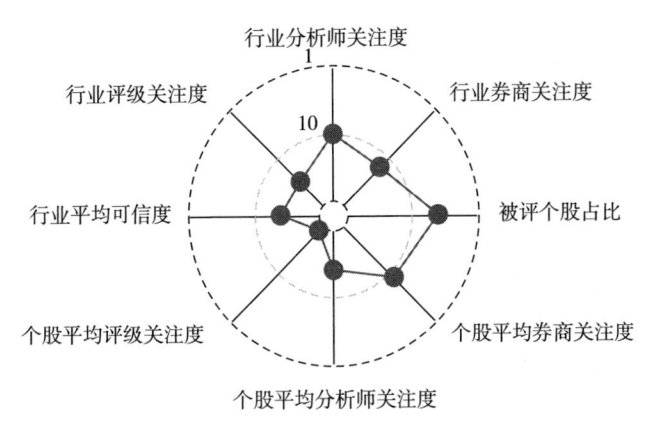

图 5-10　公用事业——公用事业行业雷达图：2015～2019 年

表 5-28 展示了该行业在五年期内基于平均可信度分数（average reliability score）的分析师表现排名。可以看出，以平均信度分数为评价指标时，排在前五名的分析师分别是：中泰证券公司的霍也佳、招商证券公司的彭全刚、中银国际证券公司的于振家、方正证券公司的梅韬以及浙商证券公司的杨云。

表 5-28　五年期分析师荐股评级能力评价——平均可信度分数
行业：公用事业——公用事业

表现排名	分析师姓名	隶属证券公司	评级个股数量（只）	荐股评级次数（次）
1	霍也佳	中泰证券	1	6
2	彭全刚	招商证券	5	5
3	于振家	中银国际证券	3	4
4	梅韬	方正证券	3	4
5	杨云	浙商证券	1	3
6	唐雪雯	光大证券	2	3
7	蒋昕昊	中金公司	4	9
8	周旭辉	海通证券	2	7
9	姚遥	国金证券	1	6
10	杨欧雯	川财证券	4	9
11	姬浩	广州广证恒生证券	2	4
12	郑小波	中信建投证券	1	4

续表

表现排名	分析师姓名	隶属证券公司	评级个股数量（只）	荐股评级次数（次）
13	黄守宏	安信证券	2	7
14	杨敬梅	西部证券	5	18
15	王晓林	海通证券	1	9
16	缴文超	平安证券	1	3
17	张镭	中国中投证券	3	3
18	朱玥	兴业证券	2	3
19	殷中枢	光大证券	2	3
20	庞文亮	平安证券	1	3

表 5-29 展示了该行业在五年期内基于风险因子调整的可信度分数（risk-factor-adjusted reliability score）的分析师表现排名。可以看出，以风险因子调整的可信度分数为评价指标时，排在前五名的分析师分别是：中泰证券公司的霍也佳、招商证券公司的彭全刚、中银国际证券公司的于振家、方正证券公司的梅韬以及浙商证券公司的杨云。

表 5-29　五年期分析师荐股评级能力评价——风险因子调整的可信度分数
行业：公用事业——公用事业

表现排名	分析师姓名	隶属证券公司	评级个股数量（只）	荐股评级次数（次）
1	霍也佳	中泰证券	1	6
2	彭全刚	招商证券	5	5
3	于振家	中银国际证券	3	4
4	梅韬	方正证券	3	4
5	杨云	浙商证券	1	3
6	唐雪雯	光大证券	2	3
7	蒋昕昊	中金公司	4	9
8	周旭辉	海通证券	2	7
9	姚遥	国金证券	1	6
10	杨欧雯	川财证券	4	9
11	姬浩	广州广证恒生证券	2	4

续表

表现排名	分析师姓名	隶属证券公司	评级个股数量（只）	荐股评级次数（次）
12	郑小波	中信建投证券	1	4
13	黄守宏	安信证券	2	7
14	杨敬梅	西部证券	5	18
15	王晓林	海通证券	1	9
16	卢日鑫	东方证券	2	22
17	曾朵红	东吴证券	4	59
18	顾一弘	东北证券	2	8
19	谭倩	国海证券	21	56
20	缴文超	平安证券	1	3

表 5-30 展示了该行业在五年期内基于风险-经验因子调整的可信度分数（risk-experience-factor-adjusted reliability score）的分析师表现排名。可以看出，以风险-经验因子调整的可信度分数为评价指标时，排在前五名的分析师分别是：广发证券公司的郭鹏、东吴证券公司的曾朵红、长江证券公司的邬博华、长江证券公司的童飞以及上海申银万国证券公司的刘晓宁。

表 5-30　五年期分析师荐股评级能力评价——风险-经验因子调整的可信度分数
行业：公用事业——公用事业

表现排名	分析师姓名	隶属证券公司	评级个股数量（只）	荐股评级次数（次）
1	郭鹏	广发证券	30	106
2	曾朵红	东吴证券	4	59
3	邬博华	长江证券	24	89
4	童飞	长江证券	28	68
5	刘晓宁	上海申银万国证券	48	439
6	邵琳琳	安信证券	27	92
7	谭倩	国海证券	21	56
8	霍也佳	中泰证券	1	6
9	郭丽丽	方正证券	29	120
10	蒋昕昊	中金公司	4	9

续表

表现排名	分析师姓名	隶属证券公司	评级个股数量（只）	荐股评级次数（次）
11	彭全刚	招商证券	5	5
12	万炜	中信建投证券	27	143
13	崔霖	中信证券	17	59
14	于振家	中银国际证券	3	4
15	梅韬	方正证券	3	4
16	张韦华	长江证券	9	33
17	卢日鑫	东方证券	2	22
18	王威	光大证券	38	143
19	周旭辉	海通证券	2	7
20	郑丹丹	东兴证券	6	62

5.6 医药生物与服务

5.6.1 三年期

基于表4-2中展示构建的行业评价指标体系，我们对医药卫生——医药生物与服务这一行业在三年样本期内（2017年1月1日至2019年12月31日）的各项指标进行统计计算，并依据各项指标的高低对行业进行排名，结果如图5-11所示。以医药卫生——医药生物与服务行业内的上市公司股票作为荐股评级目标个股的分析师有318位（行业分析师关注度，行业排名第7位），他们来自66家不同的证券公司（行业券商关注度，行业排名第3位），针对该行业内的163只股票（被评个股占比48.51%，行业排名第18位）发布了共计10 040次荐股评级观测（行业评级关注度，行业排名第4位）。该行业的个股平均关注度方面，个股平均评级关注度为61.60，行业排名第5位；个股平均分析师关注度为1.95，行业排名第16位；个股平均券商关注度为0.40，行业排名第18位。最后，该行业荐股评级的平均可信度为0.3838，行业排名第8位。

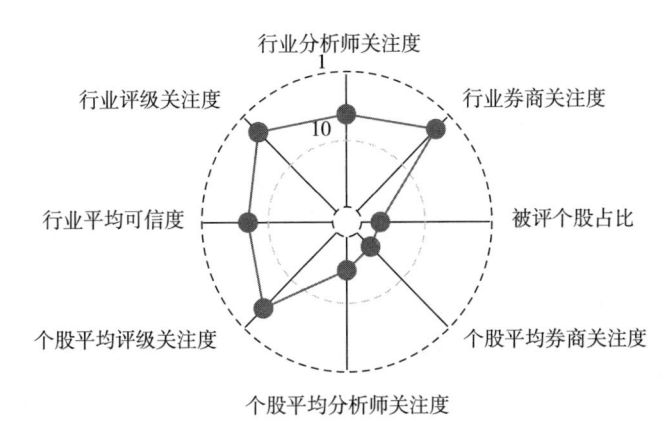

图 5-11　医药卫生——医药生物与服务行业雷达图：2017~2019 年

表 5-31 展示了该行业在三年期内基于平均可信度分数（average reliability score）的分析师表现排名。可以看出，以平均信度分数为评价指标时，排在前五名的分析师分别是：东方证券公司的肖婵、中泰证券公司的张倩、中信证券公司的王喆、国海证券公司的宝幼琛以及民生证券公司的吴汉靓。

表 5-31　三年期分析师荐股评级能力评价——平均可信度分数
行业：医药卫生——医药生物与服务

表现排名	分析师姓名	隶属证券公司	评级个股数量（只）	荐股评级次数（次）
1	肖婵	东方证券	1	5
2	张倩	中泰证券	3	3
3	王喆	中信证券	1	3
4	宝幼琛	国海证券	1	3
5	吴汉靓	民生证券	6	7
6	孔令岩	广发证券	6	11
7	陈铁林	西南证券	4	5
8	李琳琳	中原证券	5	8
9	王席鑫	国盛证券	3	4
10	文献	平安证券	2	4
11	孙金琦	中信建投证券	3	4
12	孙笑悦	国金证券	5	25

续表

表现排名	分析师姓名	隶属证券公司	评级个股数量（只）	荐股评级次数（次）
13	刘晓波	光大证券	1	7
14	袁维	国金证券	4	27
15	高睿婷	中银国际证券	5	26
16	王建礼	国金证券	7	19
17	高岳	长江证券	13	46
18	马帅	安信证券	20	57
19	李志新	粤开证券	15	42
20	陈佳	长江证券	2	6

表5-32展示了该行业在三年期内基于风险因子调整的可信度分数（risk-factor-adjusted reliability score）的分析师表现排名。可以看出，以风险因子调整的可信度分数为评价指标时，排在前五名的分析师分别是：东方证券公司的肖婵、中泰证券公司的张倩、中信证券公司的王喆、国海证券公司的宝幼琛以及民生证券公司的吴汉靓。

表5-32　三年期分析师荐股评级能力评价——风险因子调整的可信度分数
行业：医药卫生——医药生物与服务

表现排名	分析师姓名	隶属证券公司	评级个股数量（只）	荐股评级次数（次）
1	肖婵	东方证券	1	5
2	张倩	中泰证券	3	3
3	王喆	中信证券	1	3
4	宝幼琛	国海证券	1	3
5	吴汉靓	民生证券	6	7
6	孔令岩	广发证券	6	11
7	陈铁林	西南证券	4	5
8	李琳琳	中原证券	5	8
9	孙笑悦	国金证券	5	25
10	袁维	国金证券	4	27
11	王席鑫	国盛证券	3	4

续表

表现排名	分析师姓名	隶属证券公司	评级个股数量（只）	荐股评级次数（次）
12	文献	平安证券	2	4
13	孙金琦	中信建投证券	3	4
14	高睿婷	中银国际证券	5	26
15	刘晓波	光大证券	1	7
16	王建礼	国金证券	7	19
17	高岳	长江证券	13	46
18	马帅	安信证券	20	57
19	李志新	粤开证券	15	42
20	崔洁铭	东北证券	17	41

表 5-33 展示了该行业在三年期内基于风险-经验因子调整的可信度分数（risk-experience-factor-adjusted reliability score）的分析师表现排名。可以看出，以风险-经验因子调整的可信度分数为评价指标时，排在前五名的分析师分别是：中泰证券公司的江琦、光大证券公司的林小伟、方正证券公司的周小刚、东方证券公司的季序我以及广发证券公司的罗佳荣。

表 5-33　三年期分析师荐股评级能力评价——风险-经验因子调整的可信度分数
　　　　　行业：医药卫生——医药生物与服务

表现排名	分析师姓名	隶属证券公司	评级个股数量（只）	荐股评级次数（次）
1	江琦	中泰证券	36	424
2	林小伟	光大证券	26	225
3	周小刚	方正证券	35	195
4	季序我	东方证券	24	153
5	罗佳荣	广发证券	38	152
6	田加强	中信证券	39	380
7	李敬雷	国金证券	29	176
8	代雯	华泰证券	23	228
9	张金洋	国盛证券	58	305

续表

表现排名	分析师姓名	隶属证券公司	评级个股数量（只）	荐股评级次数（次）
10	贺菊颖	中信建投证券	37	314
11	杜佐远	太平洋证券	28	145
12	崔文亮	华西证券	47	156
13	肖婵	东方证券	1	5
14	马帅	安信证券	20	57
15	高岳	长江证券	13	46
16	吴文华	西部证券	22	102
17	盛丽华	安信证券	15	62
18	李志新	粤开证券	15	42
19	朱国广	西南证券	96	552
20	崔洁铭	东北证券	17	41

5.6.2 五年期

基于表 4-2 中展示构建的行业评价指标体系，我们对医药卫生——医药生物与服务这一行业在五年样本期内（2015 年 1 月 1 日至 2019 年 12 月 31 日）的各项指标进行统计计算，并依据各项指标的高低对行业进行排名，结果如图 5-12 所示。以医药卫生——医药生物与服务行业内的上市公司股票作为荐股评级目标个股的分析师有 438 位（行业分析师关注度，行业排名第 7 位），他们来自 70 家不同的证券公司（行业券商关注度，行业排名第 6 位），针对该行业内的 194 只股票（被评个股占比 57.74%，行业排名第 18 位）发布了共计 14 529 次荐股评级观测（行业评级关注度，行业排名第 4 位）。该行业的个股平均关注度方面，个股平均评级关注度为 74.89，行业排名第 7 位；个股平均分析师关注度为 2.26，行业排名第 17 位；个股平均券商关注度为 0.36，行业排名第 18 位。最后，该行业荐股评级的平均可信度为 0.3786，行业排名第 9 位。

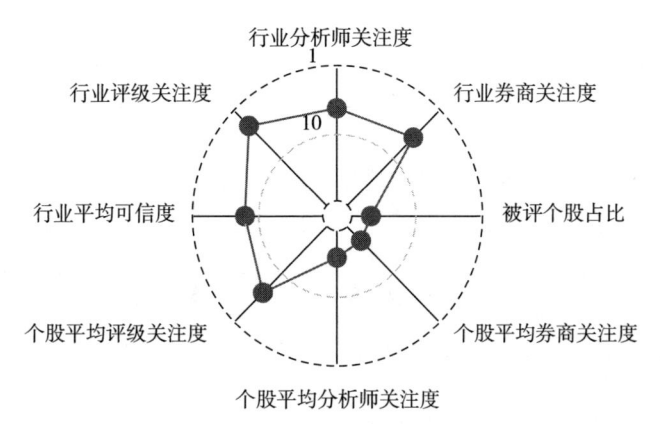

图 5-12　医药卫生——医药生物与服务行业雷达图：2015~2019 年

表 5-34 展示了该行业在五年期内基于平均可信度分数（average reliability score）的分析师表现排名。可以看出，以平均信度分数为评价指标时，排在前五名的分析师分别是：广发证券公司的吴雅春、安信证券公司的刘章明、海通证券公司的刘宇、国泰君安证券公司的符健以及中泰证券公司的张倩。

表 5-34　五年期分析师荐股评级能力评价——平均可信度分数
行业：医药卫生——医药生物与服务

表现排名	分析师姓名	隶属证券公司	评级个股数量（只）	荐股评级次数（次）
1	吴雅春	广发证券	5	5
2	刘章明	安信证券	2	4
3	刘宇	海通证券	3	3
4	符健	国泰君安证券	2	3
5	张倩	中泰证券	3	3
6	王喆	中信证券	1	3
7	宝幼琛	国海证券	1	3
8	吴汉靓	民生证券	6	7
9	施亮	中信证券	2	12
10	孔令岩	广发证券	6	11
11	陈铁林	西南证券	4	5
12	肖婵	东方证券	1	9

续表

表现排名	分析师姓名	隶属证券公司	评级个股数量（只）	荐股评级次数（次）
13	李琳琳	中原证券	5	8
14	钱正昊	上海申银万国证券	2	4
15	李平祝	中国银河证券	3	4
16	文献	平安证券	2	4
17	孙金琦	中信建投证券	3	4
18	孙笑悦	国金证券	5	25
19	刘晓波	光大证券	1	7
20	袁维	国金证券	4	27

表5-35展示了该行业在五年期内基于风险因子调整的可信度分数（risk-factor-adjusted reliability score）的分析师表现排名。可以看出，以风险因子调整的可信度分数为评价指标时，排在前五名的分析师分别是：广发证券公司的吴雅春、安信证券公司的刘章明、海通证券公司的刘宇、国泰君安证券公司的符健以及中泰证券公司的张倩。

表5-35 五年期分析师荐股评级能力评价——风险因子调整的可信度分数
行业：医药卫生——医药生物与服务

表现排名	分析师姓名	隶属证券公司	评级个股数量（只）	荐股评级次数（次）
1	吴雅春	广发证券	5	5
2	刘章明	安信证券	2	4
3	刘宇	海通证券	3	3
4	符健	国泰君安证券	2	3
5	张倩	中泰证券	3	3
6	王喆	中信证券	1	3
7	宝幼琛	国海证券	1	3
8	吴汉靓	民生证券	6	7
9	施亮	中信证券	2	12
10	孔令岩	广发证券	6	11
11	陈铁林	西南证券	4	5

续表

表现排名	分析师姓名	隶属证券公司	评级个股数量（只）	荐股评级次数（次）
12	肖婵	东方证券	1	9
13	李琳琳	中原证券	5	8
14	孙笑悦	国金证券	5	25
15	袁维	国金证券	4	27
16	钱正昊	上海申银万国证券	2	4
17	李平祝	中国银河证券	3	4
18	文献	平安证券	2	4
19	孙金琦	中信建投证券	3	4
20	高睿婷	中银国际证券	5	26

表5-36展示了该行业在五年期内基于风险-经验因子调整的可信度分数（risk-experience-factor-adjusted reliability score）的分析师表现排名。可以看出，以风险-经验因子调整的可信度分数为评价指标时，排在前五名的分析师分别是：广发证券公司的张其立、中泰证券公司的江琦、光大证券公司的林小伟、方正证券公司的周小刚以及广发证券公司的罗佳荣。

表5-36 五年期分析师荐股评级能力评价——风险-经验因子调整的可信度分数
行业：医药卫生——医药生物与服务

表现排名	分析师姓名	隶属证券公司	评级个股数量（只）	荐股评级次数（次）
1	张其立	广发证券	32	139
2	江琦	中泰证券	36	424
3	林小伟	光大证券	32	238
4	周小刚	方正证券	35	195
5	罗佳荣	广发证券	45	257
6	季序我	东方证券	24	178
7	崔文亮	华西证券	50	221
8	刘舒畅	东北证券	60	290
9	田加强	中信证券	48	528
10	李敬雷	国金证券	33	239

续表

表现排名	分析师姓名	隶属证券公司	评级个股数量（只）	荐股评级次数（次）
11	代雯	华泰证券	27	252
12	贺菊颖	中信建投证券	37	315
13	杜佐远	太平洋证券	28	145
14	张金洋	国盛证券	59	329
15	吴雅春	广发证券	5	5
16	马帅	安信证券	20	57
17	郑琴	海通证券	13	88
18	高岳	长江证券	13	46
19	盛丽华	安信证券	15	62
20	吴文华	西部证券	22	110

5.7 原材料

5.7.1 三年期

基于表4-2中展示构建的行业评价指标体系，我们对原材料——原材料这一行业在三年样本期内（2017年1月1日至2019年12月31日）的各项指标进行统计计算，并依据各项指标的高低对行业进行排名，结果如图5-13所示。以原材料——原材料行业内的上市公司股票作为荐股评级目标个股的分析师有599位（行业分析师关注度，行业排名第2位），他们来自63家不同的证券公司（行业券商关注度，行业排名第7位），针对该行业内的359只股票（被评个股占比64.57%，行业排名第11位）发布了共计16 975次荐股评级观测（行业评级关注度，行业排名第2位）。该行业的个股平均关注度方面，个股平均评级关注度为47.28，行业排名第12位；个股平均分析师关注度为1.67，行业排名第19位；个股平均券商关注度为0.28，行业排名第19位。最后，该行业荐股评级的平均可信度为0.3746，行业排名第9位。

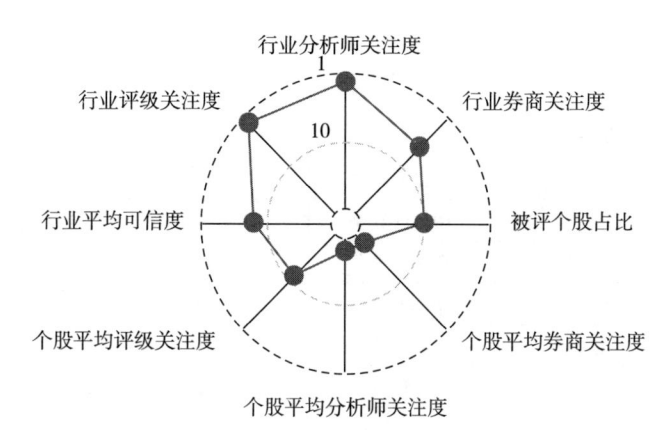

图 5-13 原材料——原材料行业雷达图：2017~2019 年

表 5-37 展示了该行业在三年期内基于平均可信度分数（average reliability score）的分析师表现排名。可以看出，以平均信度分数为评价指标时，排在前五名的分析师分别是：国盛证券公司的王磊、招商证券公司的钟浩、中泰证券公司的谢楠、东北证券公司的顾一弘以及东方证券公司的李雪君。

表 5-37 三年期分析师荐股评级能力评价——平均可信度分数

行业：原材料——原材料

表现排名	分析师姓名	隶属证券公司	评级个股数量（只）	荐股评级次数（次）
1	王磊	国盛证券	1	7
2	钟浩	招商证券	5	7
3	谢楠	中泰证券	4	6
4	顾一弘	东北证券	3	4
5	李雪君	东方证券	2	4
6	韦祎	开源证券	2	4
7	黄守宏	安信证券	2	3
8	陈宇哲	东方证券	1	3
9	王攀	安信证券	2	3
10	唐川	国金证券	1	3
11	戚舒扬	华西证券	12	19
12	邹博华	长江证券	3	11

续表

表现排名	分析师姓名	隶属证券公司	评级个股数量（只）	荐股评级次数（次）
13	贺国文	国金证券	7	9
14	田加强	中信证券	1	9
15	罗鼎	中信证券	4	8
16	梁博	东兴证券	4	6
17	雷慧华	安信证券	3	6
18	范超	长江证券	21	126
19	朱金岩	民生证券	2	5
20	马晓天	上海申银万国证券	3	5

表5-38展示了该行业在三年期内基于风险因子调整的可信度分数（risk-factor-adjusted reliability score）的分析师表现排名。可以看出，以风险因子调整的可信度分数为评价指标时，排在前五名的分析师分别是：国盛证券公司的王磊、招商证券公司的钟浩、中泰证券公司的谢楠、东北证券公司的顾一弘以及东方证券公司的李雪君。

表5-38　三年期分析师荐股评级能力评价——风险因子调整的可信度分数
行业：原材料——原材料

表现排名	分析师姓名	隶属证券公司	评级个股数量（只）	荐股评级次数（次）
1	王磊	国盛证券	1	7
2	钟浩	招商证券	5	7
3	谢楠	中泰证券	4	6
4	顾一弘	东北证券	3	4
5	李雪君	东方证券	2	4
6	韦祎	开源证券	2	4
7	黄守宏	安信证券	2	3
8	陈宇哲	东方证券	1	3
9	王攀	安信证券	2	3
10	唐川	国金证券	1	3
11	戚舒扬	华西证券	12	19

续表

表现排名	分析师姓名	隶属证券公司	评级个股数量（只）	荐股评级次数（次）
12	邬博华	长江证券	3	11
13	贺国文	国金证券	7	9
14	田加强	中信证券	1	9
15	罗鼎	中信证券	4	8
16	范超	长江证券	21	126
17	梁博	东兴证券	4	6
18	雷慧华	安信证券	3	6
19	朱金岩	民生证券	2	5
20	马晓天	上海申银万国证券	3	5

表 5-39 展示了该行业在三年期内基于风险-经验因子调整的可信度分数（risk-experience-factor-adjusted reliability score）的分析师表现排名。可以看出，以风险-经验因子调整的可信度分数为评价指标时，排在前五名的分析师分别是：长江证券公司的范超、华西证券公司的戚舒扬、广发证券公司的邹戈、国盛证券公司的王磊以及招商证券公司的钟浩。

表 5-39　三年期分析师荐股评级能力评价——风险-经验因子调整的可信度分数
　　　　　行业：原材料——原材料

表现排名	分析师姓名	隶属证券公司	评级个股数量（只）	荐股评级次数（次）
1	范超	长江证券	21	126
2	戚舒扬	华西证券	12	19
3	邹戈	广发证券	18	161
4	王磊	国盛证券	1	7
5	钟浩	招商证券	5	7
6	马太	长江证券	24	80
7	谢楠	中泰证券	4	6
8	王鹤涛	长江证券	25	108
9	李永磊	方正证券	43	151

续表

表现排名	分析师姓名	隶属证券公司	评级个股数量（只）	荐股评级次数（次）
10	张汪强	安信证券	31	82
11	罗婷	中信建投证券	63	211
12	裘孝锋	光大证券	29	155
13	王席鑫	国盛证券	25	88
14	李斌	华泰证券	38	212
15	闫广	太平洋证券	12	60
16	王喆	中信证券	48	316
17	巨国贤	广发证券	44	190
18	郭敏	广发证券	25	76
19	陈浩武	光大证券	21	143
20	代鹏举	国海证券	83	266

5.7.2 五年期

基于表4-2中展示构建的行业评价指标体系，我们对主要消费——主要用品零售与个人用品这一行业在五年样本期内（2015年1月1日至2019年12月31日）的各项指标进行统计计算，并依据各项指标的高低对行业进行排名，结果如图5-14所示。以主要消费——主要用品零售与个人用品行业内的上市公司股票作为荐股评级目标个股的分析师有807位（行业分析师关注度，行业排名第2位），他们来自71家不同的证券公司（行业券商关注度，行业排名第4位），针对该行业内的399只股票（被评个股占比71.76%，行业排名第12位）发布了共计24 847次荐股评级观测（行业评级关注度，行业排名第2位）。该行业的个股平均关注度方面，个股平均评级关注度为62.27，行业排名第14位；个股平均分析师关注度为2.02，行业排名第19位；个股平均券商关注度为0.18，行业排名第19位。最后，该行业荐股评级的平均可信度为0.3828，行业排名第7位。

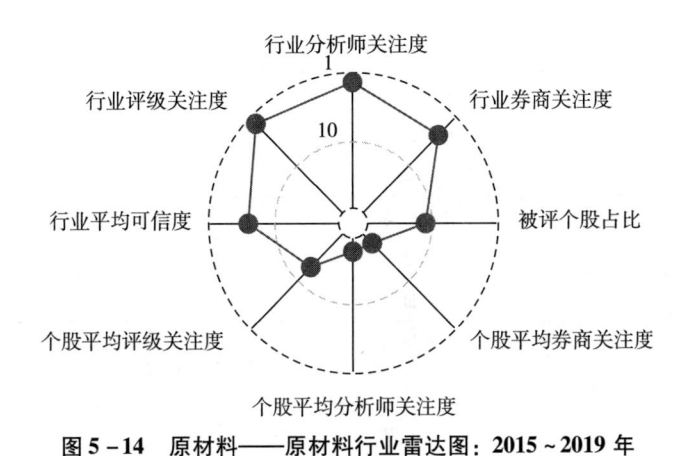

图 5-14 原材料——原材料行业雷达图：2015~2019 年

表 5-40 展示了该行业在五年期内基于平均可信度分数（average reliability score）的分析师表现排名。可以看出，以平均信度分数为评价指标时，排在前五名的分析师分别是：中泰证券公司的胡彦超、中银国际证券公司的唐佳睿、海通证券公司的周旭辉、国盛证券公司的王磊以及招商证券公司的钟浩。

表 5-40　五年期分析师荐股评级能力评价——平均可信度分数
行业：原材料——原材料

表现排名	分析师姓名	隶属证券公司	评级个股数量（只）	荐股评级次数（次）
1	胡彦超	中泰证券	1	13
2	唐佳睿	中银国际证券	4	10
3	周旭辉	海通证券	1	7
4	王磊	国盛证券	1	7
5	钟浩	招商证券	5	7
6	龚超	浙商证券	2	6
7	谢楠	中泰证券	4	6
8	梁铮	国信证券	2	4
9	孙婷	海通证券	1	4
10	顾一弘	东北证券	3	4
11	李雪君	东方证券	2	4

续表

表现排名	分析师姓名	隶属证券公司	评级个股数量（只）	荐股评级次数（次）
12	韦祎	开源证券	2	4
13	顾益辉	申万宏源证券	2	3
14	张俊宇	齐鲁证券	3	3
15	朱晨	浙商证券	1	3
16	姚宏光	华泰证券	1	3
17	冯冲	华泰证券	1	3
18	徐培沛	国信证券	1	3
19	陈宇哲	东方证券	1	3
20	王攀	安信证券	2	3

表5-41展示了该行业在五年期内基于风险因子调整的可信度分数（risk-factor-adjusted reliability score）的分析师表现排名。可以看出，以风险因子调整的可信度分数为评价指标时，排在前五名的分析师分别是：中泰证券公司的胡彦超、中银国际证券公司的唐佳睿、海通证券公司的周旭辉、国盛证券公司的王磊以及招商证券公司的钟浩。

表5-41 五年期分析师荐股评级能力评价——风险因子调整的可信度分数
行业：原材料——原材料

表现排名	分析师姓名	隶属证券公司	评级个股数量（只）	荐股评级次数（次）
1	胡彦超	中泰证券	1	13
2	唐佳睿	中银国际证券	4	10
3	周旭辉	海通证券	1	7
4	王磊	国盛证券	1	7
5	钟浩	招商证券	5	7
6	龚超	浙商证券	2	6
7	谢楠	中泰证券	4	6
8	梁铮	国信证券	2	4
9	孙婷	海通证券	1	4
10	顾一弘	东北证券	3	4

续表

表现排名	分析师姓名	隶属证券公司	评级个股数量（只）	荐股评级次数（次）
11	李雪君	东方证券	2	4
12	韦祎	开源证券	2	4
13	顾益辉	申万宏源证券	2	3
14	张俊宇	齐鲁证券	3	3
15	朱晨	浙商证券	1	3
16	姚宏光	华泰证券	1	3
17	冯冲	华泰证券	1	3
18	徐培沛	国信证券	1	3
19	陈宇哲	东方证券	1	3
20	王攀	安信证券	2	3

表5-42展示了该行业在五年期内基于风险-经验因子调整的可信度分数（risk-experience-factor-adjusted reliability score）的分析师表现排名。可以看出，以风险-经验因子调整的可信度分数为评价指标时，排在前五名的分析师分别是：广发证券公司的邹戈、中泰证券公司的胡彦超、华西证券公司的戚舒扬、长江证券公司的范超以及中银国际证券公司的唐佳睿。

表5-42 五年期分析师荐股评级能力评价——风险-经验因子调整的可信度分数
行业：原材料——原材料

表现排名	分析师姓名	隶属证券公司	评级个股数量（只）	荐股评级次数（次）
1	邹戈	广发证券	23	252
2	胡彦超	中泰证券	1	13
3	戚舒扬	华西证券	12	19
4	范超	长江证券	40	306
5	唐佳睿	中银国际证券	4	10
6	王剑雨	广发证券	33	109
7	王席鑫	国盛证券	43	214
8	邬博华	长江证券	6	21
9	巨国贤	广发证券	50	285

续表

表现排名	分析师姓名	隶属证券公司	评级个股数量（只）	荐股评级次数（次）
10	王鹤涛	长江证券	39	331
11	周旭辉	海通证券	1	7
12	王磊	国盛证券	1	7
13	钟浩	招商证券	5	7
14	陈浩武	光大证券	25	235
15	马太	长江证券	30	129
16	代鹏举	国海证券	102	335
17	范劲松	民生证券	77	238
18	王喆	中信证券	52	414
19	龚超	浙商证券	2	6
20	谢楠	中泰证券	4	6

5.8 传媒

5.8.1 三年期

基于表4-2中展示构建的行业评价指标体系，我们对可选消费——传媒这一行业在三年样本期内（2017年1月1日至2019年12月31日）的各项指标进行统计计算，并依据各项指标的高低对行业进行排名，结果如图5-15所示。以可选消费——传媒行业内的上市公司股票作为荐股评级目标个股的分析师有135位（行业分析师关注度，行业排名第18位），他们来自61家不同的证券公司（行业券商关注度，行业排名第8位），针对该行业内的59只股票（被评个股占比64.13%，行业排名第12位）发布了共计2 058次荐股评级观测（行业评级关注度，行业排名第17位）。该行业的个股平均关注度方面，个股平均评级关注度为34.88，行业排名第18位；个股平均分析师关注度为2.29，行业排名第14位；个股平均券商关注度为1.03，行业排名第6位。最后，该行业荐股评级的平均可信度为0.2925，行业排名第19位。

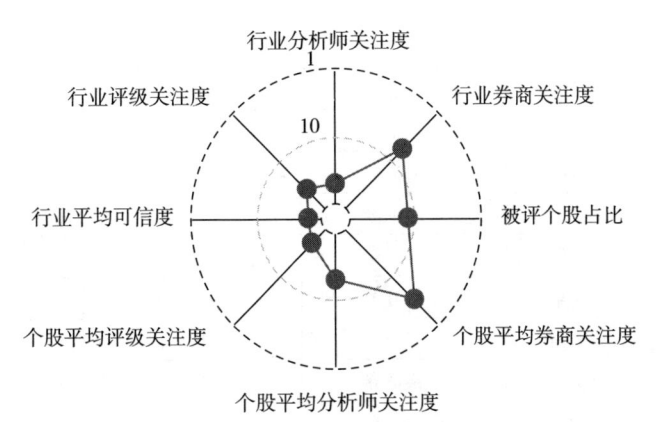

图 5-15　可选消费——传媒行业雷达图：2017~2019 年

表 5-43 展示了该行业在三年期内基于平均可信度分数（average reliability score）的分析师表现排名。可以看出，以平均信度分数为评价指标时，排在前五名的分析师分别是：西部证券公司的李艳丽、新时代证券公司的姚轩杰、川财证券公司的欧阳宇剑、财富证券公司的何颖以及东方证券公司的邓文慧。

表 5-43　三年期分析师荐股评级能力评价——平均可信度分数
行业：可选消费——传媒

表现排名	分析师姓名	隶属证券公司	评级个股数量（只）	荐股评级次数（次）
1	李艳丽	西部证券	4	8
2	姚轩杰	新时代证券	3	6
3	欧阳宇剑	川财证券	3	5
4	何颖	财富证券	3	4
5	邓文慧	东方证券	7	25
6	商艾华	国信证券	1	3
7	郑小波	中信建投证券	1	3
8	崔碧玮	中信建投证券	2	3
9	崔文彬	国元证券	2	3
10	常格非	国元证券	2	5
11	李鑫	中信证券	1	6

续表

表现排名	分析师姓名	隶属证券公司	评级个股数量（只）	荐股评级次数（次）
12	潘暕	天风证券	1	4
13	姚磊	渤海证券	3	4
14	旷实	广发证券	14	63
15	项雯倩	东方证券	1	9
16	周建华	上海申银万国证券	7	59
17	郑闵钢	东兴证券	10	16
18	康雅雯	中泰证券	19	109
19	张衡	国信证券	13	63
20	蒯剑	东方证券	5	7

表5-44展示了该行业在三年期内基于风险因子调整的可信度分数（risk-factor-adjusted reliability score）的分析师表现排名。可以看出，以风险因子调整的可信度分数为评价指标时，排在前五名的分析师分别是：西部证券公司的李艳丽、新时代证券公司的姚轩杰、川财证券公司的欧阳宇剑、财富证券公司的何颖以及东方证券公司的邓文慧。

表5-44 三年期分析师荐股评级能力评价——风险因子调整的可信度分数
行业：可选消费——传媒

表现排名	分析师姓名	隶属证券公司	评级个股数量（只）	荐股评级次数（次）
1	李艳丽	西部证券	4	8
2	姚轩杰	新时代证券	3	6
3	欧阳宇剑	川财证券	3	5
4	何颖	财富证券	3	4
5	邓文慧	东方证券	7	25
6	商艾华	国信证券	1	3
7	郑小波	中信建投证券	1	3
8	崔碧玮	中信建投证券	2	3
9	崔文彬	国元证券	2	3
10	常格非	国元证券	2	5

续表

表现排名	分析师姓名	隶属证券公司	评级个股数量（只）	荐股评级次数（次）
11	李鑫	中信证券	1	6
12	旷实	广发证券	14	63
13	周建华	上海申银万国证券	7	59
14	康雅雯	中泰证券	19	109
15	潘暕	天风证券	1	4
16	姚磊	渤海证券	3	4
17	张衡	国信证券	13	63
18	郑闵钢	东兴证券	10	16
19	项雯倩	东方证券	1	9
20	焦娟	安信证券	32	75

表5-45展示了该行业在三年期内基于风险-经验因子调整的可信度分数（risk-experience-factor-adjusted reliability score）的分析师表现排名。可以看出，以风险-经验因子调整的可信度分数为评价指标时，排在前五名的分析师分别是：中泰证券公司的康雅雯、东方证券公司的邓文慧、西部证券公司的李艳丽、安信证券公司的焦娟以及广发证券公司的旷实。

表5-45 三年期分析师荐股评级能力评价——风险-经验因子调整的可信度分数
行业：可选消费——传媒

表现排名	分析师姓名	隶属证券公司	评级个股数量（只）	荐股评级次数（次）
1	康雅雯	中泰证券	19	109
2	邓文慧	东方证券	7	25
3	李艳丽	西部证券	4	8
4	焦娟	安信证券	32	75
5	旷实	广发证券	14	63
6	张衡	国信证券	13	63
7	周建华	上海申银万国证券	7	59
8	丁婉贝	兴业证券	21	50

续表

表现排名	分析师姓名	隶属证券公司	评级个股数量（只）	荐股评级次数（次）
9	张良卫	东吴证券	12	62
10	姚轩杰	新时代证券	3	6
11	胡皓	新时代证券	10	36
12	刘言	西南证券	21	87
13	文浩	天风证券	13	42
14	陈筱	国泰君安证券	25	51
15	杨仁文	方正证券	12	45
16	欧阳宇剑	川财证券	3	5
17	孟玮	中金公司	10	53
18	唐思思	中信证券	9	60
19	郑闵钢	东兴证券	10	16
20	陶冶	财通证券	8	31

5.8.2　五年期

基于表4-2中展示构建的行业评价指标体系，我们对可选消费——传媒这一行业在五年样本期内（2015年1月1日至2019年12月31日）的各项指标进行统计计算，并依据各项指标的高低对行业进行排名，结果如图5-16所示。以可选消费——传媒行业内的上市公司股票作为荐股评级目标个股的分析师有227位（行业分析师关注度，行业排名第15位），他们来自66家不同的证券公司（行业券商关注度，行业排名第9位），针对该行业内的65只股票（被评个股占比70.65%，行业排名第13位）发布了共计3 338次荐股评级观测（行业评级关注度，行业排名第17位）。该行业的个股平均关注度方面，个股平均评级关注度为51.35，行业排名第18位；个股平均分析师关注度为3.49，行业排名第9位；个股平均券商关注度为1.02，行业排名第6位。最后，该行业荐股评级的平均可信度为0.3101，行业排名第20位。

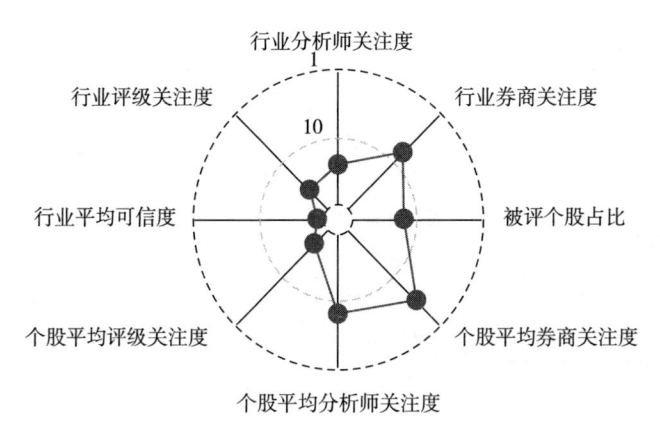

图 5-16　可选消费——传媒行业雷达图：2015~2019 年

表 5-46 展示了该行业在五年期内基于平均可信度分数（average reliability score）的分析师表现排名。可以看出，以平均信度分数为评价指标时，排在前五名的分析师分别是：浙商证券公司的黄薇、东吴证券公司的沈彦杰、西部证券公司的李艳丽、齐鲁证券公司的谢刚以及光大证券公司的余李平。

表 5-46　五年期分析师荐股评级能力评价——平均可信度分数
行业：可选消费——传媒

表现排名	分析师姓名	隶属证券公司	评级个股数量（只）	荐股评级次数（次）
1	黄薇	浙商证券	1	3
2	沈彦杰	东吴证券	1	3
3	李艳丽	西部证券	4	8
4	谢刚	齐鲁证券	2	7
5	余李平	光大证券	2	6
6	姚轩杰	新时代证券	3	6
7	刘越男	中信建投证券	1	5
8	张西林	上海申银万国证券	1	5
9	刘晓波	光大证券	1	5
10	欧阳宇剑	川财证券	3	5
11	皮舜	中信证券	3	4
12	何颖	财富证券	3	4

续表

表现排名	分析师姓名	隶属证券公司	评级个股数量（只）	荐股评级次数（次）
13	牟晓凤	上海申银万国证券	6	11
14	刘章明	天风证券	2	7
15	高辉	光大证券	7	13
16	邓文慧	东方证券	7	25
17	王俊杰	上海申银万国证券	1	3
18	刘洋	华泰证券	3	3
19	安鹏	广发证券	1	3
20	商艾华	国信证券	1	3

表5-47展示了该行业在五年期内基于风险因子调整的可信度分数（risk-factor-adjusted reliability score）的分析师表现排名。可以看出，以风险因子调整的可信度分数为评价指标时，排在前五名的分析师分别是：浙商证券公司的黄薇、东吴证券公司的沈彦杰、西部证券公司的李艳丽、齐鲁证券公司的谢刚以及光大证券公司的余李平。

表5-47 五年期分析师荐股评级能力评价——风险因子调整的可信度分数
行业：可选消费——传媒

表现排名	分析师姓名	隶属证券公司	评级个股数量（只）	荐股评级次数（次）
1	黄薇	浙商证券	1	3
2	沈彦杰	东吴证券	1	3
3	李艳丽	西部证券	4	8
4	谢刚	齐鲁证券	2	7
5	余李平	光大证券	2	6
6	姚轩杰	新时代证券	3	6
7	刘越男	中信建投证券	1	5
8	张西林	上海申银万国证券	1	5
9	刘晓波	光大证券	1	5
10	欧阳宇剑	川财证券	3	5
11	牟晓凤	上海申银万国证券	6	11

续表

表现排名	分析师姓名	隶属证券公司	评级个股数量（只）	荐股评级次数（次）
12	皮舜	中信证券	3	4
13	何颖	财富证券	3	4
14	刘章明	天风证券	2	7
15	高辉	光大证券	7	13
16	邓文慧	东方证券	7	25
17	王俊杰	上海申银万国证券	1	3
18	刘洋	华泰证券	3	3
19	安鹏	广发证券	1	3
20	商艾华	国信证券	1	3

表5-48展示了该行业在五年期内基于风险-经验因子调整的可信度分数（risk-experience-factor-adjusted reliability score）的分析师表现排名。可以看出，以风险-经验因子调整的可信度分数为评价指标时，排在前五名的分析师分别是：中泰证券公司的康雅雯、天风证券公司的文浩、广发证券公司的旷实、国信证券公司的张衡以及东方证券公司的邓文慧。

表5-48 五年期分析师荐股评级能力评价——风险-经验因子调整的可信度分数
行业：可选消费——传媒

表现排名	分析师姓名	隶属证券公司	评级个股数量（只）	荐股评级次数（次）
1	康雅雯	中泰证券	22	130
2	文浩	天风证券	20	90
3	旷实	广发证券	19	96
4	张衡	国信证券	30	109
5	邓文慧	东方证券	7	25
6	刘疆	长江证券	16	53
7	李艳丽	西部证券	4	8
8	焦娟	安信证券	32	75
9	周建华	上海申银万国证券	7	59
10	丁婉贝	兴业证券	23	62

续表

表现排名	分析师姓名	隶属证券公司	评级个股数量（只）	荐股评级次数（次）
11	谢刚	齐鲁证券	2	7
12	黄薇	浙商证券	1	3
13	沈彦杰	东吴证券	1	3
14	钟奇	民生证券	44	239
15	王铮	光大证券	13	42
16	张良卫	东吴证券	12	72
17	许娟	华泰证券	16	91
18	高辉	光大证券	7	13
19	牟晓凤	上海申银万国证券	6	11
20	郭毅	中信证券	15	75

5.9 汽车与汽车零部件

5.9.1 三年期

基于表 4-2 中展示构建的行业评价指标体系，我们对可选消费——汽车与汽车零部件这一行业在三年样本期内（2017 年 1 月 1 日至 2019 年 12 月 31 日）的各项指标进行统计计算，并依据各项指标的高低对行业进行排名，结果如图 5-17 所示。以可选消费——汽车与汽车零部件行业内的上市公司股票作为荐股评级目标个股的分析师有 302 位（行业分析师关注度，行业排名第 8 位），他们来自 61 家不同的证券公司（行业券商关注度，行业排名第 8 位），针对该行业内的 115 只股票（被评个股占比 61.17%，行业排名第 14 位）发布了共计 6 520 次荐股评级观测（行业评级关注度，行业排名第 6 位）。该行业的个股平均关注度方面，个股平均评级关注度为 56.70，行业排名第 7 位；个股平均分析师关注度为 2.63，行业排名第 10 位；个股平均券商关注度为 0.53，行业排名第 15 位。最后，该行业荐股评级的平均可信度为 0.3018，行业排名第 18 位。

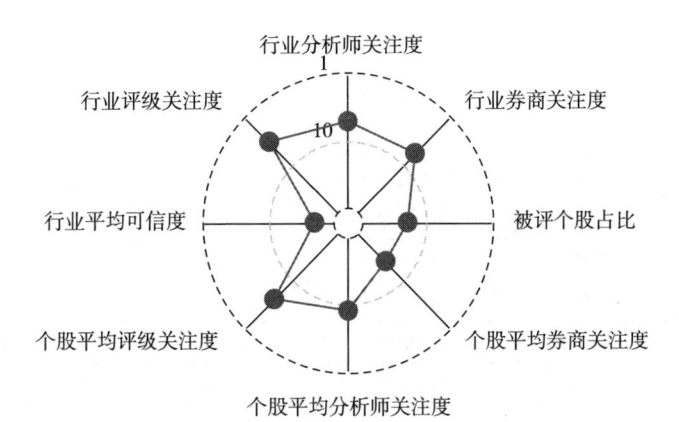

图 5-17　可选消费——汽车与汽车零部件行业雷达图：2017~2019 年

表 5-49 展示了该行业在三年期内基于平均可信度分数（average reliability score）的分析师表现排名。可以看出，以平均信度分数为评价指标时，排在前五名的分析师分别是：安信证券公司的邓永康、国盛证券公司的杨然、广发证券公司的陈子坤、国海证券公司的潮浩以及方正证券公司的杨晖。

表 5-49　三年期分析师荐股评级能力评价——平均可信度分数
行业：可选消费——汽车与汽车零部件

表现排名	分析师姓名	隶属证券公司	评级个股数量（只）	荐股评级次数（次）
1	邓永康	安信证券	1	5
2	杨然	国盛证券	1	3
3	陈子坤	广发证券	1	3
4	潮浩	国海证券	8	10
5	杨晖	方正证券	3	13
6	倪吉	东方证券	1	5
7	韩晨	粤开证券	9	19
8	魏立	国金证券	9	12
9	李永磊	方正证券	2	7
10	代鹏举	国海证券	9	17
11	林志轩	华泰证券	16	42
12	刘帅	群益证券	5	6

续表

表现排名	分析师姓名	隶属证券公司	评级个股数量（只）	荐股评级次数（次）
13	徐志国	海通证券	1	3
14	程杲	中信建投证券	2	3
15	王猛	海通证券	3	3
16	曹旭特	申港证券	3	3
17	程似骐	国盛证券	5	14
18	马群星	国联证券	3	13
19	宋韶灵	中信证券	3	25
20	开文明	新时代证券	2	5

表 5-50 展示了该行业在三年期内基于风险因子调整的可信度分数（risk-factor-adjusted reliability score）的分析师表现排名。可以看出，以风险因子调整的可信度分数为评价指标时，排在前五名的分析师分别是：安信证券公司的邓永康、国盛证券公司的杨然、广发证券公司的陈子坤、国海证券公司的潮浩以及方正证券公司的杨晖。

表 5-50　三年期分析师荐股评级能力评价——风险因子调整的可信度分数
行业：可选消费——汽车与汽车零部件

表现排名	分析师姓名	隶属证券公司	评级个股数量（只）	荐股评级次数（次）
1	邓永康	安信证券	1	5
2	杨然	国盛证券	1	3
3	陈子坤	广发证券	1	3
4	潮浩	国海证券	8	10
5	杨晖	方正证券	3	13
6	韩晨	粤开证券	9	19
7	倪吉	东方证券	1	5
8	魏立	国金证券	9	12
9	代鹏举	国海证券	9	17
10	李永磊	方正证券	2	7
11	林志轩	华泰证券	16	42

续表

表现排名	分析师姓名	隶属证券公司	评级个股数量（只）	荐股评级次数（次）
12	程似骐	国盛证券	5	14
13	刘帅	群益证券	5	6
14	马群星	国联证券	3	13
15	宋韶灵	中信证券	3	25
16	徐志国	海通证券	1	3
17	程昊	中信建投证券	2	3
18	王猛	海通证券	3	3
19	曹旭特	申港证券	3	3
20	开文明	新时代证券	2	5

表 5-51 展示了该行业在三年期内基于风险-经验因子调整的可信度分数（risk-experience-factor-adjusted reliability score）的分析师表现排名。可以看出，以风险-经验因子调整的可信度分数为评价指标时，排在前五名的分析师分别是：东方证券公司的姜雪晴、财通证券公司的彭勇、太平洋证券公司的白宇、中信证券公司的陈俊斌以及国海证券公司的潮浩。

表 5-51 三年期分析师荐股评级能力评价——风险-经验因子调整的可信度分数
行业：可选消费——汽车与汽车零部件

表现排名	分析师姓名	隶属证券公司	评级个股数量（只）	荐股评级次数（次）
1	姜雪晴	东方证券	29	246
2	彭勇	财通证券	35	260
3	白宇	太平洋证券	26	177
4	陈俊斌	中信证券	24	245
5	潮浩	国海证券	8	10
6	林志轩	华泰证券	16	42
7	邓永康	安信证券	1	5
8	高登	长江证券	13	92
9	张乐	广发证券	14	78

续表

表现排名	分析师姓名	隶属证券公司	评级个股数量（只）	荐股评级次数（次）
10	韩晨	粤开证券	9	19
11	杨晖	方正证券	3	13
12	朱朋	中银国际证券	24	129
13	王冠桥	兴业证券	29	188
14	李恒光	东北证券	19	67
15	刘军	东北证券	28	78
16	王凤华	粤开证券	24	56
17	汪刘胜	招商证券	32	265
18	杨然	国盛证券	1	3
19	陈子坤	广发证券	1	3
20	代鹏举	国海证券	9	17

5.9.2 五年期

基于表4-2中展示构建的行业评价指标体系，我们对可选消费——汽车与汽车零部件这一行业在五年样本期内（2015年1月1日至2019年12月31日）的各项指标进行统计计算，并依据各项指标的高低对行业进行排名，结果如图5-18所示。以可选消费——汽车与汽车零部件行业内的上市公司股票作为荐股评级目标个股的分析师有439位（行业分析师关注度，行业排名第6位），他们来自69家不同的证券公司（行业券商关注度，行业排名第8位），针对该行业内的130只股票（被评个股占比69.15%，行业排名第14位）发布了共计9 471次荐股评级观测（行业评级关注度，行业排名第6位）。该行业的个股平均关注度方面，个股平均评级关注度为72.85，行业排名第8位；个股平均分析师关注度为3.38，行业排名第12位；个股平均券商关注度为0.53，行业排名第13位。最后，该行业荐股评级的平均可信度为0.3286，行业排名第16位。

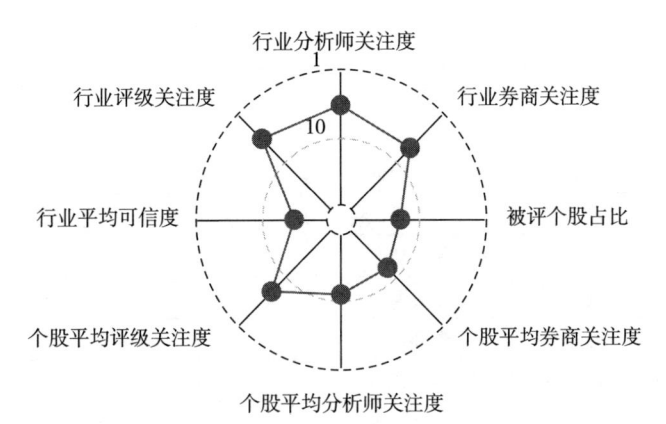

图 5 – 18　可选消费——汽车与汽车零部件行业雷达图：2015~2019 年

表 5 – 52 展示了该行业在五年期内基于平均可信度分数（average reliability score）的分析师表现排名。可以看出，以平均信度分数为评价指标时，排在前五名的分析师分别是：东方证券公司的徐建花、安信证券公司的邓永康、上海申银万国证券公司的刘晓宁、光大证券公司的王海山以及中原证券公司的牟国洪。

表 5 – 52　五年期分析师荐股评级能力评价——平均可信度分数
　　　　　　行业：可选消费——汽车与汽车零部件

表现排名	分析师姓名	隶属证券公司	评级个股数量（只）	荐股评级次数（次）
1	徐建花	东方证券	1	5
2	邓永康	安信证券	1	5
3	刘晓宁	上海申银万国证券	1	3
4	王海山	光大证券	1	3
5	牟国洪	中原证券	1	3
6	祖国鹏	中信证券	1	3
7	杨然	国盛证券	1	3
8	陈子坤	广发证券	1	3
9	潮浩	国海证券	8	10
10	王浩	光大证券	8	19
11	张立聪	华泰证券	1	7

续表

表现排名	分析师姓名	隶属证券公司	评级个股数量（只）	荐股评级次数（次）
12	杨晖	方正证券	3	13
13	王静	申万宏源证券	5	6
14	许宏图	中信建投证券	6	15
15	周铮	招商证券	2	5
16	倪吉	东方证券	1	5
17	韩晨	粤开证券	9	19
18	徐春	长江证券	11	32
19	魏立	国金证券	10	13
20	曲伟	上海申银万国证券	2	4

表5-53展示了该行业在五年期内基于风险因子调整的可信度分数（risk-factor-adjusted reliability score）的分析师表现排名。可以看出，以风险因子调整的可信度分数为评价指标时，排在前五名的分析师分别是：东方证券公司的徐建花、安信证券公司的邓永康、上海申银万国证券公司的刘晓宁、光大证券公司的王海山以及中原证券公司的牟国洪。

表5-53　五年期分析师荐股评级能力评价——风险因子调整的可信度分数
行业：可选消费——汽车与汽车零部件

表现排名	分析师姓名	隶属证券公司	评级个股数量（只）	荐股评级次数（次）
1	徐建花	东方证券	1	5
2	邓永康	安信证券	1	5
3	刘晓宁	上海申银万国证券	1	3
4	王海山	光大证券	1	3
5	牟国洪	中原证券	1	3
6	祖国鹏	中信证券	1	3
7	杨然	国盛证券	1	3
8	陈子坤	广发证券	1	3
9	潮浩	国海证券	8	10
10	王浩	光大证券	8	19

续表

表现排名	分析师姓名	隶属证券公司	评级个股数量（只）	荐股评级次数（次）
11	张立聪	华泰证券	1	7
12	杨晖	方正证券	3	13
13	王静	申万宏源证券	5	6
14	许宏图	中信建投证券	6	15
15	韩晨	粤开证券	9	19
16	徐春	长江证券	11	32
17	周铮	招商证券	2	5
18	倪吉	东方证券	1	5
19	魏立	国金证券	10	13
20	曲伟	上海申银万国证券	2	4

表5–54展示了该行业在五年期内基于风险–经验因子调整的可信度分数（risk-experience-factor-adjusted reliability score）的分析师表现排名。可以看出，以风险–经验因子调整的可信度分数为评价指标时，排在前五名的分析师分别是：广发证券公司的张乐、光大证券公司的王浩、东方证券公司的姜雪晴、财通证券公司的彭勇以及长江证券公司的徐春。

表5–54 五年期分析师荐股评级能力评价——风险–经验因子调整的可信度分数
行业：可选消费——汽车与汽车零部件

表现排名	分析师姓名	隶属证券公司	评级个股数量（只）	荐股评级次数（次）
1	张乐	广发证券	25	184
2	王浩	光大证券	8	19
3	姜雪晴	东方证券	33	294
4	彭勇	财通证券	40	358
5	徐春	长江证券	11	32
6	白宇	太平洋证券	27	179
7	陈俊斌	中信证券	28	271
8	王冠桥	兴业证券	36	301
9	潮浩	国海证券	8	10

续表

表现排名	分析师姓名	隶属证券公司	评级个股数量（只）	荐股评级次数（次）
10	林志轩	华泰证券	16	42
11	曾朵红	东吴证券	8	62
12	黄细里	浙商证券	21	113
13	徐建花	东方证券	1	5
14	邓永康	安信证券	1	5
15	林帆	华金证券	29	193
16	韩晨	粤开证券	9	19
17	杨晖	方正证券	3	13
18	高登	长江证券	16	101
19	刘洋	西南证券	41	262
20	汪刘胜	招商证券	36	324

5.10　消费者服务

5.10.1　三年期

基于表4-2中展示构建的行业评价指标体系，我们对可选消费——消费者服务这一行业在三年样本期内（2017年1月1日至2019年12月31日）的各项指标进行统计计算，并依据各项指标的高低对行业进行排名，结果如图5-19所示。以可选消费——消费者服务行业内的上市公司股票作为荐股评级目标个股的分析师有152位（行业分析师关注度，行业排名第17位），他们来自55家不同的证券公司（行业券商关注度，行业排名第12位），针对该行业内的36只股票（被评个股占比83.72%，行业排名第3位）发布了共计3 201次荐股评级观测（行业评级关注度，行业排名第12位）。该行业的个股平均关注度方面，个股平均评级关注度为88.92，行业排名第1位；个股平均分析师关注度为4.22，行业排名第3位；个股平均券商关注度为1.53，行业排名第2位。最后，该行业荐股评级的平均可信度为0.3496，行业排名第11位。

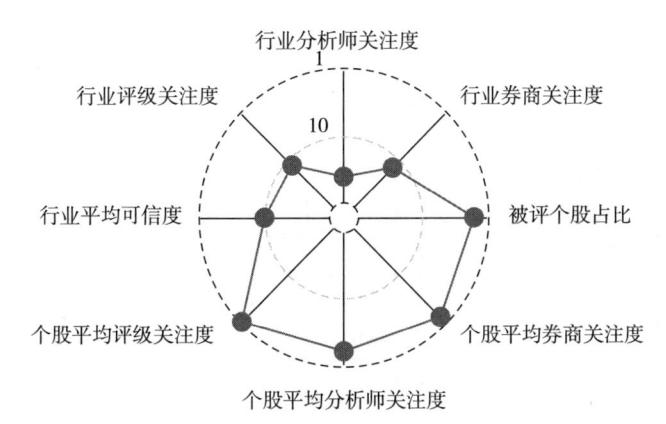

图 5-19 可选消费——消费者服务行业雷达图：2017~2019 年

表 5-55 展示了该行业在三年期内基于平均可信度分数（average reliability score）的分析师表现排名。可以看出，以平均信度分数为评价指标时，排在前五名的分析师分别是：东吴证券公司的张良卫、方正证券公司的付玉美、国元证券公司的常启辉、安信证券公司的杜一帆以及国元证券公司的宗建树。

表 5-55　三年期分析师荐股评级能力评价——平均可信度分数

行业：可选消费——消费者服务

表现排名	分析师姓名	隶属证券公司	评级个股数量（只）	荐股评级次数（次）
1	张良卫	东吴证券	2	10
2	付玉美	方正证券	3	9
3	常启辉	国元证券	2	7
4	杜一帆	安信证券	3	6
5	宗建树	国元证券	2	6
6	鞠兴海	国盛证券	3	10
7	刘凯	光大证券	3	24
8	肖明亮	广州广证恒生证券	2	11
9	董广阳	招商证券	8	12
10	孙海洋	天风证券	2	3
11	徐林锋	方正证券	3	11
12	刘文正	安信证券	10	26

续表

表现排名	分析师姓名	隶属证券公司	评级个股数量（只）	荐股评级次数（次）
13	张龙	安信证券	7	12
14	吴劲草	国金证券	4	25
15	赵刚	长江证券	11	70
16	施红梅	东方证券	10	53
17	刘立喜	东北证券	12	16
18	花小伟	中信建投证券	7	12
19	吕思奇	东北证券	2	8
20	唐川	国金证券	3	6

表5–56展示了该行业在三年期内基于风险因子调整的可信度分数（risk-factor-adjusted reliability score）的分析师表现排名。可以看出，以风险因子调整的可信度分数为评价指标时，排在前五名的分析师分别是：东吴证券公司的张良卫、方正证券公司的付玉美、国元证券公司的常启辉、安信证券公司的杜一帆以及国元证券公司的宗建树。

表5–56 三年期分析师荐股评级能力评价——风险因子调整的可信度分数
行业：可选消费——消费者服务

表现排名	分析师姓名	隶属证券公司	评级个股数量（只）	荐股评级次数（次）
1	张良卫	东吴证券	2	10
2	付玉美	方正证券	3	9
3	常启辉	国元证券	2	7
4	杜一帆	安信证券	3	6
5	宗建树	国元证券	2	6
6	刘凯	光大证券	3	24
7	鞠兴海	国盛证券	3	10
8	肖明亮	广州广证恒生证券	2	11
9	董广阳	招商证券	8	12
10	徐林锋	方正证券	3	11
11	刘文正	安信证券	10	26

续表

表现排名	分析师姓名	隶属证券公司	评级个股数量（只）	荐股评级次数（次）
12	孙海洋	天风证券	2	3
13	张龙	安信证券	7	12
14	吴劲草	国金证券	4	25
15	赵刚	长江证券	11	70
16	施红梅	东方证券	10	53
17	刘立喜	东北证券	12	16
18	花小伟	中信建投证券	7	12
19	吕思奇	东北证券	2	8
20	焦俊	国盛证券	7	47

表 5-57 展示了该行业在三年期内基于风险-经验因子调整的可信度分数（risk-experience-factor-adjusted reliability score）的分析师表现排名。可以看出，以风险-经验因子调整的可信度分数为评价指标时，排在前五名的分析师分别是：东吴证券公司的张良卫、方正证券公司的付玉美、国元证券公司的常启辉、中信证券公司的姜娅以及光大证券公司的刘凯。

表 5-57　三年期分析师荐股评级能力评价——风险-经验因子调整的可信度分数
　　　　　行业：可选消费——消费者服务

表现排名	分析师姓名	隶属证券公司	评级个股数量（只）	荐股评级次数（次）
1	张良卫	东吴证券	2	10
2	付玉美	方正证券	3	9
3	常启辉	国元证券	2	7
4	姜娅	中信证券	18	178
5	刘凯	光大证券	3	24
6	梅林	招商证券	13	146
7	安鹏	广发证券	21	112
8	赵刚	长江证券	11	70
9	梅昕	华泰证券	19	145

续表

表现排名	分析师姓名	隶属证券公司	评级个股数量（只）	荐股评级次数（次）
10	楼枫烨	国金证券	13	71
11	刘章明	天风证券	25	140
12	施红梅	东方证券	10	53
13	曾光	国信证券	15	155
14	刘文正	安信证券	10	26
15	焦俊	国盛证券	7	47
16	贺燕青	中信建投证券	24	84
17	鞠兴海	国盛证券	3	10
18	刘越男	国泰君安证券	18	138
19	吴劲草	国金证券	4	25
20	李跃博	兴业证券	27	137

5.10.2 五年期

基于表4-2中展示构建的行业评价指标体系，我们对可选消费——消费者服务这一行业在五年样本期内（2015年1月1日至2019年12月31日）的各项指标进行统计计算，并依据各项指标的高低对行业进行排名，结果如图5-20所示。以可选消费——消费者服务行业内的上市公司股票作为荐股评级目标个股的分析师有210位（行业分析师关注度，行业排名第17位），他们来自62家不同的证券公司（行业券商关注度，行业排名第11位），针对该行业内的38只股票（被评个股占比88.37%，行业排名第3位）发布了共计4 962次荐股评级观测（行业评级关注度，行业排名第12位）。该行业的个股平均关注度方面，个股平均评级关注度为130.58，行业排名第1位；个股平均分析师关注度为5.53，行业排名第3位；个股平均券商关注度为1.63，行业排名第2位。最后，该行业荐股评级的平均可信度为0.3353，行业排名第14位。

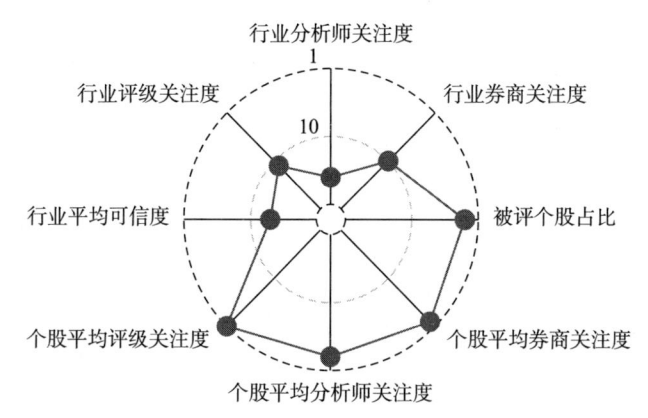

图 5-20 可选消费——消费者服务行业雷达图：2015~2019 年

表 5-58 展示了该行业在五年期内基于平均可信度分数（average reliability score）的分析师表现排名。可以看出，以平均信度分数为评价指标时，排在前五名的分析师分别是：东吴证券公司的张良卫、方正证券公司的付玉美、国元证券公司的常启辉、东方证券公司的杨春燕以及安信证券公司的杜一帆。

表 5-58 五年期分析师荐股评级能力评价——平均可信度分数
行业：可选消费——消费者服务

表现排名	分析师姓名	隶属证券公司	评级个股数量（只）	荐股评级次数（次）
1	张良卫	东吴证券	2	10
2	付玉美	方正证券	3	9
3	常启辉	国元证券	2	7
4	杨春燕	东方证券	6	19
5	杜一帆	安信证券	3	6
6	宗建树	国元证券	2	6
7	苏超	齐鲁证券	8	15
8	鞠兴海	国盛证券	3	10
9	刘凯	光大证券	3	24
10	肖明亮	广州广证恒生证券	2	11
11	林周勇	海通证券	10	58
12	张龙	安信证券	8	15

续表

表现排名	分析师姓名	隶属证券公司	评级个股数量（只）	荐股评级次数（次）
13	董广阳	招商证券	8	12
14	周思立	东北证券	3	3
15	朱元	国信证券	3	3
16	孙海洋	天风证券	2	3
17	张露	群益证券	5	11
18	徐林锋	方正证券	3	11
19	刘文正	安信证券	10	26
20	万蓉	华鑫证券	11	12

表5-59展示了该行业在五年期内基于风险因子调整的可信度分数（risk-factor-adjusted reliability score）的分析师表现排名。可以看出，以风险因子调整的可信度分数为评价指标时，排在前五名的分析师分别是：东吴证券公司的张良卫、方正证券公司的付玉美、国元证券公司的常启辉、东方证券公司的杨春燕以及安信证券公司的杜一帆。

表5-59 五年期分析师荐股评级能力评价——风险因子调整的可信度分数
行业：可选消费——消费者服务

表现排名	分析师姓名	隶属证券公司	评级个股数量（只）	荐股评级次数（次）
1	张良卫	东吴证券	2	10
2	付玉美	方正证券	3	9
3	常启辉	国元证券	2	7
4	杨春燕	东方证券	6	19
5	杜一帆	安信证券	3	6
6	宗建树	国元证券	2	6
7	苏超	齐鲁证券	8	15
8	刘凯	光大证券	3	24
9	鞠兴海	国盛证券	3	10
10	肖明亮	广州广证恒生证券	2	11
11	林周勇	海通证券	10	58

续表

表现排名	分析师姓名	隶属证券公司	评级个股数量（只）	荐股评级次数（次）
12	张龙	安信证券	8	15
13	董广阳	招商证券	8	12
14	张露	群益证券	5	11
15	徐林锋	方正证券	3	11
16	刘文正	安信证券	10	26
17	周思立	东北证券	3	3
18	朱元	国信证券	3	3
19	孙海洋	天风证券	2	3
20	万蓉	华鑫证券	11	12

表 5-60 展示了该行业在五年期内基于风险-经验因子调整的可信度分数（risk-experience-factor-adjusted reliability score）的分析师表现排名。可以看出，以风险-经验因子调整的可信度分数为评价指标时，排在前五名的分析师分别是：东吴证券公司的张良卫、海通证券公司的林周勇、方正证券公司的付玉美、东方证券公司的杨春燕以及国元证券公司的常启辉。

表 5-60　五年期分析师荐股评级能力评价——风险-经验因子调整的可信度分数
行业：可选消费——消费者服务

表现排名	分析师姓名	隶属证券公司	评级个股数量（只）	荐股评级次数（次）
1	张良卫	东吴证券	2	10
2	林周勇	海通证券	10	58
3	付玉美	方正证券	3	9
4	杨春燕	东方证券	6	19
5	常启辉	国元证券	2	7
6	姜娅	中信证券	22	310
7	刘凯	光大证券	3	24
8	梅林	招商证券	13	146
9	安鹏	广发证券	23	143
10	旷实	广发证券	18	140

续表

表现排名	分析师姓名	隶属证券公司	评级个股数量（只）	荐股评级次数（次）
11	赵刚	长江证券	11	70
12	刘章明	天风证券	27	189
13	梅昕	华泰证券	19	148
14	刘越男	国泰君安证券	22	266
15	苏超	齐鲁证券	8	15
16	施红梅	东方证券	10	89
17	楼枫烨	国金证券	13	71
18	曾光	国信证券	17	278
19	张艺	东吴证券	13	81
20	刘文正	安信证券	10	26

5.11 耐用消费品与服装

5.11.1 三年期

基于表4-2中展示构建的行业评价指标体系，我们对可选消费——耐用消费品与服装这一行业在三年样本期内（2017年1月1日至2019年12月31日）的各项指标进行统计计算，并依据各项指标的高低对行业进行排名，结果如图5-21所示。以可选消费——耐用消费品与服装行业内的上市公司股票作为荐股评级目标个股的分析师有438位（行业分析师关注度，行业排名第4位），他们来自65家不同的证券公司（行业券商关注度，行业排名第5位），针对该行业内的150只股票（被评个股占比63.56%，行业排名第13位）发布了共计8 850次荐股评级观测（行业评级关注度，行业排名第5位）。该行业的个股平均关注度方面，个股平均评级关注度为59.00，行业排名第6位；个股平均分析师关注度为2.92，行业排名第9位；个股平均券商关注度为0.43，行业排名第17位。最后，该行业荐股评级的平均可信度为0.3668，行业排名第10位。

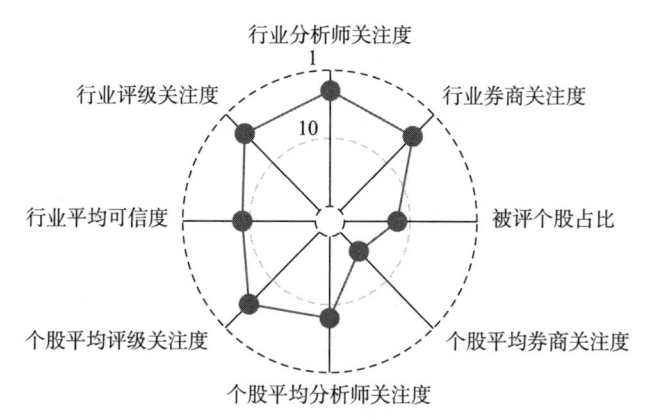

图 5-21　可选消费——耐用消费品与服装行业雷达图：2017~2019 年

表 5-61 展示了该行业在三年期内基于平均可信度分数（average reliability score）的分析师表现排名。可以看出，以平均信度分数为评价指标时，排在前五名的分析师分别是：国金证券公司的袁艺博、方正证券公司的兰飞、中银国际证券公司的闵琳佳、华西证券公司的吴彤以及上海申银万国证券公司的刘晓宁。

表 5-61　三年期分析师荐股评级能力评价——平均可信度分数
　　　　　行业：可选消费——耐用消费品与服装

表现排名	分析师姓名	隶属证券公司	评级个股数量（只）	荐股评级次数（次）
1	袁艺博	国金证券	7	10
2	兰飞	方正证券	1	5
3	闵琳佳	中银国际证券	1	4
4	吴彤	华西证券	1	4
5	刘晓宁	上海申银万国证券	2	3
6	徐闯	中国中投证券	1	3
7	范超	长江证券	1	3
8	徐涛	中信证券	1	3
9	魏立	国金证券	5	16
10	管泉森	长江证券	7	20
11	郭丽丽	方正证券	7	7

续表

表现排名	分析师姓名	隶属证券公司	评级个股数量（只）	荐股评级次数（次）
12	楼枫烨	国金证券	4	12
13	邵达	兴业证券	5	6
14	孙春旭	国金证券	1	6
15	邹戈	广发证券	1	5
16	郭彬	天风证券	8	13
17	王永辉	方正证券	3	8
18	曹燕萍	国金证券	4	4
19	徐春	长江证券	16	114
20	马军	方正证券	1	7

表 5–62 展示了该行业在三年期内基于风险因子调整的可信度分数 (risk-factor-adjusted reliability score) 的分析师表现排名。可以看出，以风险因子调整的可信度分数为评价指标时，排在前五名的分析师分别是：国金证券公司的袁艺博、方正证券公司的兰飞、中银国际证券公司的闫琳佳、华西证券公司的吴彤以及上海申银万国证券公司的刘晓宁。

表 5–62　三年期分析师荐股评级能力评价——风险因子调整的可信度分数
行业：可选消费——耐用消费品与服装

表现排名	分析师姓名	隶属证券公司	评级个股数量（只）	荐股评级次数（次）
1	袁艺博	国金证券	7	10
2	兰飞	方正证券	1	5
3	闫琳佳	中银国际证券	1	4
4	吴彤	华西证券	1	4
5	刘晓宁	上海申银万国证券	2	3
6	徐闯	中国中投证券	1	3
7	范超	长江证券	1	3
8	徐涛	中信证券	1	3
9	魏立	国金证券	5	16
10	管泉森	长江证券	7	20

续表

表现排名	分析师姓名	隶属证券公司	评级个股数量（只）	荐股评级次数（次）
11	郭丽丽	方正证券	7	7
12	楼枫烨	国金证券	4	12
13	邵达	兴业证券	5	6
14	孙春旭	国金证券	1	6
15	邹戈	广发证券	1	5
16	郭彬	天风证券	8	13
17	王永辉	方正证券	3	8
18	徐春	长江证券	16	114
19	曹燕萍	国金证券	4	4
20	马军	方正证券	1	7

表5-63展示了该行业在三年期内基于风险-经验因子调整的可信度分数（risk-experience-factor-adjusted reliability score）的分析师表现排名。可以看出，以风险-经验因子调整的可信度分数为评价指标时，排在前五名的分析师分别是：国金证券公司的袁艺博、长江证券公司的徐春、国金证券公司的魏立、长江证券公司的管泉森以及光大证券公司的金星。

表5-63 三年期分析师荐股评级能力评价——风险-经验因子调整的可信度分数
行业：可选消费——耐用消费品与服装

表现排名	分析师姓名	隶属证券公司	评级个股数量（只）	荐股评级次数（次）
1	袁艺博	国金证券	7	10
2	徐春	长江证券	16	114
3	魏立	国金证券	5	16
4	管泉森	长江证券	7	20
5	金星	光大证券	15	162
6	张立聪	安信证券	22	170
7	唐凯	东北证券	32	155
8	兰飞	方正证券	1	5

续表

表现排名	分析师姓名	隶属证券公司	评级个股数量（只）	荐股评级次数（次）
9	林寰宇	华泰证券	21	103
10	施红梅	东方证券	24	194
11	曾婵	广发证券	22	195
12	马莉	东吴证券	30	187
13	汪浩	中信证券	10	65
14	花小伟	中信建投证券	33	162
15	闵琳佳	中银国际证券	1	4
16	吴彤	华西证券	1	4
17	揭力	国金证券	20	111
18	陈子仪	海通证券	20	91
19	李婕	光大证券	36	250
20	糜韩杰	广发证券	31	254

5.11.2 五年期

基于表4-2中展示构建的行业评价指标体系，我们对可选消费——耐用消费品与服装这一行业在五年样本期内（2015年1月1日至2019年12月31日）的各项指标进行统计计算，并依据各项指标的高低对行业进行排名，结果如图5-22所示。以可选消费——耐用消费品与服装行业内的上市公司股票作为荐股评级目标个股的分析师有632位（行业分析师关注度，行业排名第3位），他们来自71家不同的证券公司（行业券商关注度，行业排名第4位），针对该行业内的172只股票（被评个股占比72.88%，行业排名第10位）发布了共计13 489次荐股评级观测（行业评级关注度，行业排名第5位）。该行业的个股平均关注度方面，个股平均评级关注度为78.42，行业排名第5位；个股平均分析师关注度为3.67，行业排名第8位；个股平均券商关注度为0.41，行业排名第17位。最后，该行业荐股评级的平均可信度为0.3810，行业排名第8位。

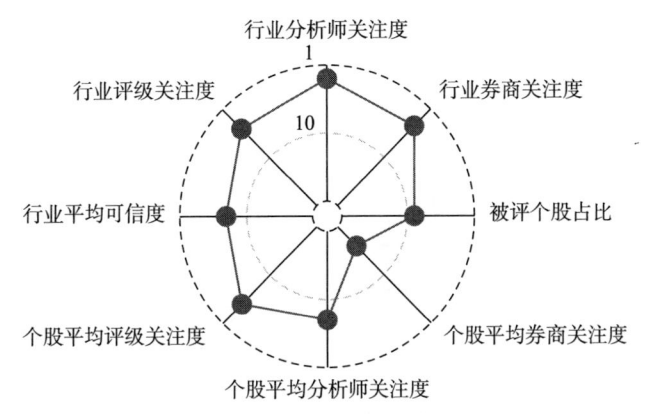

图 5-22　可选消费——耐用消费品与服装行业雷达图：2015~2019 年

表 5-64 展示了该行业在五年期内基于平均可信度分数（average reliability score）的分析师表现排名。可以看出，以平均信度分数为评价指标时，排在前五名的分析师分别是：国金证券公司的袁艺博、东方证券公司的赵越峰、方正证券公司的兰飞、中银国际证券公司的闵琳佳以及华西证券公司的吴彤。

表 5-64　五年期分析师荐股评级能力评价——平均可信度分数
行业：可选消费——耐用消费品与服装

表现排名	分析师姓名	隶属证券公司	评级个股数量（只）	荐股评级次数（次）
1	袁艺博	国金证券	7	10
2	赵越峰	东方证券	4	5
3	兰飞	方正证券	1	5
4	闵琳佳	中银国际证券	1	4
5	吴彤	华西证券	1	4
6	冯伟	华泰证券	2	3
7	赵雪芹	中信证券	2	3
8	程磊	方正证券	1	3
9	刘洵	国信证券	1	3
10	徐闯	中国中投证券	1	3
11	徐涛	中信证券	1	3
12	管泉森	长江证券	7	20

续表

表现排名	分析师姓名	隶属证券公司	评级个股数量（只）	荐股评级次数（次）
13	王席鑫	安信证券	2	9
14	张妮	安信证券	6	21
15	魏立	国金证券	8	21
16	衡昆	安信证券	5	7
17	王颖华	中泰证券	3	7
18	郭湛	东方证券	3	7
19	邵达	兴业证券	6	7
20	郭丽丽	方正证券	7	7

表5-65展示了该行业在五年期内基于风险因子调整的可信度分数（risk-factor-adjusted reliability score）的分析师表现排名。可以看出，以风险因子调整的可信度分数为评价指标时，排在前五名的分析师分别是：国金证券公司的袁艺博、东方证券公司的赵越峰、方正证券公司的兰飞、中银国际证券公司的闵琳佳以及华西证券公司的吴彤。

表5-65　五年期分析师荐股评级能力评价——风险因子调整的可信度分数
行业：可选消费——耐用消费品与服装

表现排名	分析师姓名	隶属证券公司	评级个股数量（只）	荐股评级次数（次）
1	袁艺博	国金证券	7	10
2	赵越峰	东方证券	4	5
3	兰飞	方正证券	1	5
4	闵琳佳	中银国际证券	1	4
5	吴彤	华西证券	1	4
6	冯伟	华泰证券	2	3
7	赵雪芹	中信证券	2	3
8	程磊	方正证券	1	3
9	刘洵	国信证券	1	3
10	徐闯	中国中投证券	1	3
11	徐涛	中信证券	1	3

续表

表现排名	分析师姓名	隶属证券公司	评级个股数量（只）	荐股评级次数（次）
12	管泉森	长江证券	7	20
13	王席鑫	安信证券	2	9
14	张妮	安信证券	6	21
15	魏立	国金证券	8	21
16	衡昆	安信证券	5	7
17	王颖华	中泰证券	3	7
18	郭湛	东方证券	3	7
19	邵达	兴业证券	6	7
20	郭丽丽	方正证券	7	7

表 5-66 展示了该行业在五年期内基于风险-经验因子调整的可信度分数（risk-experience-factor-adjusted reliability score）的分析师表现排名。可以看出，以风险-经验因子调整的可信度分数为评价指标时，排在前五名的分析师分别是：国金证券公司的袁艺博、长江证券公司的徐春、光大证券公司的金星、长江证券公司的管泉森以及安信证券公司的张立聪。

表 5-66　五年期分析师荐股评级能力评价——风险-经验因子调整的可信度分数
　　　　　行业：可选消费——耐用消费品与服装

表现排名	分析师姓名	隶属证券公司	评级个股数量（只）	荐股评级次数（次）
1	袁艺博	国金证券	7	10
2	徐春	长江证券	22	268
3	金星	光大证券	20	262
4	管泉森	长江证券	7	20
5	张立聪	安信证券	30	295
6	李婕	光大证券	39	408
7	唐凯	东北证券	32	156
8	糜韩杰	广发证券	37	363
9	张妮	安信证券	6	21
10	魏立	国金证券	8	21

续表

表现排名	分析师姓名	隶属证券公司	评级个股数量（只）	荐股评级次数（次）
11	陈子仪	海通证券	26	156
12	赵越峰	东方证券	4	5
13	兰飞	方正证券	1	5
14	蔡雯娟	天风证券	20	233
15	施红梅	东方证券	24	267
16	林寰宇	华泰证券	21	108
17	花小伟	中信建投证券	52	246
18	揭力	国金证券	20	146
19	焦娟	安信证券	27	69
20	纪敏	招商证券	17	164

5.12 零售业

5.12.1 三年期

基于表4-2中展示构建的行业评价指标体系，我们对可选消费——零售业这一行业在三年样本期内（2017年1月1日至2019年12月31日）的各项指标进行统计计算，并依据各项指标的高低对行业进行排名，结果如图5-23所示。以可选消费——零售业行业内的上市公司股票作为荐股评级目标个股的分析师有156位（行业分析师关注度，行业排名第15位），他们来自51家不同的证券公司（行业券商关注度，行业排名第16位），针对该行业内的44只股票（被评个股占比73.33%，行业排名第7位）发布了共计1 872次荐股评级观测（行业评级关注度，行业排名第18位）。该行业的个股平均关注度方面，个股平均评级关注度为42.55，行业排名第16位；个股平均分析师关注度为3.55，行业排名第7位；个股平均券商关注度为1.16，行业排名第5位。最后，该行业荐股评级的平均可信度为0.3098，行业排名第15位。

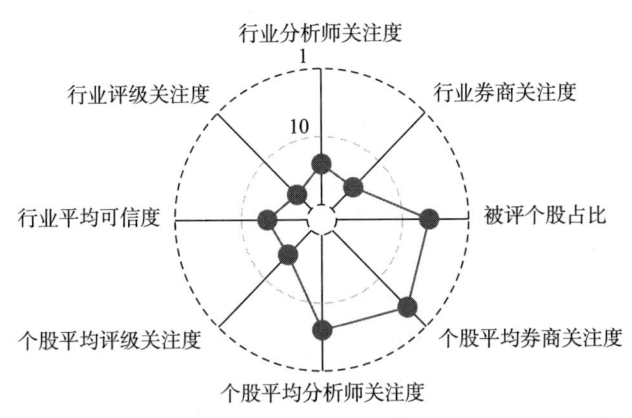

图 5-23 可选消费——零售业行业雷达图：2017~2019 年

表 5-67 展示了该行业在三年期内基于平均可信度分数（average reliability score）的分析师表现排名。可以看出，以平均信度分数为评价指标时，排在前五名的分析师分别是：长江证券公司的雷玉、国金证券公司的揭力、信达证券公司的郭荆璞、国金证券公司的唐川以及广发证券券公司的汪达。

表 5-67　三年期分析师荐股评级能力评价——平均可信度分数
行业：可选消费——零售业

表现排名	分析师姓名	隶属证券公司	评级个股数量（只）	荐股评级次数（次）
1	雷玉	长江证券	1	3
2	揭力	国金证券	1	5
3	郭荆璞	信达证券	1	4
4	唐川	国金证券	1	4
5	汪达	广发证券	1	3
6	黄付生	太平洋证券	5	11
7	花小伟	中信建投证券	3	5
8	张旭	山西证券	4	5
9	史凡可	东吴证券	1	7
10	王晓艳	东北证券	1	9
11	陈博	财富证券	6	13
12	蔡欣	西南证券	5	15

续表

表现排名	分析师姓名	隶属证券公司	评级个股数量（只）	荐股评级次数（次）
13	李丹	信达证券	3	18
14	赵中平	广发证券	2	10
15	王鹏	浙商证券	1	6
16	张金洋	东兴证券	1	4
17	马莉	东吴证券	3	15
18	王立平	上海申银万国证券	11	45
19	洪涛	广发证券	13	102
20	周羽	中信证券	10	45

表5-68展示了该行业在三年期内基于风险因子调整的可信度分数（risk-factor-adjusted reliability score）的分析师表现排名。可以看出，以风险因子调整的可信度分数为评价指标时，排在前五名的分析师分别是：长江证券公司的雷玉、国金证券公司的揭力、信达证券公司的郭荆璞、国金证券公司的唐川以及太平洋证券公司的黄付生。

表5-68　三年期分析师荐股评级能力评价——风险因子调整的可信度分数
行业：可选消费——零售业

表现排名	分析师姓名	隶属证券公司	评级个股数量（只）	荐股评级次数（次）
1	雷玉	长江证券	1	3
2	揭力	国金证券	1	5
3	郭荆璞	信达证券	1	4
4	唐川	国金证券	1	4
5	黄付生	太平洋证券	5	11
6	汪达	广发证券	1	3
7	花小伟	中信建投证券	3	5
8	张旭	山西证券	4	5
9	史凡可	东吴证券	1	7
10	王晓艳	东北证券	1	9
11	陈博	财富证券	6	13

续表

表现排名	分析师姓名	隶属证券公司	评级个股数量（只）	荐股评级次数（次）
12	蔡欣	西南证券	5	15
13	李丹	信达证券	3	18
14	赵中平	广发证券	2	10
15	王鹏	浙商证券	1	6
16	马莉	东吴证券	3	15
17	王立平	上海申银万国证券	11	45
18	张金洋	东兴证券	1	4
19	洪涛	广发证券	13	102
20	周羽	中信证券	10	45

表5-69展示了该行业在三年期内基于风险-经验因子调整的可信度分数（risk-experience-factor-adjusted reliability score）的分析师表现排名。可以看出，以风险-经验因子调整的可信度分数为评价指标时，排在前五名的分析师分别是：广发证券公司的洪涛、光大证券公司的唐佳睿、兴业证券公司的王俊杰、国泰君安证券公司的訾猛以及中金公司的樊俊豪。

表5-69 三年期分析师荐股评级能力评价——风险-经验因子调整的可信度分数
行业：可选消费——零售业

表现排名	分析师姓名	隶属证券公司	评级个股数量（只）	荐股评级次数（次）
1	洪涛	广发证券	13	102
2	唐佳睿	光大证券	22	250
3	王俊杰	兴业证券	14	66
4	訾猛	国泰君安证券	17	116
5	樊俊豪	中金公司	8	90
6	王立平	上海申银万国证券	11	45
7	李锦	长江证券	4	49
8	周羽	中信证券	10	45
9	雷玉	长江证券	1	3

续表

表现排名	分析师姓名	隶属证券公司	评级个股数量（只）	荐股评级次数（次）
10	许荣聪	招商证券	10	66
11	黄付生	太平洋证券	5	11
12	李丹	信达证券	3	18
13	彭毅	中泰证券	6	36
14	蔡欣	西南证券	5	15
15	倪华	方正证券	7	26
16	揭力	国金证券	1	5
17	刘章明	天风证券	14	63
18	陈博	财富证券	6	13
19	李强	东北证券	12	23
20	汪立亭	海通证券	13	78

5.12.2 五年期

基于表4-2中展示构建的行业评价指标体系，我们对可选消费——零售业这一行业在五年样本期内（2015年1月1日至2019年12月31日）的各项指标进行统计计算，并依据各项指标的高低对行业进行排名，结果如图5-24所示。以可选消费——零售业行业内的上市公司股票作为荐股评级目标个股的分析师有226位（行业分析师关注度，行业排名第16位），他们来自57家不同的证券公司（行业券商关注度，行业排名第18位），针对该行业内的49只股票（被评个股占比81.67%，行业排名第8位）发布了共计3 206次荐股评级观测（行业评级关注度，行业排名第18位）。该行业的个股平均关注度方面，个股平均评级关注度为65.43，行业排名第11位；个股平均分析师关注度为4.61，行业排名第5位；个股平均券商关注度为1.16，行业排名第4位。最后，该行业荐股评级的平均可信度为0.3528，行业排名第12位。

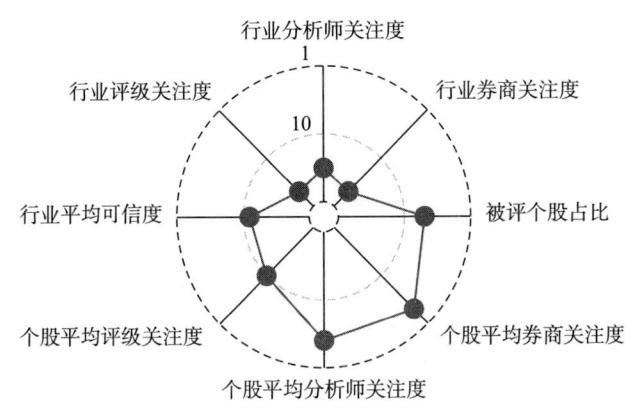

图 5-24 可选消费——零售业行业雷达图：2015~2019 年

表 5-70 展示了该行业在五年期内基于平均可信度分数（average reliability score）的分析师表现排名。可以看出，以平均信度分数为评价指标时，排在前五名的分析师分别是：招商证券公司的王薇、中信证券公司的刘正、东方证券公司的糜韩杰、广州广证恒生证券公司的姚玮以及安信证券公司的张妮。

表 5-70　五年期分析师荐股评级能力评价——平均可信度分数

行业：可选消费——零售业

表现排名	分析师姓名	隶属证券公司	评级个股数量（只）	荐股评级次数（次）
1	王薇	招商证券	1	4
2	刘正	中信证券	1	4
3	糜韩杰	东方证券	1	3
4	姚玮	广州广证恒生证券	2	5
5	张妮	安信证券	1	5
6	程艳华	浙商证券	3	19
7	罗毅	华泰证券	1	4
8	郭荆璞	信达证券	1	4
9	唐川	国金证券	1	4
10	张露	群益证券	4	7
11	雷玉	长江证券	3	17

续表

表现排名	分析师姓名	隶属证券公司	评级个股数量（只）	荐股评级次数（次）
12	郑恺	招商证券	1	12
13	揭力	国金证券	1	9
14	杨春燕	东方证券	1	6
15	赵海春	国金证券	2	3
16	苏林洁	安信证券	1	3
17	刘丽	太平洋证券	1	3
18	金嘉欣	平安证券	1	3
19	曹令	华创证券	2	3
20	汪达	广发证券	1	3

表5–71展示了该行业在五年期内基于风险因子调整的可信度分数（risk-factor-adjusted reliability score）的分析师表现排名。可以看出，以风险因子调整的可信度分数为评价指标时，排在前五名的分析师分别是：招商证券公司的王薇、中信证券公司的刘正、东方证券公司的糜韩杰、浙商证券公司的程艳华以及广州广证恒生证券公司的姚玮。

表5–71 五年期分析师荐股评级能力评价——风险因子调整的可信度分数
行业：可选消费——零售业

表现排名	分析师姓名	隶属证券公司	评级个股数量（只）	荐股评级次数（次）
1	王薇	招商证券	1	4
2	刘正	中信证券	1	4
3	糜韩杰	东方证券	1	3
4	程艳华	浙商证券	3	19
5	姚玮	广州广证恒生证券	2	5
6	张妮	安信证券	1	5
7	雷玉	长江证券	3	17
8	罗毅	华泰证券	1	4
9	郭荆璞	信达证券	1	4
10	唐川	国金证券	1	4

续表

表现排名	分析师姓名	隶属证券公司	评级个股数量（只）	荐股评级次数（次）
11	张露	群益证券	4	7
12	郑恺	招商证券	1	12
13	揭力	国金证券	1	9
14	杨春燕	东方证券	1	6
15	黄付生	太平洋证券	5	11
16	赵海春	国金证券	2	3
17	苏林洁	安信证券	1	3
18	刘丽	太平洋证券	1	3
19	金嘉欣	平安证券	1	3
20	曹令	华创证券	2	3

表5-72展示了该行业在五年期内基于风险-经验因子调整的可信度分数（risk-experience-factor-adjusted reliability score）的分析师表现排名。可以看出，以风险-经验因子调整的可信度分数为评价指标时，排在前五名的分析师分别是：广发证券公司的洪涛、中信证券公司的周羽、浙商证券公司的程艳华、光大证券公司的唐佳睿以及海通证券公司的汪立亭。

表5-72 五年期分析师荐股评级能力评价——风险-经验因子调整的可信度分数
行业：可选消费——零售业

表现排名	分析师姓名	隶属证券公司	评级个股数量（只）	荐股评级次数（次）
1	洪涛	广发证券	23	182
2	周羽	中信证券	16	99
3	程艳华	浙商证券	3	19
4	唐佳睿	光大证券	26	412
5	汪立亭	海通证券	20	186
6	李锦	长江证券	14	110
7	王俊杰	兴业证券	15	120
8	刘章明	天风证券	29	130
9	王薇	招商证券	1	4

续表

表现排名	分析师姓名	隶属证券公司	评级个股数量（只）	荐股评级次数（次）
10	刘正	中信证券	1	4
11	许世刚	华泰证券	17	77
12	雷玉	长江证券	3	17
13	訾猛	国泰君安证券	26	206
14	王立平	上海申银万国证券	12	53
15	胡彦超	中泰证券	6	27
16	樊俊豪	中金公司	8	154
17	徐问	国金证券	14	48
18	彭毅	中泰证券	8	47
19	张龙	安信证券	14	38
20	糜韩杰	东方证券	1	3

5.13 交通运输

5.13.1 三年期

基于表4-2中展示构建的行业评价指标体系，我们对工业——交通运输这一行业在三年样本期内（2017年1月1日至2019年12月31日）的各项指标进行统计计算，并依据各项指标的高低对行业进行排名，结果如图5-25所示。以工业——交通运输行业内的上市公司股票作为荐股评级目标个股的分析师有162位（行业分析师关注度，行业排名第14位），他们来自48家不同的证券公司（行业券商关注度，行业排名第19位），针对该行业内的94只股票（被评个股占比83.93%，行业排名第2位）发布了共计4 015次荐股评级观测（行业评级关注度，行业排名第9位）。该行业的个股平均关注度方面，个股平均评级关注度为42.71，行业排名第15位；个股平均分析师关注度为1.72，行业排名第17位；个股平均券商关注度为0.51，行业排名第16位。最后，该行业荐股评级的平均可信度为0.3076，行业排名第17位。

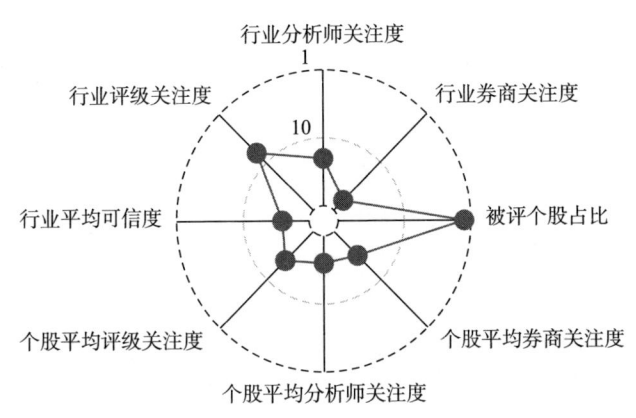

图 5-25　工业——交通运输行业雷达图：2017~2019 年

表 5-73 展示了该行业在三年期内基于平均可信度分数（average reliability score）的分析师表现排名。可以看出，以平均信度分数为评价指标时，排在前五名的分析师分别是：西部证券公司的雒雅梅、国金证券公司的孙春旭、民生证券公司的刘振宇、光大证券公司的秦波以及安信证券公司的沙沫。

表 5-73　三年期分析师荐股评级能力评价——平均可信度分数
行业：工业——交通运输

表现排名	分析师姓名	隶属证券公司	评级个股数量（只）	荐股评级次数（次）
1	雒雅梅	西部证券	4	5
2	孙春旭	国金证券	3	4
3	刘振宇	民生证券	3	3
4	秦波	光大证券	2	3
5	沙沫	安信证券	6	14
6	黄凡洋	国金证券	9	13
7	韩轶超	长江证券	24	155
8	苏宝亮	招商证券	33	280
9	程锦文	中信证券	7	14
10	程杲	中信建投证券	1	4
11	王凤华	粤开证券	17	27
12	丁一洪	华西证券	15	23

续表

表现排名	分析师姓名	隶属证券公司	评级个股数量（只）	荐股评级次数（次）
13	王春环	兴业证券	10	60
14	曹奕丰	东兴证券	28	45
15	黄盈	天风证券	7	24
16	王伟	平安证券	7	11
17	明兴	安信证券	10	31
18	顾熹闽	民生证券	6	9
19	王晓艳	粤开证券	29	52
20	张俊	国盛证券	6	25

表 5-74 展示了该行业在三年期内基于风险因子调整的可信度分数（risk-factor-adjusted reliability score）的分析师表现排名。可以看出，以风险因子调整的可信度分数为评价指标时，排在前五名的分析师分别是：西部证券公司的雏雅梅、国金证券公司的孙春旭、安信证券公司的沙沫、国金证券公司的黄凡洋以及民生证券公司的刘振宇。

表 5-74 三年期分析师荐股评级能力评价——风险因子调整的可信度分数
行业：工业——交通运输

表现排名	分析师姓名	隶属证券公司	评级个股数量（只）	荐股评级次数（次）
1	雏雅梅	西部证券	4	5
2	孙春旭	国金证券	3	4
3	沙沫	安信证券	6	14
4	黄凡洋	国金证券	9	13
5	刘振宇	民生证券	3	3
6	秦波	光大证券	2	3
7	韩轶超	长江证券	24	155
8	苏宝亮	招商证券	33	280
9	程锦文	中信证券	7	14
10	王凤华	粤开证券	17	27
11	丁一洪	华西证券	15	23

续表

表现排名	分析师姓名	隶属证券公司	评级个股数量（只）	荐股评级次数（次）
12	王春环	兴业证券	10	60
13	曹奕丰	东兴证券	28	45
14	黄盈	天风证券	7	24
15	明兴	安信证券	10	31
16	王晓艳	粤开证券	29	52
17	王伟	平安证券	7	11
18	张俊	国盛证券	6	25
19	程昊	中信建投证券	1	4
20	顾熹闽	民生证券	6	9

表5-75展示了该行业在三年期内基于风险-经验因子调整的可信度分数（risk-experience-factor-adjusted reliability score）的分析师表现排名。可以看出，以风险-经验因子调整的可信度分数为评价指标时，排在前五名的分析师分别是：招商证券公司的苏宝亮、长江证券公司的韩轶超、华泰证券公司的沈晓峰、兴业证券公司的王春环以及中信证券公司的刘正。

表5-75 三年期分析师荐股评级能力评价——风险-经验因子调整的可信度分数
行业：工业——交通运输

表现排名	分析师姓名	隶属证券公司	评级个股数量（只）	荐股评级次数（次）
1	苏宝亮	招商证券	33	280
2	韩轶超	长江证券	24	155
3	沈晓峰	华泰证券	35	347
4	王春环	兴业证券	10	60
5	刘正	中信证券	22	152
6	瞿永忠	东北证券	28	154
7	姜明	天风证券	38	230
8	陆达	光大证券	25	112
9	王晓艳	粤开证券	29	52

续表

表现排名	分析师姓名	隶属证券公司	评级个股数量（只）	荐股评级次数（次）
10	曹奕丰	东兴证券	28	45
11	张晓云	兴业证券	11	79
12	常涛	招商证券	26	63
13	吴一凡	华创证券	39	302
14	虞楠	海通证券	24	77
15	明兴	安信证券	10	31
16	王凤华	粤开证券	17	27
17	沙沫	安信证券	6	14
18	郑路	华泰证券	10	37
19	袁钉	招商证券	26	53
20	关鹏	广发证券	19	66

5.13.2 五年期

基于表4-2中展示构建的行业评价指标体系，我们对工业——交通运输这一行业在五年样本期内（2015年1月1日至2019年12月31日）的各项指标进行统计计算，并依据各项指标的高低对行业进行排名，结果如图5-26所示。以工业——交通运输行业内的上市公司股票作为荐股评级目标个股的分析师有246位（行业分析师关注度，行业排名第12位），他们来自60家不同的证券公司（行业券商关注度，行业排名第14位），针对该行业内的103只股票（被评个股占比91.96%，行业排名第1位）发布了共计5913次荐股评级观测（行业评级关注度，行业排名第10位）。该行业的个股平均关注度方面，个股平均评级关注度为57.41，行业排名第17位；个股平均分析师关注度为2.39，行业排名第16位；个股平均券商关注度为0.58，行业排名第11位。最后，该行业荐股评级的平均可信度为0.3264，行业排名第18位。

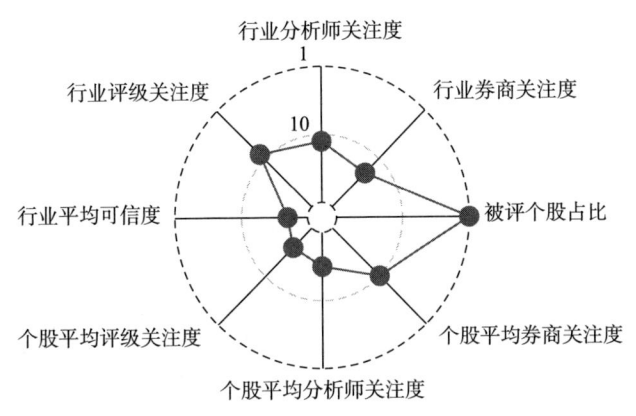

图 5-26　工业——交通运输行业雷达图：2015~2019 年

表 5-76 展示了该行业在五年期内基于平均可信度分数（average reliability score）的分析师表现排名。可以看出，以平均信度分数为评价指标时，排在前五名的分析师分别是：国联证券公司的王承、光大证券公司的邢庭志、光大证券公司的陈浩武、招商证券公司的卢平以及广发证券公司的张亮。

表 5-76　五年期分析师荐股评级能力评价——平均可信度分数
行业：工业——交通运输

表现排名	分析师姓名	隶属证券公司	评级个股数量（只）	荐股评级次数（次）
1	王承	国联证券	1	6
2	邢庭志	光大证券	1	5
3	陈浩武	光大证券	1	5
4	卢平	招商证券	1	3
5	张亮	广发证券	6	10
6	周俊	中信证券	5	9
7	王鹤涛	长江证券	1	6
8	雒雅梅	西部证券	4	5
9	陶贻功	民生证券	2	4
10	孙春旭	国金证券	3	4
11	文浩	安信证券	1	7
12	张西林	上海申银万国证券	3	6

续表

表现排名	分析师姓名	隶属证券公司	评级个股数量（只）	荐股评级次数（次）
13	陈诤娴	川财证券	1	3
14	刘振宇	民生证券	3	3
15	秦波	光大证券	2	3
16	沙沫	安信证券	6	14
17	衡昆	安信证券	7	13
18	黄凡洋	国金证券	9	13
19	方夏虹	中原证券	5	9
20	缴文超	万联证券	5	11

表5–77展示了该行业在五年期内基于风险因子调整的可信度分数（risk-factor-adjusted reliability score）的分析师表现排名。可以看出，以风险因子调整的可信度分数为评价指标时，排在前五名的分析师分别是：国联证券公司的王承、光大证券公司的邢庭志、光大证券公司的陈浩武、招商证券公司的卢平以及广发证券公司的张亮。

表5–77　五年期分析师荐股评级能力评价——风险因子调整的可信度分数

行业：工业——交通运输

表现排名	分析师姓名	隶属证券公司	评级个股数量（只）	荐股评级次数（次）
1	王承	国联证券	1	6
2	邢庭志	光大证券	1	5
3	陈浩武	光大证券	1	5
4	卢平	招商证券	1	3
5	张亮	广发证券	6	10
6	周俊	中信证券	5	9
7	王鹤涛	长江证券	1	6
8	雏雅梅	西部证券	4	5
9	陶贻功	民生证券	2	4
10	孙春旭	国金证券	3	4
11	文浩	安信证券	1	7

续表

表现排名	分析师姓名	隶属证券公司	评级个股数量（只）	荐股评级次数（次）
12	沙沫	安信证券	6	14
13	张西林	上海申银万国证券	3	6
14	衡昆	安信证券	7	13
15	黄凡洋	国金证券	9	13
16	陈净娴	川财证券	1	3
17	刘振宇	民生证券	3	3
18	秦波	光大证券	2	3
19	苏宝亮	招商证券	41	407
20	方夏虹	中原证券	5	9

表5-78展示了该行业在五年期内基于风险-经验因子调整的可信度分数（risk-experience-factor-adjusted reliability score）的分析师表现排名。可以看出，以风险-经验因子调整的可信度分数为评价指标时，排在前五名的分析师分别是：招商证券公司的苏宝亮、长江证券公司的韩轶超、国联证券公司的王承、光大证券公司的邢庭志以及光大证券公司的陈浩武。

表5-78 五年期分析师荐股评级能力评价——风险-经验因子调整的可信度分数
行业：工业——交通运输

表现排名	分析师姓名	隶属证券公司	评级个股数量（只）	荐股评级次数（次）
1	苏宝亮	招商证券	41	407
2	韩轶超	长江证券	42	378
3	王承	国联证券	1	6
4	邢庭志	光大证券	1	5
5	陈浩武	光大证券	1	5
6	张亮	广发证券	6	10
7	沈晓峰	华泰证券	38	441
8	常涛	招商证券	35	145
9	张晓云	兴业证券	11	144
10	周俊	中信证券	5	9

续表

表现排名	分析师姓名	隶属证券公司	评级个股数量（只）	荐股评级次数（次）
11	刘正	中信证券	27	201
12	卢平	招商证券	1	3
13	姜明	天风证券	60	318
14	陆达	光大证券	28	152
15	王晓艳	粤开证券	33	96
16	王春环	兴业证券	11	91
17	瞿永忠	东北证券	29	179
18	虞楠	海通证券	38	182
19	曹奕丰	东兴证券	28	45
20	吴一凡	华创证券	44	345

5.14 商业服务与用品

5.14.1 三年期

基于表4-2中展示构建的行业评价指标体系，我们对工业——商业服务与用品这一行业在三年样本期内（2017年1月1日至2019年12月31日）的各项指标进行统计计算，并依据各项指标的高低对行业进行排名，结果如图5-27所示。以工业——商业服务与用品行业内的上市公司股票作为荐股评级目标个股的分析师有264位（行业分析师关注度，行业排名第9位），他们来自51家不同的证券公司（行业券商关注度，行业排名第16位），针对该行业内的52只股票（被评个股占比48.60%，行业排名第17位）发布了共计1 776次荐股评级观测（行业评级关注度，行业排名第19位）。该行业的个股平均关注度方面，个股平均评级关注度为34.15，行业排名第19位；个股平均分析师关注度为5.08，行业排名第2位；个股平均券商关注度为0.98，行业排名第7位。最后，该行业荐股评级的平均可信度为0.3874，行业排名第7位。

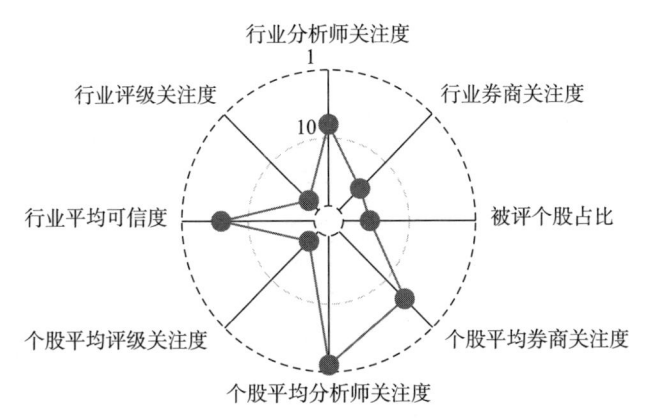

图 5-27　工业——商业服务与用品行业雷达图：2017~2019 年

表 5-79 展示了该行业在三年期内基于平均可信度分数（average reliability score）的分析师表现排名。可以看出，以平均信度分数为评价指标时，排在前五名的分析师分别是：中泰证券公司的李俊松、广发证券公司的汪达、招商证券公司的孙妤、中银国际证券公司的唐倩以及上海申银万国证券公司的陆达。

表 5-79　三年期分析师荐股评级能力评价——平均可信度分数
行业：工业——商业服务与用品

表现排名	分析师姓名	隶属证券公司	评级个股数量（只）	荐股评级次数（次）
1	李俊松	中泰证券	1	8
2	汪达	广发证券	3	6
3	孙妤	招商证券	1	5
4	唐倩	中银国际证券	1	5
5	陆达	上海申银万国证券	1	4
6	濮阳	西南证券	1	4
7	刘文正	安信证券	1	4
8	袁艺博	国金证券	2	4
9	丁琼	国盛证券	2	3
10	周莎	太平洋证券	1	3
11	于旭辉	长江证券	1	3

续表

表现排名	分析师姓名	隶属证券公司	评级个股数量（只）	荐股评级次数（次）
12	李婕	光大证券	1	12
13	周文波	安信证券	3	18
14	唐川	国金证券	2	5
15	谭倩	国海证券	3	9
16	吴劲草	国金证券	2	17
17	彭毅	中泰证券	1	12
18	巨国贤	广发证券	1	8
19	沈晓峰	华泰证券	1	4
20	郭彬	太平洋证券	1	4

表5-80展示了该行业在三年期内基于风险因子调整的可信度分数（risk-factor-adjusted reliability score）的分析师表现排名。可以看出，以风险因子调整的可信度分数为评价指标时，排在前五名的分析师分别是：中泰证券公司的李俊松、广发证券公司的汪达、招商证券公司的孙妤、中银国际证券公司的唐倩以及上海申银万国证券公司的陆达。

表5-80　三年期分析师荐股评级能力评价——风险因子调整的可信度分数
行业：工业——商业服务与用品

表现排名	分析师姓名	隶属证券公司	评级个股数量（只）	荐股评级次数（次）
1	李俊松	中泰证券	1	8
2	汪达	广发证券	3	6
3	孙妤	招商证券	1	5
4	唐倩	中银国际证券	1	5
5	陆达	上海申银万国证券	1	4
6	濮阳	西南证券	1	4
7	刘文正	安信证券	1	4
8	袁艺博	国金证券	2	4
9	丁琼	国盛证券	2	3
10	周莎	太平洋证券	1	3

续表

表现排名	分析师姓名	隶属证券公司	评级个股数量（只）	荐股评级次数（次）
11	于旭辉	长江证券	1	3
12	李婕	光大证券	1	12
13	周文波	安信证券	3	18
14	唐川	国金证券	2	5
15	谭倩	国海证券	3	9
16	吴劲草	国金证券	2	17
17	彭毅	中泰证券	1	12
18	巨国贤	广发证券	1	8
19	沈晓峰	华泰证券	1	4
20	郭彬	太平洋证券	1	4

表 5-81 展示了该行业在三年期内基于风险-经验因子调整的可信度分数（risk-experience-factor-adjusted reliability score）的分析师表现排名。可以看出，以风险-经验因子调整的可信度分数为评价指标时，排在前五名的分析师分别是：中泰证券公司的李俊松、光大证券公司的李婕、广发证券公司的汪达、招商证券公司的孙妤以及中银国际证券公司的唐倩。

表 5-81　三年期分析师荐股评级能力评价——风险-经验因子调整的可信度分数
行业：工业——商业服务与用品

表现排名	分析师姓名	隶属证券公司	评级个股数量（只）	荐股评级次数（次）
1	李俊松	中泰证券	1	8
2	李婕	光大证券	1	12
3	汪达	广发证券	3	6
4	孙妤	招商证券	1	5
5	唐倩	中银国际证券	1	5
6	周文波	安信证券	3	18
7	洪涛	广发证券	5	35
8	陆达	上海申银万国证券	1	4
9	濮阳	西南证券	1	4

续表

表现排名	分析师姓名	隶属证券公司	评级个股数量（只）	荐股评级次数（次）
10	刘文正	安信证券	1	4
11	袁艺博	国金证券	2	4
12	花小伟	中信建投证券	6	52
13	吴劲草	国金证券	2	17
14	丁琼	国盛证券	2	3
15	周莎	太平洋证券	1	3
16	于旭辉	长江证券	1	3
17	揭力	国金证券	4	20
18	徐林锋	华西证券	6	45
19	马莉	东吴证券	4	25
20	彭毅	中泰证券	1	12

5.14.2 五年期

基于表4-2中展示构建的行业评价指标体系，我们对工业——商业服务与用品这一行业在五年样本期内（2015年1月1日至2019年12月31日）的各项指标进行统计计算，并依据各项指标的高低对行业进行排名，结果如图5-28所示。以工业——商业服务与用品行业内的上市公司股票作为荐股评级目标个股的分析师有392位（行业分析师关注度，行业排名第9位），他们来自59家不同的证券公司（行业券商关注度，行业排名第15位），针对该行业内的62只股票（被评个股占比57.94%，行业排名第17位）发布了共计2 996次荐股评级观测（行业评级关注度，行业排名第19位）。该行业的个股平均关注度方面，个股平均评级关注度为48.32，行业排名第19位；个股平均分析师关注度为6.32，行业排名第2位；个股平均券商关注度为0.95，行业排名第7位。最后，该行业荐股评级的平均可信度为0.3775，行业排名第10位。

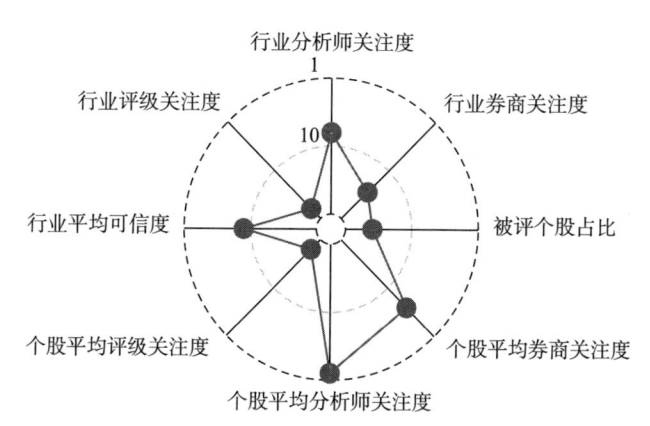

图 5-28　工业——商业服务与用品行业雷达图：2015~2019 年

表 5-82 展示了该行业在五年期内基于平均可信度分数（average reliability score）的分析师表现排名。可以看出，以平均信度分数为评价指标时，排在前五名的分析师分别是：安信证券公司的张妮、招商证券公司的孙妤、中泰证券公司的胡彦超、广发证券公司的汪达以及中银国际证券公司的唐倩。

表 5-82　五年期分析师荐股评级能力评价——平均可信度分数
行业：工业——商业服务与用品

表现排名	分析师姓名	隶属证券公司	评级个股数量（只）	荐股评级次数（次）
1	张妮	安信证券	3	13
2	孙妤	招商证券	1	8
3	胡彦超	中泰证券	1	6
4	汪达	广发证券	3	6
5	唐倩	中银国际证券	1	5
6	何魏伟	国海证券	1	4
7	苏宝亮	国金证券	1	4
8	濮阳	西南证券	1	4
9	刘文正	安信证券	1	4
10	袁艺博	国金证券	2	4
11	安鹏	广发证券	1	3
12	赵海春	国金证券	1	3

续表

表现排名	分析师姓名	隶属证券公司	评级个股数量（只）	荐股评级次数（次）
13	乐加栋	广发证券	1	3
14	丁琼	国盛证券	2	3
15	周莎	太平洋证券	1	3
16	李婕	光大证券	1	15
17	李俊松	中泰证券	1	10
18	彭毅	中泰证券	1	17
19	雷玉	长江证券	2	5
20	唐川	国金证券	2	5

表 5-83 展示了该行业在五年期内基于风险因子调整的可信度分数（risk-factor-adjusted reliability score）的分析师表现排名。可以看出，以风险因子调整的可信度分数为评价指标时，排在前五名的分析师分别是：安信证券公司的张妮、招商证券公司的孙妤、中泰证券公司的胡彦超、广发证券公司的汪达以及中银国际证券公司的唐倩。

表 5-83　五年期分析师荐股评级能力评价——风险因子调整的可信度分数
行业：工业——商业服务与用品

表现排名	分析师姓名	隶属证券公司	评级个股数量（只）	荐股评级次数（次）
1	张妮	安信证券	3	13
2	孙妤	招商证券	1	8
3	胡彦超	中泰证券	1	6
4	汪达	广发证券	3	6
5	唐倩	中银国际证券	1	5
6	何魏伟	国海证券	1	4
7	苏宝亮	国金证券	1	4
8	濮阳	西南证券	1	4
9	刘文正	安信证券	1	4
10	袁艺博	国金证券	2	4
11	安鹏	广发证券	1	3

续表

表现排名	分析师姓名	隶属证券公司	评级个股数量（只）	荐股评级次数（次）
12	赵海春	国金证券	1	3
13	乐加栋	广发证券	1	3
14	丁琼	国盛证券	2	3
15	周莎	太平洋证券	1	3
16	李婕	光大证券	1	15
17	李俊松	中泰证券	1	10
18	彭毅	中泰证券	1	17
19	雷玉	长江证券	2	5
20	唐川	国金证券	2	5

表 5-84 展示了该行业在五年期内基于风险-经验因子调整的可信度分数（risk-experience-factor-adjusted reliability score）的分析师表现排名。可以看出，以风险-经验因子调整的可信度分数为评价指标时，排在前五名的分析师分别是：安信证券公司的张妮、光大证券公司的李婕、招商证券公司的孙妤、广发证券公司的洪涛以及中泰证券公司的胡彦超。

表 5-84　五年期分析师荐股评级能力评价——风险-经验因子调整的可信度分数
行业：工业——商业服务与用品

表现排名	分析师姓名	隶属证券公司	评级个股数量（只）	荐股评级次数（次）
1	张妮	安信证券	3	13
2	李婕	光大证券	1	15
3	孙妤	招商证券	1	8
4	洪涛	广发证券	8	70
5	胡彦超	中泰证券	1	6
6	汪达	广发证券	3	6
7	唐倩	中银国际证券	1	5
8	李俊松	中泰证券	1	10
9	彭毅	中泰证券	1	17
10	何魏伟	国海证券	1	4

续表

表现排名	分析师姓名	隶属证券公司	评级个股数量（只）	荐股评级次数（次）
11	苏宝亮	国金证券	1	4
12	濮阳	西南证券	1	4
13	刘文正	安信证券	1	4
14	袁艺博	国金证券	2	4
15	花小伟	中信建投证券	12	89
16	吴劲草	国金证券	2	17
17	安鹏	广发证券	1	3
18	赵海春	国金证券	1	3
19	乐加栋	广发证券	1	3
20	丁琼	国盛证券	2	3

5.15 资本品

5.15.1 三年期

基于表4-2中展示构建的行业评价指标体系，我们对工业——资本品这一行业在三年样本期内（2017年1月1日至2019年12月31日）的各项指标进行统计计算，并依据各项指标的高低对行业进行排名，结果如图5-29所示。以工业——资本品行业内的上市公司股票作为荐股评级目标个股的分析师有715位（行业分析师关注度，行业排名第1位），他们来自68家不同的证券公司（行业券商关注度，行业排名第1位），针对该行业内的422只股票（被评个股占比54.17%，行业排名第16位）发布了共计18 513次荐股评级观测（行业评级关注度，行业排名第1位）。该行业的个股平均关注度方面，个股平均评级关注度为43.87，行业排名第14位；个股平均分析师关注度为1.69，行业排名第18位；个股平均券商关注度为0.16，行业排名第20位。最后，该行业荐股评级的平均可信度为0.3438，行业排名第12位。

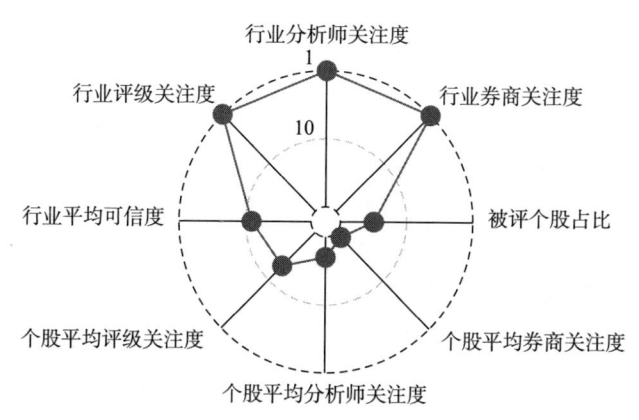

图 5-29　工业——资本品行业雷达图：2017~2019 年

表 5-85 展示了该行业在三年期内基于平均可信度分数（average reliability score）的分析师表现排名。可以看出，以平均信度分数为评价指标时，排在前五名的分析师分别是：太平洋证券公司的白宇、国金证券公司的孙春旭、中信证券公司的宋韶灵、国海证券公司的苏立赞以及东方证券公司的陈宇哲。

表 5-85　三年期分析师荐股评级能力评价——平均可信度分数
行业：工业——资本品

表现排名	分析师姓名	隶属证券公司	评级个股数量（只）	荐股评级次数（次）
1	白宇	太平洋证券	5	11
2	孙春旭	国金证券	2	10
3	宋韶灵	中信证券	4	8
4	苏立赞	国海证券	4	5
5	陈宇哲	东方证券	1	4
6	傅畅畅	东方证券	3	4
7	钱佳佳	海通证券	1	4
8	胡又文	安信证券	1	4
9	宝幼琛	国海证券	1	4
10	孙明新	中信证券	2	4
11	郑宏达	海通证券	1	3
12	谢鸿鹤	中信建投证券	1	3

续表

表现排名	分析师姓名	隶属证券公司	评级个股数量（只）	荐股评级次数（次）
13	陈子仪	海通证券	1	3
14	蔡益润	广发证券	2	3
15	莫文宇	长江证券	2	3
16	刘高畅	国盛证券	1	3
17	冯键嵘	招银国际证券	2	3
18	戚舒扬	华西证券	1	3
19	张书铭	东方证券	6	12
20	肖索	华金证券	3	7

表5-86展示了该行业在三年期内基于风险因子调整的可信度分数（risk-factor-adjusted reliability score）的分析师表现排名。可以看出，以风险因子调整的可信度分数为评价指标时，排在前五名的分析师分别是：太平洋证券公司的白宇、国金证券公司的孙春旭、中信证券公司的宋韶灵、国海证券公司的苏立赞以及东方证券公司的陈宇哲。

表5-86　三年期分析师荐股评级能力评价——风险因子调整的可信度分数
行业：工业——资本品

表现排名	分析师姓名	隶属证券公司	评级个股数量（只）	荐股评级次数（次）
1	白宇	太平洋证券	5	11
2	孙春旭	国金证券	2	10
3	宋韶灵	中信证券	4	8
4	苏立赞	国海证券	4	5
5	陈宇哲	东方证券	1	4
6	傅畅畅	东方证券	3	4
7	钱佳佳	海通证券	1	4
8	胡又文	安信证券	1	4
9	宝幼琛	国海证券	1	4
10	孙明新	中信证券	2	4
11	郑宏达	海通证券	1	3

续表

表现排名	分析师姓名	隶属证券公司	评级个股数量（只）	荐股评级次数（次）
12	谢鸿鹤	中信建投证券	1	3
13	陈子仪	海通证券	1	3
14	蔡益润	广发证券	2	3
15	莫文宇	长江证券	2	3
16	刘高畅	国盛证券	1	3
17	冯键嵘	招银国际证券	2	3
18	戚舒扬	华西证券	1	3
19	张书铭	东方证券	6	12
20	肖索	华金证券	3	7

表 5-87 展示了该行业在三年期内基于风险-经验因子调整的可信度分数（risk-experience-factor-adjusted reliability score）的分析师表现排名。可以看出，以风险-经验因子调整的可信度分数为评价指标时，排在前五名的分析师分别是：太平洋证券公司的白宇、国金证券公司的孙春旭、中信证券公司的宋韶灵、广发证券公司的罗立波以及安信证券公司的邓永康。

表 5-87　三年期分析师荐股评级能力评价——风险-经验因子调整的可信度分数
行业：工业——资本品

表现排名	分析师姓名	隶属证券公司	评级个股数量（只）	荐股评级次数（次）
1	白宇	太平洋证券	5	11
2	孙春旭	国金证券	2	10
3	宋韶灵	中信证券	4	8
4	罗立波	广发证券	42	281
5	邓永康	安信证券	32	169
6	钱建江	太平洋证券	16	97
7	韩晨	粤开证券	17	46
8	邬博华	长江证券	22	82
9	苏立赞	国海证券	4	5

续表

表现排名	分析师姓名	隶属证券公司	评级个股数量（只）	荐股评级次数（次）
10	冯福章	安信证券	15	69
11	王华君	国金证券	36	255
12	吕娟	中信建投证券	44	241
13	李哲	安信证券	24	52
14	陈子坤	广发证券	16	76
15	张书铭	东方证券	6	12
16	陈宇哲	东方证券	1	4
17	傅畅畅	东方证券	3	4
18	钱佳佳	海通证券	1	4
19	胡又文	安信证券	1	4
20	宝幼琛	国海证券	1	4

5.15.2 五年期

基于表4-2中展示构建的行业评价指标体系，我们对工业——资本品这一行业在五年样本期内（2015年1月1日至2019年12月31日）的各项指标进行统计计算，并依据各项指标的高低对行业进行排名，结果如图5-30所示。以工业——资本品行业内的上市公司股票作为荐股评级目标个股的分析师有968位（行业分析师关注度，行业排名第1位），他们来自76家不同的证券公司（行业券商关注度，行业排名第1位），针对该行业内的474只股票（被评个股占比60.85%，行业排名第16位）发布了共计28 173次荐股评级观测（行业评级关注度，行业排名第1位）。该行业的个股平均关注度方面，个股平均评级关注度为59.44，行业排名第16位；个股平均分析师关注度为2.04，行业排名第18位；个股平均券商关注度为0.16，行业排名第20位。最后，该行业荐股评级的平均可信度为0.3662，行业排名第11位。

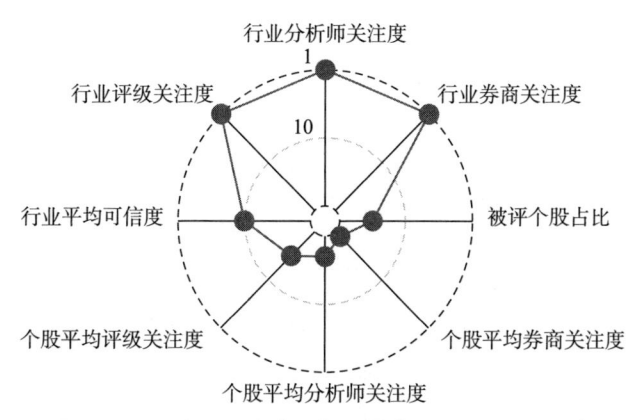

图 5-30　工业——资本品行业雷达图：2015~2019 年

表 5-88 展示了该行业在五年期内基于平均可信度分数（average reliability score）的分析师表现排名。可以看出，以平均信度分数为评价指标时，排在前五名的分析师分别是：太平洋证券公司的白宇、国金证券公司的孙春旭、中信证券公司的刘建义、中信证券公司的宋韶灵以及中信证券公司的曾豪。

表 5-88　　五年期分析师荐股评级能力评价——平均可信度分数
行业：工业——资本品

表现排名	分析师姓名	隶属证券公司	评级个股数量（只）	荐股评级次数（次）
1	白宇	太平洋证券	5	11
2	孙春旭	国金证券	2	10
3	刘建义	中信证券	2	9
4	宋韶灵	中信证券	4	8
5	曾豪	中信证券	1	6
6	胡又文	安信证券	2	6
7	徐柏乔	海通证券	5	5
8	苏立赞	国海证券	4	5
9	解文杰	东北证券	2	4
10	顾建国	光大证券	1	4
11	马鹏清	国金证券	1	4
12	陈宇哲	东方证券	1	4

续表

表现排名	分析师姓名	隶属证券公司	评级个股数量（只）	荐股评级次数（次）
13	傅畅畅	东方证券	3	4
14	钱佳佳	海通证券	1	4
15	宝幼琛	国海证券	1	4
16	孙明新	中信证券	2	4
17	王晶晶	招商证券	2	3
18	徐建花	东方证券	1	3
19	黄磊	招商证券	1	3
20	钟奇	海通证券	2	3

表5-89展示了该行业在五年期内基于风险因子调整的可信度分数（risk-factor-adjusted reliability score）的分析师表现排名。可以看出，以风险因子调整的可信度分数为评价指标时，排在前五名的分析师分别是：太平洋证券公司的白宇、国金证券公司的孙春旭、中信证券公司的刘建义、中信证券公司的宋韶灵以及中信证券公司的曾豪。

表5-89 五年期分析师荐股评级能力评价——风险因子调整的可信度分数
行业：工业——资本品

表现排名	分析师姓名	隶属证券公司	评级个股数量（只）	荐股评级次数（次）
1	白宇	太平洋证券	5	11
2	孙春旭	国金证券	2	10
3	刘建义	中信证券	2	9
4	宋韶灵	中信证券	4	8
5	曾豪	中信证券	1	6
6	胡又文	安信证券	2	6
7	徐柏乔	海通证券	5	5
8	苏立赞	国海证券	4	5
9	解文杰	东北证券	2	4
10	顾建国	光大证券	1	4
11	马鹏清	国金证券	1	4

续表

表现排名	分析师姓名	隶属证券公司	评级个股数量（只）	荐股评级次数（次）
12	陈宇哲	东方证券	1	4
13	傅畅畅	东方证券	3	4
14	钱佳佳	海通证券	1	4
15	宝幼琛	国海证券	1	4
16	孙明新	中信证券	2	4
17	王晶晶	招商证券	2	3
18	徐建花	东方证券	1	3
19	黄磊	招商证券	1	3
20	钟奇	海通证券	2	3

表 5-90 展示了该行业在五年期内基于风险-经验因子调整的可信度分数（risk-experience-factor-adjusted reliability score）的分析师表现排名。可以看出，以风险-经验因子调整的可信度分数为评价指标时，排在前五名的分析师分别是：太平洋证券公司的白宇、国金证券公司的孙春旭、中信证券公司的刘建义、广发证券公司的罗立波以及中信证券公司的宋韶灵。

表 5-90　五年期分析师荐股评级能力评价——风险-经验因子调整的可信度分数
行业：工业——资本品

表现排名	分析师姓名	隶属证券公司	评级个股数量（只）	荐股评级次数（次）
1	白宇	太平洋证券	5	11
2	孙春旭	国金证券	2	10
3	刘建义	中信证券	2	9
4	罗立波	广发证券	49	415
5	宋韶灵	中信证券	4	8
6	邬博华	长江证券	39	220
7	曾朵红	东吴证券	36	337
8	邓永康	安信证券	32	169
9	钱建江	太平洋证券	16	97
10	曾豪	中信证券	1	6

续表

表现排名	分析师姓名	隶属证券公司	评级个股数量（只）	荐股评级次数（次）
11	胡又文	安信证券	2	6
12	范超	长江证券	64	190
13	韩晨	粤开证券	17	46
14	张乐	广发证券	6	64
15	杨涛	国盛证券	27	108
16	姚遥	广发证券	49	229
17	徐柏乔	海通证券	5	5
18	苏立赞	国海证券	4	5
19	王书伟	安信证券	58	225
20	童飞	长江证券	12	94

5.16 电信服务与设备

5.16.1 三年期

基于表4-2中展示构建的行业评价指标体系，我们对电信业务——电信服务与设备这一行业在三年样本期内（2017年1月1日至2019年12月31日）的各项指标进行统计计算，并依据各项指标的高低对行业进行排名，结果如图5-31所示。以电信业务——电信服务与设备行业内的上市公司股票作为荐股评级目标个股的分析师有211位（行业分析师关注度，行业排名第10位），他们来自59家不同的证券公司（行业券商关注度，行业排名第10位），针对该行业内的50只股票（被评个股占比54.35%，行业排名第15位）发布了共计2 599次荐股评级观测（行业评级关注度，行业排名第14位）。该行业的个股平均关注度方面，个股平均评级关注度为51.98，行业排名第8位；个股平均分析师关注度为4.22，行业排名第4位；个股平均券商关注度为1.18，行业排名第4位。最后，该行业荐股评级的平均可信度为0.4409，行业排名第4位。

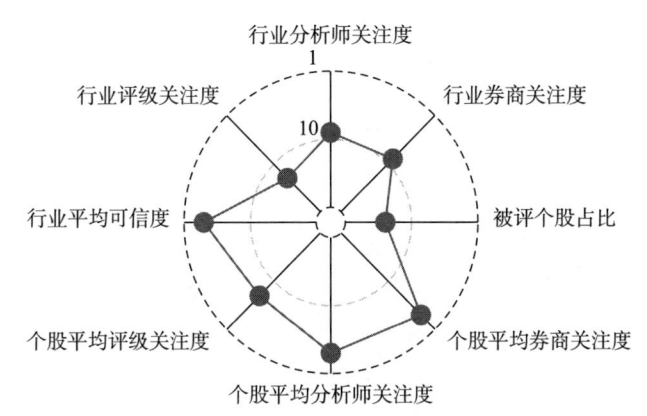

图 5-31　电信业务——电信服务与设备行业雷达图：2017~2019 年

表 5-91 展示了该行业在三年期内基于平均可信度分数（average reliability score）的分析师表现排名。可以看出，以平均信度分数为评价指标时，排在前五名的分析师分别是：中信证券公司的徐涛、安信证券公司的衡昆、群益证券公司的李天凡、华西证券公司的孙远峰以及国元证券公司的刘单于。

表 5-91　三年期分析师荐股评级能力评价——平均可信度分数
行业：电信业务——电信服务与设备

表现排名	分析师姓名	隶属证券公司	评级个股数量（只）	荐股评级次数（次）
1	徐涛	中信证券	1	7
2	衡昆	安信证券	4	4
3	李天凡	群益证券	3	4
4	孙远峰	华西证券	2	3
5	刘单于	国元证券	1	3
6	唐川	国金证券	2	14
7	于海宁	长江证券	6	32
8	何婧雯	东方证券	1	10
9	夏庐生	安信证券	7	30
10	陈杭	方正证券	2	5
11	吴友文	中泰证券	10	72
12	王凤华	粤开证券	3	4

续表

表现排名	分析师姓名	隶属证券公司	评级个股数量（只）	荐股评级次数（次）
13	李伟	中泰证券	9	25
14	周炎	招商证券	5	39
15	农冰立	天风证券	2	10
16	陈宁玉	中泰证券	7	13
17	潘暕	天风证券	4	31
18	许兴军	广发证券	5	12
19	黎韬扬	中信建投证券	2	6
20	刘晓宁	上海申银万国证券	1	3

表5-92展示了该行业在三年期内基于风险因子调整的可信度分数（risk-factor-adjusted reliability score）的分析师表现排名。可以看出，以风险因子调整的可信度分数为评价指标时，排在前五名的分析师分别是：中信证券公司的徐涛、安信证券公司的衡昆、群益证券公司的李天凡、华西证券公司的孙远峰以及国元证券公司的刘单于。

表5-92 三年期分析师荐股评级能力评价——风险因子调整的可信度分数
行业：电信业务——电信服务与设备

表现排名	分析师姓名	隶属证券公司	评级个股数量（只）	荐股评级次数（次）
1	徐涛	中信证券	1	7
2	衡昆	安信证券	4	4
3	李天凡	群益证券	3	4
4	孙远峰	华西证券	2	3
5	刘单于	国元证券	1	3
6	唐川	国金证券	2	14
7	于海宁	长江证券	6	32
8	何婧雯	东方证券	1	10
9	夏庐生	安信证券	7	30
10	吴友文	中泰证券	10	72
11	陈杭	方正证券	2	5

续表

表现排名	分析师姓名	隶属证券公司	评级个股数量（只）	荐股评级次数（次）
12	周炎	招商证券	5	39
13	李伟	中泰证券	9	25
14	王凤华	粤开证券	3	4
15	农冰立	天风证券	2	10
16	陈宁玉	中泰证券	7	13
17	潘暕	天风证券	4	31
18	程桑彦	中银国际证券	7	35
19	许兴军	广发证券	5	12
20	胡又文	安信证券	3	14

表 5-93 展示了该行业在三年期内基于风险-经验因子调整的可信度分数（risk-experience-factor-adjusted reliability score）的分析师表现排名。可以看出，以风险-经验因子调整的可信度分数为评价指标时，排在前五名的分析师分别是：长江证券公司的于海宁、中泰证券公司的吴友文、国金证券公司的唐川、海通证券公司的朱劲松以及中信证券公司的徐涛。

表 5-93 三年期分析师荐股评级能力评价——风险-经验因子调整的可信度分数
行业：电信业务——电信服务与设备

表现排名	分析师姓名	隶属证券公司	评级个股数量（只）	荐股评级次数（次）
1	于海宁	长江证券	6	32
2	吴友文	中泰证券	10	72
3	唐川	国金证券	2	14
4	朱劲松	海通证券	13	104
5	徐涛	中信证券	1	7
6	夏庐生	安信证券	7	30
7	周炎	招商证券	5	39
8	王林	华泰证券	16	94
9	何婧雯	东方证券	1	10

续表

表现排名	分析师姓名	隶属证券公司	评级个股数量（只）	荐股评级次数（次）
10	唐海清	天风证券	22	102
11	程桑彦	中银国际证券	7	35
12	衡昆	安信证券	4	4
13	李天凡	群益证券	3	4
14	田明华	光大证券	9	40
15	潘暕	天风证券	4	31
16	李伟	中泰证券	9	25
17	周明	华泰证券	9	61
18	程成	国信证券	15	145
19	马军	方正证券	12	81
20	石崎良	光大证券	8	33

5.16.2 五年期

基于表4-2中展示构建的行业评价指标体系，我们对电信业务——电信服务与设备这一行业在五年样本期内（2015年1月1日至2019年12月31日）的各项指标进行统计计算，并依据各项指标的高低对行业进行排名，结果如图5-32所示。以电信业务——电信服务与设备行业内的上市公司股票作为荐股评级目标个股的分析师有279位（行业分析师关注度，行业排名第10位），他们来自62家不同的证券公司（行业券商关注度，行业排名第11位），针对该行业内的58只股票（被评个股占比63.04%，行业排名第15位）发布了共计4 044次荐股评级观测（行业评级关注度，行业排名第14位）。该行业的个股平均关注度方面，个股平均评级关注度为69.72，行业排名第9位；个股平均分析师关注度为4.81，行业排名第4位；个股平均券商关注度为1.07，行业排名第5位。最后，该行业荐股评级的平均可信度为0.4246，行业排名第5位。

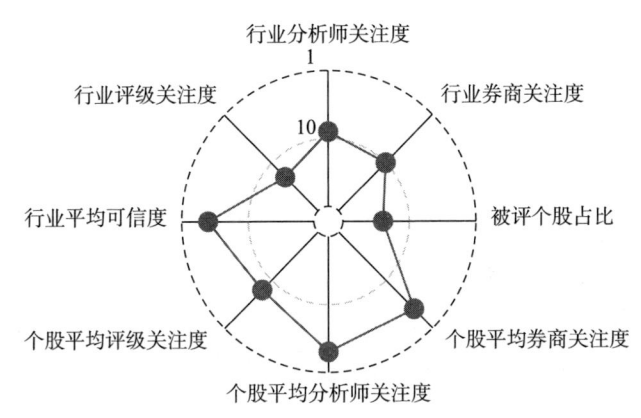

图 5-32　电信业务——电信服务与设备行业雷达图：2015~2019 年

表 5-94 展示了该行业在五年期内基于平均可信度分数（average reliability score）的分析师表现排名。可以看出，以平均信度分数为评价指标时，排在前五名的分析师分别是：中信证券公司的徐涛、中国中投证券公司的张镭、安信证券公司的衡昆、群益证券公司的李天凡以及东兴证券公司的罗柏言。

表 5-94　五年期分析师荐股评级能力评价——平均可信度分数
行业：电信业务——电信服务与设备

表现排名	分析师姓名	隶属证券公司	评级个股数量（只）	荐股评级次数（次）
1	徐涛	中信证券	1	7
2	张镭	中国中投证券	3	6
3	衡昆	安信证券	4	4
4	李天凡	群益证券	3	4
5	罗柏言	东兴证券	2	3
6	张磊	广州广证恒生证券	2	3
7	文浩	天风证券	3	3
8	孙远峰	华西证券	2	3
9	刘单于	国元证券	1	3
10	马先文	长江证券	7	15
11	唐川	国金证券	2	14
12	于海宁	长江证券	7	36

续表

表现排名	分析师姓名	隶属证券公司	评级个股数量（只）	荐股评级次数（次）
13	何婧雯	东方证券	1	10
14	张学	太平洋证券	3	6
15	柳士威	安信证券	6	15
16	顾建国	光大证券	5	5
17	陈杭	方正证券	2	5
18	夏庐生	安信证券	8	32
19	罗聪	招商证券	2	4
20	徐志国	海通证券	3	4

表5-95展示了该行业在五年期内基于风险因子调整的可信度分数（risk-factor-adjusted reliability score）的分析师表现排名。可以看出，以风险因子调整的可信度分数为评价指标时，排在前五名的分析师分别是：中信证券公司的徐涛、中国中投证券公司的张镭、安信证券公司的衡昆、群益证券公司的李天凡以及东兴证券公司的罗柏言。

表5-95 五年期分析师荐股评级能力评价——风险因子调整的可信度分数
行业：电信业务——电信服务与设备

表现排名	分析师姓名	隶属证券公司	评级个股数量（只）	荐股评级次数（次）
1	徐涛	中信证券	1	7
2	张镭	中国中投证券	3	6
3	衡昆	安信证券	4	4
4	李天凡	群益证券	3	4
5	罗柏言	东兴证券	2	3
6	张磊	广州广证恒生证券	2	3
7	文浩	天风证券	3	3
8	孙远峰	华西证券	2	3
9	刘单于	国元证券	1	3
10	马先文	长江证券	7	15
11	唐川	国金证券	2	14

续表

表现排名	分析师姓名	隶属证券公司	评级个股数量（只）	荐股评级次数（次）
12	于海宁	长江证券	7	36
13	何婧雯	东方证券	1	10
14	张学	太平洋证券	3	6
15	柳士威	安信证券	6	15
16	顾建国	光大证券	5	5
17	陈杭	方正证券	2	5
18	夏庐生	安信证券	8	32
19	吴友文	中泰证券	11	85
20	胡又文	安信证券	3	17

表5-96展示了该行业在五年期内基于风险-经验因子调整的可信度分数（risk-experience-factor-adjusted reliability score）的分析师表现排名。可以看出，以风险-经验因子调整的可信度分数为评价指标时，排在前五名的分析师分别是：长江证券公司的于海宁、中泰证券公司的吴友文、长江证券公司的马先文、国金证券公司的唐川以及中信证券公司的徐涛。

表5-96　五年期分析师荐股评级能力评价——风险-经验因子调整的可信度分数
　　　　行业：电信业务——电信服务与设备

表现排名	分析师姓名	隶属证券公司	评级个股数量（只）	荐股评级次数（次）
1	于海宁	长江证券	7	36
2	吴友文	中泰证券	11	85
3	马先文	长江证券	7	15
4	唐川	国金证券	2	14
5	徐涛	中信证券	1	7
6	周炎	招商证券	7	65
7	朱劲松	海通证券	17	154
8	张镭	中国中投证券	3	6
9	李伟	中泰证券	17	66
10	夏庐生	安信证券	8	32

续表

表现排名	分析师姓名	隶属证券公司	评级个股数量（只）	荐股评级次数（次）
11	胡路	长江证券	16	137
12	王林	华泰证券	17	111
13	何婧雯	东方证券	1	10
14	唐海清	天风证券	28	220
15	马军	方正证券	14	115
16	程成	国信证券	17	191
17	田明华	光大证券	12	65
18	周明	华泰证券	11	101
19	程桑彦	中银国际证券	7	35
20	衡昆	安信证券	4	4

5.17 能源

5.17.1 三年期

基于表4-2中展示构建的行业评价指标体系，我们对能源——能源这一行业在三年样本期内（2017年1月1日至2019年12月31日）的各项指标进行统计计算，并依据各项指标的高低对行业进行排名，结果如图5-33所示。以能源——能源行业内的上市公司股票作为荐股评级目标个股的分析师有191位（行业分析师关注度，行业排名第11位），他们来自54家不同的证券公司（行业券商关注度，行业排名第14位），针对该行业内的60只股票（被评个股占比77.92%，行业排名第5位）发布了共计2 850次荐股评级观测（行业评级关注度，行业排名第13位）。该行业的个股平均关注度方面，个股平均评级关注度为47.50，行业排名第11位；个股平均分析师关注度为3.18，行业排名第8位；个股平均券商关注度为0.90，行业排名第8位。最后，该行业荐股评级的平均可信度为0.3175，行业排名第14位。

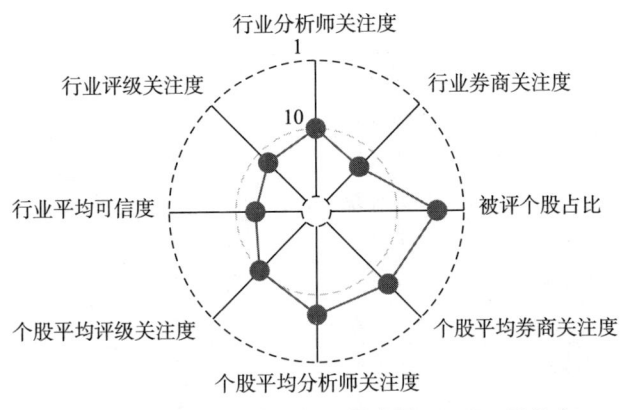

图 5-33　能源——能源行业雷达图：2017～2019 年

表 5-97 展示了该行业在三年期内基于平均可信度分数（average reliability score）的分析师表现排名。可以看出，以平均信度分数为评价指标时，排在前五名的分析师分别是：太平洋证券公司的钱建江、中泰证券公司的刘昭亮、国金证券公司的朱荣华、万联证券公司的宋江波以及中信建投证券公司的陈兵。

表 5-97　三年期分析师荐股评级能力评价——平均可信度分数
行业：能源——能源

表现排名	分析师姓名	隶属证券公司	评级个股数量（只）	荐股评级次数（次）
1	钱建江	太平洋证券	1	4
2	刘昭亮	中泰证券	3	3
3	朱荣华	国金证券	1	3
4	宋江波	万联证券	1	3
5	陈兵	中信建投证券	3	10
6	诸凯	招商证券	1	8
7	刘芷君	广发证券	4	13
8	满在朋	国元证券	2	6
9	贺泽安	国信证券	1	5
10	李哲	安信证券	2	5
11	闵琳佳	中银国际证券	2	4

续表

表现排名	分析师姓名	隶属证券公司	评级个股数量（只）	荐股评级次数（次）
12	王华君	国金证券	6	42
13	唐凯	东北证券	6	6
14	钟帅	天风证券	1	6
15	韩振国	方正证券	2	3
16	袁善宸	安信证券	3	3
17	任天辉	东兴证券	1	3
18	黎韬扬	中信建投证券	1	3
19	吴杰	海通证券	18	41
20	杨绍辉	中银国际证券	3	14

表5-98展示了该行业在三年期内基于风险因子调整的可信度分数（risk-factor-adjusted reliability score）的分析师表现排名。可以看出，以风险因子调整的可信度分数为评价指标时，排在前五名的分析师分别是：太平洋证券公司的钱建江、中泰证券公司的刘昭亮、国金证券公司的朱荣华、万联证券公司的宋江波以及中信建投证券公司的陈兵。

表5-98　三年期分析师荐股评级能力评价——风险因子调整的可信度分数

行业：能源——能源

表现排名	分析师姓名	隶属证券公司	评级个股数量（只）	荐股评级次数（次）
1	钱建江	太平洋证券	1	4
2	刘昭亮	中泰证券	3	3
3	朱荣华	国金证券	1	3
4	宋江波	万联证券	1	3
5	陈兵	中信建投证券	3	10
6	诸凯	招商证券	1	8
7	刘芷君	广发证券	4	13
8	满在朋	国元证券	2	6
9	贺泽安	国信证券	1	5
10	李哲	安信证券	2	5

续表

表现排名	分析师姓名	隶属证券公司	评级个股数量（只）	荐股评级次数（次）
11	闵琳佳	中银国际证券	2	4
12	王华君	国金证券	6	42
13	吴杰	海通证券	18	41
14	杨绍辉	中银国际证券	3	14
15	唐凯	东北证券	6	6
16	钟帅	天风证券	1	6
17	赵辰	东方证券	3	19
18	衡昆	安信证券	14	31
19	笃慧	中泰证券	11	31
20	李锋	浙商证券	2	8

表5-99展示了该行业在三年期内基于风险-经验因子调整的可信度分数（risk-experience-factor-adjusted reliability score）的分析师表现排名。可以看出，以风险-经验因子调整的可信度分数为评价指标时，排在前五名的分析师分别是：国金证券公司的王华君、太平洋证券公司的钱建江、中信建投证券公司的陈兵、海通证券公司的吴杰以及广发证券公司的刘芷君。

表5-99 三年期分析师荐股评级能力评价——风险-经验因子调整的可信度分数
行业：能源——能源

表现排名	分析师姓名	隶属证券公司	评级个股数量（只）	荐股评级次数（次）
1	王华君	国金证券	6	42
2	钱建江	太平洋证券	1	4
3	陈兵	中信建投证券	3	10
4	吴杰	海通证券	18	41
5	刘芷君	广发证券	4	13
6	刘昭亮	中泰证券	3	3
7	朱荣华	国金证券	1	3
8	宋江波	万联证券	1	3

续表

表现排名	分析师姓名	隶属证券公司	评级个股数量（只）	荐股评级次数（次）
9	周泰	安信证券	26	200
10	陈显帆	东吴证券	5	35
11	诸凯	招商证券	1	8
12	沈涛	广发证券	22	154
13	衡昆	安信证券	14	31
14	笃慧	中泰证券	11	31
15	邓勇	海通证券	10	57
16	卢平	招商证券	26	133
17	翟堃	国泰君安证券	21	64
18	李俊松	中泰证券	27	170
19	赵辰	东方证券	3	19
20	祖国鹏	中信证券	27	124

5.17.2 五年期

基于表4-2中展示构建的行业评价指标体系，我们对能源——能源这一行业在五年样本期内（2015年1月1日至2019年12月31日）的各项指标进行统计计算，并依据各项指标的高低对行业进行排名，结果如图5-34所示。以能源——能源行业内的上市公司股票作为荐股评级目标个股的分析师有237位（行业分析师关注度，行业排名第14位），他们来自59家不同的证券公司（行业券商关注度，行业排名第15位），针对该行业内的68只股票（被评个股占比88.31%，行业排名第4位）发布了共计4049次荐股评级观测（行业评级关注度，行业排名第13位）。该行业的个股平均关注度方面，个股平均评级关注度为59.54，行业排名第15位；个股平均分析师关注度为3.49，行业排名第10位；个股平均券商关注度为0.87，行业排名第8位。最后，该行业荐股评级的平均可信度为0.3280，行业排名第17位。

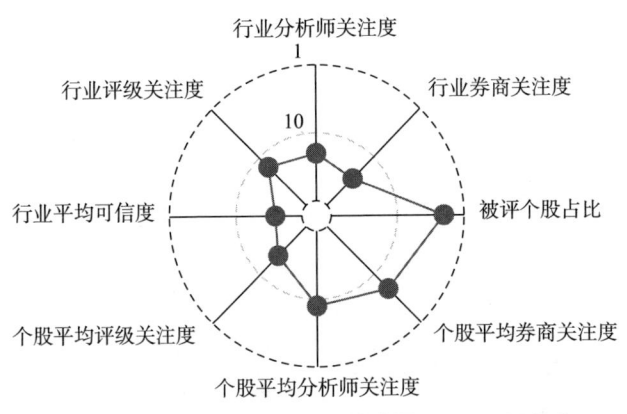

图 5-34 能源——能源行业雷达图：2015~2019 年

表 5-100 展示了该行业在五年期内基于平均可信度分数（average reliability score）的分析师表现排名。可以看出，以平均信度分数为评价指标时，排在前五名的分析师分别是：太平洋证券公司的钱建江、国金证券公司的朱荣华、万联证券公司的宋江波、中信建投证券公司的陈兵以及招商证券公司的诸凯。

表 5-100　五年期分析师荐股评级能力评价——平均可信度分数
行业：能源——能源

表现排名	分析师姓名	隶属证券公司	评级个股数量（只）	荐股评级次数（次）
1	钱建江	太平洋证券	1	4
2	朱荣华	国金证券	1	3
3	宋江波	万联证券	1	3
4	陈兵	中信建投证券	3	10
5	诸凯	招商证券	1	8
6	刘昭亮	中泰证券	16	38
7	满在朋	国元证券	2	6
8	贺泽安	国信证券	1	5
9	李哲	安信证券	2	5
10	刘芷君	广发证券	5	16
11	孙灿	国金证券	3	4

续表

表现排名	分析师姓名	隶属证券公司	评级个股数量（只）	荐股评级次数（次）
12	闵琳佳	中银国际证券	4	7
13	朱洪波	海通证券	5	7
14	王华君	国金证券	6	42
15	杨绍辉	中银国际证券	3	18
16	杨伟	太平洋证券	3	6
17	唐凯	东北证券	6	6
18	钟帅	天风证券	1	6
19	韩振国	方正证券	2	3
20	袁善宸	安信证券	3	3

表5-101展示了该行业在五年期内基于风险因子调整的可信度分数（risk-factor-adjusted reliability score）的分析师表现排名。可以看出，以风险因子调整的可信度分数为评价指标时，排在前五名的分析师分别是：太平洋证券公司的钱建江、国金证券公司的朱荣华、万联证券公司的宋江波、中信建投证券公司的陈兵以及招商证券公司的诸凯。

表5-101 五年期分析师荐股评级能力评价——风险因子调整的可信度分数
行业：能源——能源

表现排名	分析师姓名	隶属证券公司	评级个股数量（只）	荐股评级次数（次）
1	钱建江	太平洋证券	1	4
2	朱荣华	国金证券	1	3
3	宋江波	万联证券	1	3
4	陈兵	中信建投证券	3	10
5	诸凯	招商证券	1	8
6	刘昭亮	中泰证券	16	38
7	满在朋	国元证券	2	6
8	贺泽安	国信证券	1	5
9	李哲	安信证券	2	5
10	刘芷君	广发证券	5	16

续表

表现排名	分析师姓名	隶属证券公司	评级个股数量（只）	荐股评级次数（次）
11	孙灿	国金证券	3	4
12	王华君	国金证券	6	42
13	闵琳佳	中银国际证券	4	7
14	朱洪波	海通证券	5	7
15	杨绍辉	中银国际证券	3	18
16	衡昆	安信证券	17	36
17	杨伟	太平洋证券	3	6
18	唐凯	东北证券	6	6
19	钟帅	天风证券	1	6
20	赵辰	东方证券	3	34

表 5-102 展示了该行业在五年期内基于风险-经验因子调整的可信度分数（risk-experience-factor-adjusted reliability score）的分析师表现排名。可以看出，以风险-经验因子调整的可信度分数为评价指标时，排在前五名的分析师分别是：中泰证券公司的刘昭亮、海通证券公司的吴杰、国金证券公司的王华君、太平洋证券公司的钱建江以及中信建投证券公司的陈兵。

表 5-102　五年期分析师荐股评级能力评价——风险-经验因子调整的可信度分数
行业：能源——能源

表现排名	分析师姓名	隶属证券公司	评级个股数量（只）	荐股评级次数（次）
1	刘昭亮	中泰证券	16	38
2	吴杰	海通证券	23	76
3	王华君	国金证券	6	42
4	钱建江	太平洋证券	1	4
5	陈兵	中信建投证券	3	10
6	邓勇	海通证券	20	136
7	朱荣华	国金证券	1	3
8	宋江波	万联证券	1	3
9	衡昆	安信证券	17	36

续表

表现排名	分析师姓名	隶属证券公司	评级个股数量（只）	荐股评级次数（次）
10	王鹤涛	长江证券	20	48
11	赵辰	东方证券	3	34
12	周泰	安信证券	27	215
13	陈显帆	东吴证券	6	40
14	沈涛	广发证券	27	203
15	诸凯	招商证券	1	8
16	笃慧	中泰证券	11	31
17	刘芷君	广发证券	5	16
18	卢平	招商证券	27	187
19	董辰	长江证券	22	82
20	祖国鹏	中信证券	29	157

5.18 其他金融

5.18.1 三年期

基于表4-2中展示构建的行业评价指标体系，我们对金融地产——其他金融这一行业在三年样本期内（2017年1月1日至2019年12月31日）的各项指标进行统计计算，并依据各项指标的高低对行业进行排名，结果如图5-35所示。以金融地产——其他金融行业内的上市公司股票作为荐股评级目标个股的分析师有166位（行业分析师关注度，行业排名第13位），他们来自55家不同的证券公司（行业券商关注度，行业排名第12位），针对该行业内的67只股票（被评个股占比80.72%，行业排名第4位）发布了共计3 446次荐股评级观测（行业评级关注度，行业排名第11位）。该行业的个股平均关注度方面，个股平均评级关注度为51.43，行业排名第10位；个股平均分析师关注度为2.48，行业排名第12位；个股平均券商关注度为0.82，行业排名第9位。最后，该行业荐股评级的平均可信度为0.3096，行业排名第16位。

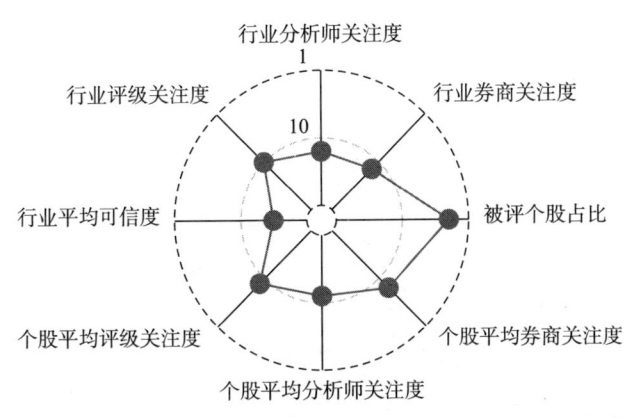

图 5-35　金融地产——其他金融行业雷达图：2017~2019 年

表 5-103 展示了该行业在三年期内基于平均可信度分数（average reliability score）的分析师表现排名。可以看出，以平均信度分数为评价指标时，排在前五名的分析师分别是：安信证券公司的胡又文、天风证券公司的沈海兵、中泰证券公司的谢春生、中信证券公司的刘雯蜀以及华泰证券公司的郭雅丽。

表 5-103　三年期分析师荐股评级能力评价——平均可信度分数
行业：金融地产——其他金融

表现排名	分析师姓名	隶属证券公司	评级个股数量（只）	荐股评级次数（次）
1	胡又文	安信证券	1	13
2	沈海兵	天风证券	1	8
3	谢春生	中泰证券	1	5
4	刘雯蜀	中信证券	1	5
5	郭雅丽	华泰证券	1	5
6	吴友文	中银国际证券	1	4
7	石泽蕤	中信建投证券	1	4
8	方采薇	爱建证券	2	4
9	王刚	华金证券	2	3
10	刘洋	上海申银万国证券	1	3
11	刘慧慧	长江证券	1	3

续表

表现排名	分析师姓名	隶属证券公司	评级个股数量（只）	荐股评级次数（次）
12	刘高畅	国盛证券	1	3
13	王胜	上海申银万国证券	4	6
14	杨思睿	中银国际证券	1	6
15	闻学臣	中泰证券	1	18
16	郑宏达	海通证券	1	9
17	夏清莹	广州广证恒生证券	1	6
18	高宏博	华泰证券	1	3
19	王立备	招商证券	3	3
20	杨荣	中信建投证券	12	14

表5-104 展示了该行业在三年期内基于风险因子调整的可信度分数（risk-factor-adjusted reliability score）的分析师表现排名。可以看出，以风险因子调整的可信度分数为评价指标时，排在前五名的分析师分别是：安信证券公司的胡又文、天风证券公司的沈海兵、中泰证券公司的谢春生、中信证券公司的刘雯蜀以及华泰证券公司的郭雅丽。

表5-104 三年期分析师荐股评级能力评价——风险因子调整的可信度分数
行业：金融地产——其他金融

表现排名	分析师姓名	隶属证券公司	评级个股数量（只）	荐股评级次数（次）
1	胡又文	安信证券	1	13
2	沈海兵	天风证券	1	8
3	谢春生	中泰证券	1	5
4	刘雯蜀	中信证券	1	5
5	郭雅丽	华泰证券	1	5
6	吴友文	中银国际证券	1	4
7	石泽蕤	中信建投证券	1	4
8	方采薇	爱建证券	2	4
9	王刚	华金证券	2	3
10	刘洋	上海申银万国证券	1	3

续表

表现排名	分析师姓名	隶属证券公司	评级个股数量（只）	荐股评级次数（次）
11	刘慧慧	长江证券	1	3
12	刘高畅	国盛证券	1	3
13	王胜	上海申银万国证券	4	6
14	杨思睿	中银国际证券	1	6
15	闻学臣	中泰证券	1	18
16	郑宏达	海通证券	1	9
17	杨荣	中信建投证券	12	14
18	夏清莹	广州广证恒生证券	1	6
19	刘泽晶	招商证券	1	18
20	张志鹏	爱建证券	6	13

表 5-105 展示了该行业在三年期内基于风险-经验因子调整的可信度分数（risk-experience-factor-adjusted reliability score）的分析师表现排名。可以看出，以风险-经验因子调整的可信度分数为评价指标时，排在前五名的分析师分别是：安信证券公司的胡又文、广发证券公司的陈福、天风证券公司的沈海兵、光大证券公司的赵湘怀以及中泰证券公司的谢春生。

表 5-105　三年期分析师荐股评级能力评价——风险-经验因子调整的可信度分数
　　　　　行业：金融地产——其他金融

表现排名	分析师姓名	隶属证券公司	评级个股数量（只）	荐股评级次数（次）
1	胡又文	安信证券	1	13
2	陈福	广发证券	21	124
3	沈海兵	天风证券	1	8
4	赵湘怀	光大证券	51	178
5	谢春生	中泰证券	1	5
6	刘雯蜀	中信证券	1	5
7	郭雅丽	华泰证券	1	5
8	吴友文	中银国际证券	1	4
9	石泽蕤	中信建投证券	1	4

续表

表现排名	分析师姓名	隶属证券公司	评级个股数量（只）	荐股评级次数（次）
10	方采薇	爱建证券	2	4
11	左欣然	方正证券	12	71
12	廖晨凯	群益证券	10	45
13	马鲲鹏	上海申银万国证券	22	78
14	孙婷	海通证券	24	126
15	闻学臣	中泰证券	1	18
16	胡翔	东吴证券	10	55
17	王刚	华金证券	2	3
18	刘洋	上海申银万国证券	1	3
19	刘慧慧	长江证券	1	3
20	刘高畅	国盛证券	1	3

5.18.2 五年期

基于表4-2中展示构建的行业评价指标体系，我们对金融地产——其他金融这一行业在五年样本期内（2015年1月1日至2019年12月31日）的各项指标进行统计计算，并依据各项指标的高低对行业进行排名，结果如图5-36所示。以金融地产——其他金融行业内的上市公司股票作为荐股评级目标个股的分析师有244位（行业分析师关注度，行业排名第13位），他们来自62家不同的证券公司（行业券商关注度，行业排名第11位），针对该行业内的72只股票（被评个股占比86.75%，行业排名第5位）发布了共计5 465次荐股评级观测（行业评级关注度，行业排名第11位）。该行业的个股平均关注度方面，个股平均评级关注度为75.90，行业排名第6位；个股平均分析师关注度为3.39，行业排名第11位；个股平均券商关注度为0.86，行业排名第9位。最后，该行业荐股评级的平均可信度为0.3158，行业排名第19位。

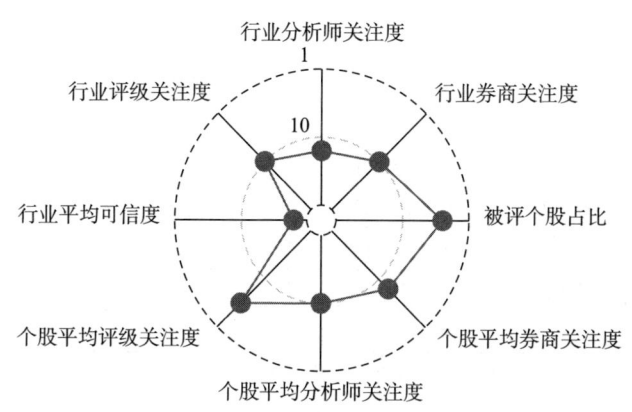

图 5–36　金融地产——其他金融行业雷达图：2015～2019 年

表 5–106 展示了该行业在五年期内基于平均可信度分数（average reliability score）的分析师表现排名。可以看出，以平均信度分数为评价指标时，排在前五名的分析师分别是：天风证券公司的沈海兵、中泰证券公司的谢春生、中信证券公司的刘雯蜀、中信建投证券公司的石泽蕤以及爱建证券公司的方采薇。

表 5–106　　五年期分析师荐股评级能力评价——平均可信度分数
行业：金融地产——其他金融

表现排名	分析师姓名	隶属证券公司	评级个股数量（只）	荐股评级次数（次）
1	沈海兵	天风证券	1	8
2	谢春生	中泰证券	1	5
3	刘雯蜀	中信证券	1	5
4	石泽蕤	中信建投证券	1	4
5	方采薇	爱建证券	2	4
6	唐佳睿	中银国际证券	1	3
7	袁豪	中银国际证券	2	3
8	王刚	华金证券	2	3
9	刘慧慧	长江证券	1	3
10	刘高畅	国盛证券	1	3
11	胡又文	安信证券	1	24

续表

表现排名	分析师姓名	隶属证券公司	评级个股数量（只）	荐股评级次数（次）
12	杨思睿	中银国际证券	1	6
13	曾朵红	东吴证券	1	9
14	吴友文	中银国际证券	1	8
15	刘洋	上海申银万国证券	1	4
16	郭雅丽	华泰证券	1	10
17	王胜	上海申银万国证券	15	23
18	王俊杰	上海申银万国证券	1	6
19	夏清莹	广州广证恒生证券	1	6
20	刘义	中信建投证券	3	3

表5–107展示了该行业在五年期内基于风险因子调整的可信度分数（risk-factor-adjusted reliability score）的分析师表现排名。可以看出，以风险因子调整的可信度分数为评价指标时，排在前五名的分析师分别是：天风证券公司的沈海兵、中泰证券公司的谢春生、中信证券公司的刘雯蜀、中信建投证券公司的石泽蕤以及爱建证券公司的方采薇。

表5–107　五年期分析师荐股评级能力评价——风险因子调整的可信度分数
行业：金融地产——其他金融

表现排名	分析师姓名	隶属证券公司	评级个股数量（只）	荐股评级次数（次）
1	沈海兵	天风证券	1	8
2	谢春生	中泰证券	1	5
3	刘雯蜀	中信证券	1	5
4	石泽蕤	中信建投证券	1	4
5	方采薇	爱建证券	2	4
6	唐佳睿	中银国际证券	1	3
7	袁豪	中银国际证券	2	3
8	王刚	华金证券	2	3
9	刘慧慧	长江证券	1	3
10	刘高畅	国盛证券	1	3

续表

表现排名	分析师姓名	隶属证券公司	评级个股数量（只）	荐股评级次数（次）
11	胡又文	安信证券	1	24
12	杨思睿	中银国际证券	1	6
13	曾朵红	东吴证券	1	9
14	吴友文	中银国际证券	1	8
15	刘洋	上海申银万国证券	1	4
16	王胜	上海申银万国证券	15	23
17	郭雅丽	华泰证券	1	10
18	曹恒乾	广发证券	18	64
19	王俊杰	上海申银万国证券	1	6
20	夏清莹	广州广证恒生证券	1	6

表 5-108 展示了该行业在五年期内基于风险-经验因子调整的可信度分数（risk-experience-factor-adjusted reliability score）的分析师表现排名。可以看出，以风险-经验因子调整的可信度分数为评价指标时，排在前五名的分析师分别是：安信证券公司的胡又文、广发证券公司的陈福、广发证券公司的曹恒乾、天风证券公司的沈海兵以及光大证券公司的赵湘怀。

表 5-108　五年期分析师荐股评级能力评价——风险-经验因子调整的可信度分数
行业：金融地产——其他金融

表现排名	分析师姓名	隶属证券公司	评级个股数量（只）	荐股评级次数（次）
1	胡又文	安信证券	1	24
2	陈福	广发证券	24	131
3	曹恒乾	广发证券	18	64
4	沈海兵	天风证券	1	8
5	赵湘怀	光大证券	54	327
6	谢春生	中泰证券	1	5
7	刘雯蜀	中信证券	1	5
8	胡翔	东吴证券	22	88
9	魏涛	太平洋证券	50	155

续表

表现排名	分析师姓名	隶属证券公司	评级个股数量（只）	荐股评级次数（次）
10	王胜	上海申银万国证券	15	23
11	孙婷	海通证券	27	208
12	廖晨凯	群益证券	10	51
13	石泽蕤	中信建投证券	1	4
14	方采薇	爱建证券	2	4
15	左欣然	方正证券	12	71
16	丁文韬	东吴证券	31	169
17	沈娟	华泰证券	39	277
18	林喜鹏	方正证券	21	43
19	洪锦屏	华创证券	32	200
20	马鲲鹏	上海申银万国证券	22	81

5.19 房地产

5.19.1 三年期

基于表4-2中展示构建的行业评价指标体系，我们对金融地产——房地产这一行业在三年样本期内（2017年1月1日至2019年12月31日）的各项指标进行统计计算，并依据各项指标的高低对行业进行排名，结果如图5-37所示。以金融地产——房地产行业内的上市公司股票作为荐股评级目标个股的分析师有127位（行业分析师关注度，行业排名第19位），他们来自52家不同的证券公司（行业券商关注度，行业排名第15位），针对该行业内的95只股票（被评个股占比73.08%，行业排名第8位）发布了共计3 934次荐股评级观测（行业评级关注度，行业排名第10位）。该行业的个股平均关注度方面，个股平均评级关注度为41.41，行业排名第17位；个股平均分析师关注度为1.34，行业排名第20位；个股平均券商关注度为0.55，行业排名第12位。最后，该行业荐股评级的平均可信度为0.3925，行业排名第6位。

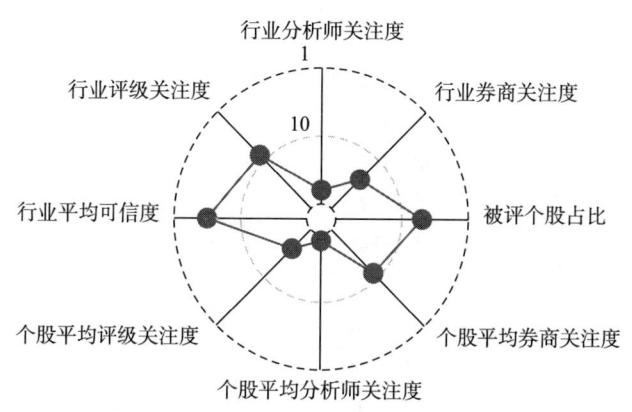

图 5-37　金融地产——房地产行业雷达图：2017~2019 年

表 5-109 展示了该行业在三年期内基于平均可信度分数（average reliability score）的分析师表现排名。可以看出，以平均信度分数为评价指标时，排在前五名的分析师分别是：上海申银万国证券公司的曲伟、国泰君安证券公司的卜文凯、东吴证券公司的丁文韬、安信证券公司的赵湘怀以及天风证券公司的吴立。

表 5-109　三年期分析师荐股评级能力评价——平均可信度分数
行业：金融地产——房地产

表现排名	分析师姓名	隶属证券公司	评级个股数量（只）	荐股评级次数（次）
1	曲伟	上海申银万国证券	1	3
2	卜文凯	国泰君安证券	3	3
3	丁文韬	东吴证券	1	9
4	赵湘怀	安信证券	2	5
5	吴立	天风证券	1	5
6	高健	东北证券	3	4
7	阎常铭	兴业证券	20	153
8	吕聪	长江证券	8	11
9	周子涵	中泰证券	6	7
10	戴志锋	中泰证券	10	13
11	申思聪	中达证券	11	54

续表

表现排名	分析师姓名	隶属证券公司	评级个股数量（只）	荐股评级次数（次）
12	刘文正	安信证券	1	3
13	刘义	招商证券	6	13
14	竺劲	东方证券	27	209
15	崔娟	信达证券	6	18
16	周炯	太平洋证券	5	10
17	曹一凡	上海申银万国证券	6	10
18	王凤华	粤开证券	2	5
19	张蕾	国海证券	1	5
20	张云凯	东北证券	13	18

表5-110 展示了该行业在三年期内基于风险因子调整的可信度分数（risk-factor-adjusted reliability score）的分析师表现排名。可以看出，以风险因子调整的可信度分数为评价指标时，排在前五名的分析师分别是：上海申银万国证券公司的曲伟、国泰君安证券公司的卜文凯、东吴证券公司的丁文韬、安信证券公司的赵湘怀以及天风证券公司的吴立。

表5-110 三年期分析师荐股评级能力评价——风险因子调整的可信度分数
行业：金融地产——房地产

表现排名	分析师姓名	隶属证券公司	评级个股数量（只）	荐股评级次数（次）
1	曲伟	上海申银万国证券	1	3
2	卜文凯	国泰君安证券	3	3
3	丁文韬	东吴证券	1	9
4	赵湘怀	安信证券	2	5
5	吴立	天风证券	1	5
6	阎常铭	兴业证券	20	153
7	吕聪	长江证券	8	11
8	高健	东北证券	3	4
9	周子涵	中泰证券	6	7
10	申思聪	中达证券	11	54

续表

表现排名	分析师姓名	隶属证券公司	评级个股数量（只）	荐股评级次数（次）
11	戴志锋	中泰证券	10	13
12	竺劲	东方证券	27	209
13	崔娟	信达证券	6	18
14	刘义	招商证券	6	13
15	周炯	太平洋证券	5	10
16	曹一凡	上海申银万国证券	6	10
17	刘文正	安信证券	1	3
18	王凤华	粤开证券	2	5
19	张蕾	国海证券	1	5
20	张云凯	东北证券	13	18

表 5-111 展示了该行业在三年期内基于风险-经验因子调整的可信度分数（risk-experience-factor-adjusted reliability score）的分析师表现排名。可以看出，以风险-经验因子调整的可信度分数为评价指标时，排在前五名的分析师分别是：兴业证券公司的阎常铭、东方证券公司的竺劲、广发证券公司的乐加栋、中达证券公司的申思聪以及东吴证券公司的齐东。

表 5-111　三年期分析师荐股评级能力评价——风险-经验因子调整的可信度分数
　　　　　 行业：金融地产——房地产

表现排名	分析师姓名	隶属证券公司	评级个股数量（只）	荐股评级次数（次）
1	阎常铭	兴业证券	20	153
2	竺劲	东方证券	27	209
3	乐加栋	广发证券	31	167
4	申思聪	中达证券	11	54
5	齐东	东吴证券	14	147
6	陈聪	中信证券	19	174
7	陈慎	华泰证券	35	205
8	胡华如	西南证券	20	137
9	区瑞明	国信证券	23	99

续表

表现排名	分析师姓名	隶属证券公司	评级个股数量（只）	荐股评级次数（次）
10	涂力磊	海通证券	55	252
11	丁文韬	东吴证券	1	9
12	陈天诚	天风证券	32	150
13	郑闵钢	东兴证券	33	78
14	高建	东北证券	28	91
15	王胜	上海申银万国证券	20	93
16	黄守宏	安信证券	11	60
17	曲伟	上海申银万国证券	1	3
18	卜文凯	国泰君安证券	3	3
19	袁豪	华创证券	21	329
20	倪一琛	中泰证券	11	51

5.19.2 五年期

基于表4-2中展示构建的行业评价指标体系，我们对金融地产——房地产这一行业在五年样本期内（2015年1月1日至2019年12月31日）的各项指标进行统计计算，并依据各项指标的高低对行业进行排名，结果如图5-38所示。以金融地产——房地产行业内的上市公司股票作为荐股评级目标个股的分析师有206位（行业分析师关注度，行业排名第18位），他们来自58家不同的证券公司（行业券商关注度，行业排名第17位），针对该行业内的111只股票（被评个股占比85.38%，行业排名第6位）发布了共计6 950次荐股评级观测（行业评级关注度，行业排名第9位）。该行业的个股平均关注度方面，个股平均评级关注度为62.61，行业排名第13位；个股平均分析师关注度为1.86，行业排名第20位；个股平均券商关注度为0.52，行业排名第15位。最后，该行业荐股评级的平均可信度为0.4283，行业排名第4位。

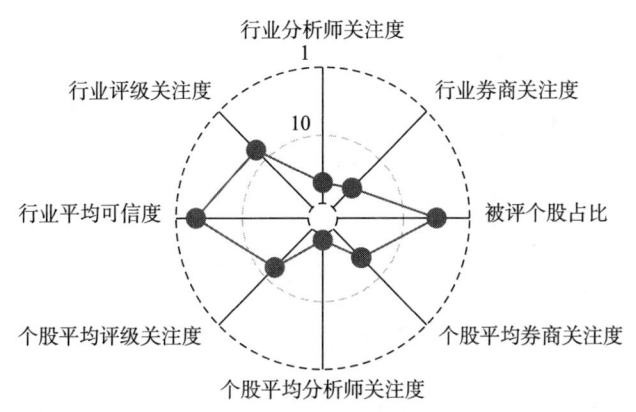

图 5-38　金融地产——房地产行业雷达图：2015~2019 年

表 5-112 展示了该行业在五年期内基于平均可信度分数（average reliability score）的分析师表现排名。可以看出，以平均信度分数为评价指标时，排在前五名的分析师分别是：安信证券公司的文浩、方正证券公司的赵若琼、西南证券公司的刘言、华金证券公司的谭志勇以及西南证券公司的熊莉。

表 5-112　五年期分析师荐股评级能力评价——平均可信度分数
行业：金融地产——房地产

表现排名	分析师姓名	隶属证券公司	评级个股数量（只）	荐股评级次数（次）
1	文浩	安信证券	1	9
2	赵若琼	方正证券	4	5
3	刘言	西南证券	1	4
4	谭志勇	华金证券	1	4
5	熊莉	西南证券	1	3
6	梁铮	国信证券	1	3
7	曲伟	上海申银万国证券	1	3
8	卜文凯	国泰君安证券	3	3
9	丁文韬	东吴证券	1	10
10	杜长春	东北证券	1	5
11	陈平	海通证券	1	5
12	吴立	天风证券	1	5

续表

表现排名	分析师姓名	隶属证券公司	评级个股数量（只）	荐股评级次数（次）
13	张龙	安信证券	6	13
14	董樑	上海申银万国证券	4	4
15	高健	东北证券	3	4
16	罗文波	中泰证券	7	23
17	洪涛	广发证券	2	11
18	吕聪	长江证券	8	11
19	周子涵	中泰证券	6	7
20	代鹏举	国海证券	8	20

表 5-113 展示了该行业在五年期内基于风险因子调整的可信度分数（risk-factor-adjusted reliability score）的分析师表现排名。可以看出，以风险因子调整的可信度分数为评价指标时，排在前五名的分析师分别是：安信证券公司的文浩、方正证券公司的赵若琼、西南证券公司的刘言、华金证券公司的谭志勇以及西南证券公司的熊莉。

表 5-113　五年期分析师荐股评级能力评价——风险因子调整的可信度分数
行业：金融地产——房地产

表现排名	分析师姓名	隶属证券公司	评级个股数量（只）	荐股评级次数（次）
1	文浩	安信证券	1	9
2	赵若琼	方正证券	4	5
3	刘言	西南证券	1	4
4	谭志勇	华金证券	1	4
5	熊莉	西南证券	1	3
6	梁铮	国信证券	1	3
7	曲伟	上海申银万国证券	1	3
8	卜文凯	国泰君安证券	3	3
9	丁文韬	东吴证券	1	10
10	杜长春	东北证券	1	5
11	陈平	海通证券	1	5

续表

表现排名	分析师姓名	隶属证券公司	评级个股数量（只）	荐股评级次数（次）
12	吴立	天风证券	1	5
13	张龙	安信证券	6	13
14	罗文波	中泰证券	7	23
15	洪涛	广发证券	2	11
16	吕聪	长江证券	8	11
17	董樑	上海申银万国证券	4	4
18	高健	东北证券	3	4
19	代鹏举	国海证券	8	20
20	周子涵	中泰证券	6	7

表5–114展示了该行业在五年期内基于风险–经验因子调整的可信度分数（risk-experience-factor-adjusted reliability score）的分析师表现排名。可以看出，以风险–经验因子调整的可信度分数为评价指标时，排在前五名的分析师分别是：广发证券公司的乐加栋、兴业证券公司的阎常铭、东方证券公司的竺劲、长江证券公司的蒲东君以及安信证券公司的文浩。

表5–114　五年期分析师荐股评级能力评价——风险–经验因子调整的可信度分数
行业：金融地产——房地产

表现排名	分析师姓名	隶属证券公司	评级个股数量（只）	荐股评级次数（次）
1	乐加栋	广发证券	49	333
2	阎常铭	兴业证券	38	378
3	竺劲	东方证券	28	268
4	蒲东君	长江证券	61	161
5	文浩	安信证券	1	9
6	涂力磊	海通证券	69	682
7	区瑞明	国信证券	35	170
8	陈聪	中信证券	25	262
9	申思聪	中达证券	11	54
10	齐东	东吴证券	14	147

续表

表现排名	分析师姓名	隶属证券公司	评级个股数量（只）	荐股评级次数（次）
11	李少明	中国中投证券	25	173
12	郑闵钢	东兴证券	47	185
13	陈慎	华泰证券	37	297
14	胡华如	西南证券	24	175
15	田世欣	中银国际证券	13	57
16	袁豪	华创证券	30	427
17	赵若琼	方正证券	4	5
18	崔娟	信达证券	8	59
19	苏雪晶	中信建投证券	22	101
20	陈天诚	天风证券	42	232

5.20 银行

5.20.1 三年期

基于表4-2中展示构建的行业评价指标体系，我们对金融地产——银行这一行业在三年样本期内（2017年1月1日至2019年12月31日）的各项指标进行统计计算，并依据各项指标的高低对行业进行排名，结果如图5-39所示。以金融地产——银行行业内的上市公司股票作为荐股评级目标个股的分析师有79位（行业分析师关注度，行业排名第20位），他们来自42家不同的证券公司（行业券商关注度，行业排名第20位），针对该行业内的33只股票（被评个股占比91.67%，行业排名第1位）发布了共计2 546次荐股评级观测（行业评级关注度，行业排名第15位）。该行业的个股平均关注度方面，个股平均评级关注度为77.15，行业排名第4位；个股平均分析师关注度为2.39，行业排名第13位；个股平均券商关注度为1.27，行业排名第3位。最后，该行业荐股评级的平均可信度为0.3413，行业排名第13位。

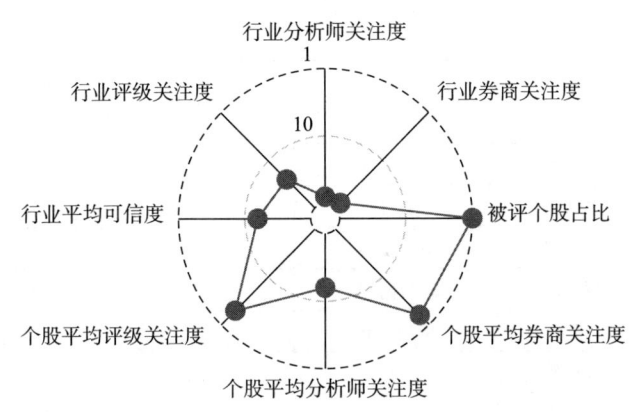

图 5–39　金融地产——银行行业雷达图：2017~2019 年

表 5–115 展示了该行业在三年期内基于平均可信度分数（average reliability score）的分析师表现排名。可以看出，以平均信度分数为评价指标时，排在前五名的分析师分别是：交银国际证券公司的李珊珊、长江证券公司的蒲东君、长江证券公司的王一川、安信证券公司的黄守宏以及国信证券公司的董德志。

表 5–115　三年期分析师荐股评级能力评价——平均可信度分数
行业：金融地产——银行

表现排名	分析师姓名	隶属证券公司	评级个股数量（只）	荐股评级次数（次）
1	李珊珊	交银国际证券	2	4
2	蒲东君	长江证券	1	3
3	王一川	长江证券	3	8
4	黄守宏	安信证券	16	17
5	董德志	国信证券	3	3
6	李朗	国联证券	3	3
7	沐华	广发证券	11	16
8	屈俊	广发证券	14	43
9	孙婷	海通证券	4	5
10	郭懿	万联证券	27	61
11	董春晓	太平洋证券	9	15

续表

表现排名	分析师姓名	隶属证券公司	评级个股数量（只）	荐股评级次数（次）
12	王小军	信达证券	3	20
13	张宇	安信证券	10	16
14	缴文超	平安证券	11	12
15	段涛涛	兴业证券	2	4
16	罗惠洲	太平洋证券	3	4
17	张明	华创证券	11	21
18	马婷婷	国盛证券	13	74
19	谢云霞	上海申银万国证券	16	35
20	刘冉	中原证券	18	58

表5-116展示了该行业在三年期内基于风险因子调整的可信度分数（risk-factor-adjusted reliability score）的分析师表现排名。可以看出，以风险因子调整的可信度分数为评价指标时，排在前五名的分析师分别是：交银国际证券公司的李珊珊、长江证券公司的蒲东君、长江证券公司的王一川、安信证券公司的黄守宏以及广发证券公司的沐华。

表5-116 三年期分析师荐股评级能力评价——风险因子调整的可信度分数

行业：金融地产——银行

表现排名	分析师姓名	隶属证券公司	评级个股数量（只）	荐股评级次数（次）
1	李珊珊	交银国际证券	2	4
2	蒲东君	长江证券	1	3
3	王一川	长江证券	3	8
4	黄守宏	安信证券	16	17
5	沐华	广发证券	11	16
6	屈俊	广发证券	14	43
7	董德志	国信证券	3	3
8	李朗	国联证券	3	3
9	孙婷	海通证券	4	5
10	郭懿	万联证券	27	61

续表

表现排名	分析师姓名	隶属证券公司	评级个股数量（只）	荐股评级次数（次）
11	董春晓	太平洋证券	9	15
12	王小军	信达证券	3	20
13	张宇	安信证券	10	16
14	缴文超	平安证券	11	12
15	马婷婷	国盛证券	13	74
16	张明	华创证券	11	21
17	谢云霞	上海申银万国证券	16	35
18	刘冉	中原证券	18	58
19	廖晨凯	群益证券	12	47
20	段涛涛	兴业证券	2	4

表 5-117 展示了该行业在三年期内基于风险-经验因子调整的可信度分数（risk-experience-factor-adjusted reliability score）的分析师表现排名。可以看出，以风险-经验因子调整的可信度分数为评价指标时，排在前五名的分析师分别是：华泰证券公司的沈娟、万联证券公司的郭懿、广发证券公司的屈俊、国盛证券公司的马婷婷以及交银国际证券公司的李珊珊。

表 5-117 三年期分析师荐股评级能力评价——风险-经验因子调整的可信度分数
行业：金融地产——银行

表现排名	分析师姓名	隶属证券公司	评级个股数量（只）	荐股评级次数（次）
1	沈娟	华泰证券	21	138
2	郭懿	万联证券	27	61
3	屈俊	广发证券	14	43
4	马婷婷	国盛证券	13	74
5	李珊珊	交银国际证券	2	4
6	杨荣	中信建投证券	23	110
7	肖斐斐	中信证券	18	126
8	邱冠华	国泰君安证券	26	139
9	刘志平	平安证券	22	111

续表

表现排名	分析师姓名	隶属证券公司	评级个股数量（只）	荐股评级次数（次）
10	励雅敏	中银国际证券	25	189
11	刘冉	中原证券	18	58
12	廖志明	天风证券	27	204
13	黄守宏	安信证券	16	17
14	蒲东君	长江证券	1	3
15	孙立金	太平洋证券	26	64
16	廖晨凯	群益证券	12	47
17	倪军	广发证券	19	69
18	傅慧芳	兴业证券	20	65
19	戴志锋	中泰证券	29	234
20	谢云霞	上海申银万国证券	16	35

5.20.2 五年期

基于表4-2中展示构建的行业评价指标体系，我们对金融地产——银行这一行业在五年样本期内（2015年1月1日至2019年12月31日）的各项指标进行统计计算，并依据各项指标的高低对行业进行排名，结果如图5-40所示。以金融地产——银行行业内的上市公司股票作为荐股评级目标个股的分析师有106位（行业分析师关注度，行业排名第20位），他们来自46家不同的证券公司（行业券商关注度，行业排名第20位），针对该行业内的33只股票（被评个股占比91.67%，行业排名第2位）发布了共计3 732次荐股评级观测（行业评级关注度，行业排名第15位）。该行业的个股平均关注度方面，个股平均评级关注度为113.09，行业排名第2位；个股平均分析师关注度为3.21，行业排名第13位；个股平均券商关注度为1.39，行业排名第3位。最后，该行业荐股评级的平均可信度为0.3443，行业排名第13位。

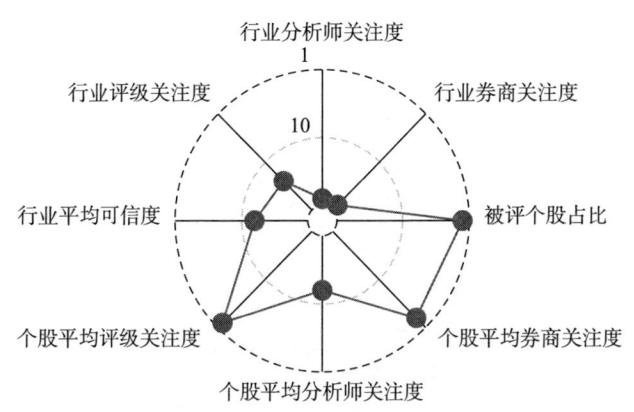

图 5-40　金融地产——银行行业雷达图：2015~2019 年

表 5-118 展示了该行业在五年期内基于平均可信度分数（average reliability score）的分析师表现排名。可以看出，以平均信度分数为评价指标时，排在前五名的分析师分别是：长江证券公司的蒲东君、长江证券公司的王一川、交银国际证券公司的万丽、交银国际证券公司的李珊珊以及安信证券公司的黄守宏。

表 5-118　五年期分析师荐股评级能力评价——平均可信度分数
行业：金融地产——银行

表现排名	分析师姓名	隶属证券公司	评级个股数量（只）	荐股评级次数（次）
1	蒲东君	长江证券	5	11
2	王一川	长江证券	3	8
3	万丽	交银国际证券	2	4
4	李珊珊	交银国际证券	2	7
5	黄守宏	安信证券	16	17
6	董德志	国信证券	3	3
7	李朗	国联证券	3	3
8	于娃丽	中国民族证券	9	14
9	贺国文	国金证券	7	11
10	谢刚	中泰证券	2	5
11	周光	中金公司	5	5

续表

表现排名	分析师姓名	隶属证券公司	评级个股数量（只）	荐股评级次数（次）
12	孙婷	海通证券	4	5
13	沐华	广发证券	19	39
14	张明	华创证券	14	36
15	郭懿	万联证券	27	61
16	肖立强	招商证券	16	37
17	屈俊	广发证券	19	67
18	董春晓	太平洋证券	9	15
19	王小军	信达证券	3	20
20	张宇	安信证券	10	16

表 5-119 展示了该行业在五年期内基于风险因子调整的可信度分数（risk-factor-adjusted reliability score）的分析师表现排名。可以看出，以风险因子调整的可信度分数为评价指标时，排在前五名的分析师分别是：长江证券公司的蒲东君、长江证券公司的王一川、安信证券公司的黄守宏、交银国际证券公司的万丽以及交银国际证券公司的李珊珊。

表 5-119　五年期分析师荐股评级能力评价——风险因子调整的可信度分数
　　　　　行业：金融地产——银行

表现排名	分析师姓名	隶属证券公司	评级个股数量（只）	荐股评级次数（次）
1	蒲东君	长江证券	5	11
2	王一川	长江证券	3	8
3	黄守宏	安信证券	16	17
4	万丽	交银国际证券	2	4
5	李珊珊	交银国际证券	2	7
6	于娃丽	中国民族证券	9	14
7	贺国文	国金证券	7	11
8	董德志	国信证券	3	3
9	李朗	国联证券	3	3
10	沐华	广发证券	19	39

续表

表现排名	分析师姓名	隶属证券公司	评级个股数量（只）	荐股评级次数（次）
11	张明	华创证券	14	36
12	谢刚	中泰证券	2	5
13	周光	中金公司	5	5
14	孙婷	海通证券	4	5
15	郭懿	万联证券	27	61
16	肖立强	招商证券	16	37
17	屈俊	广发证券	19	67
18	董春晓	太平洋证券	9	15
19	王小军	信达证券	3	20
20	张宇	安信证券	10	16

表5-120展示了该行业在五年期内基于风险-经验因子调整的可信度分数（risk-experience-factor-adjusted reliability score）的分析师表现排名。可以看出，以风险-经验因子调整的可信度分数为评价指标时，排在前五名的分析师分别是：华泰证券公司的沈娟、平安证券公司的刘志平、广发证券公司的屈俊、中信建投证券公司的杨荣以及万联证券公司的郭懿。

表5-120 五年期分析师荐股评级能力评价——风险-经验因子调整的可信度分数
行业：金融地产——银行

表现排名	分析师姓名	隶属证券公司	评级个股数量（只）	荐股评级次数（次）
1	沈娟	华泰证券	22	139
2	刘志平	平安证券	22	155
3	屈俊	广发证券	19	67
4	杨荣	中信建投证券	24	192
5	郭懿	万联证券	27	61
6	肖斐斐	中信证券	19	211
7	邱冠华	国泰君安证券	27	199
8	马婷婷	国盛证券	13	74
9	励雅敏	中银国际证券	27	313

续表

表现排名	分析师姓名	隶属证券公司	评级个股数量（只）	荐股评级次数（次）
10	沐华	广发证券	19	39
11	蒲东君	长江证券	5	11
12	张明	华创证券	14	36
13	刘冉	中原证券	18	58
14	肖立强	招商证券	16	37
15	廖志明	天风证券	27	204
16	吴畏	兴业证券	24	127
17	黄守宏	安信证券	16	17
18	林媛媛	海通证券	13	52
19	戴志锋	中泰证券	29	263
20	马鲲鹏	上海申银万国证券	19	161

6 证券公司评价结果

6.1 三年期证券公司评价

三年期的证券公司荐股评级能力评价是基于发布日期处于 2017 年 1 月 1 日至 2019 年 12 月 31 日的分析师荐股评级数据做出的,该数据集来源于国泰数据库 CSMAR 数据库。为了计算分析师荐股评级的可信度,本书还从 Wind 金融数据库收集了相关股票以及大盘指数在 2017 年 1 月 1 日至 2020 年 12 月 31 日期间的日交易价格数据。

数据显示,在三年评价期内,共有来自 77 家证券公司的 1 861 名证券分析师对 2 264 只 A 股股票进行了荐股评级,发布的荐股评级总量为 115 171 次。其中有 12 家证券公司在三年评价期内发布的荐股评级不足 30 次,所以本书选择将其剔除,也就是说,本书在对证券公司在三年期内的荐股评级能力进行评价时,只选择其中发布了至少 30 次荐股评级的 65 家证券公司进行分析。

本书按照第 4.3 节给出的评价方案对证券公司的荐股评级能力进行评价。在评级过程中,本书一方面依据证券公司平均可信度分数、风险因子调整的可信度分数以及风险-经验因子调整的可信度分数对证券公司的表现进行排名,同时给出各个证券公司在评价期内最关注的行业、可信度最高的行业、最关注的 5 只股票以及可信度最高的 5 只股票等信息;另一方面本书根据证券公司在上述各个评价指标下的明星分析师数量来对证券公司的荐股评级能力进行排名，同时给出各证券公司在评价期内的活动分析师数量，评级股票数量以及发布的荐股评级数量。

6.1.1 平均可信度分数

依据证券公司的平均可信度分数对证券公司进行评价的结果如表6-1所示[1]。可以看出，在2017年1月1日至2019年12月31日的评价期内，荐股评级能力排在前五名的证券公司分别是：①长江证券（最关注的行业是原材料——原材料，可信度最高的行业是电信业务——电信服务与设备，最关注的股票是601933，可信度最高的股票601888）；②西部证券（最关注的行业是可选消费——耐用消费品与服装，可信度最高的行业是主要消费——主要用品零售与个人用品，最关注的股票是000651，可信度最高的股票是002624）；③国金证券（最关注的行业是工业——资本品，可信度最高的行业是电信业务——电信服务与设备，最关注的股票是601888，可信度最高的股票是601888）；④国盛证券（最关注的行业是工业——资本品，可信度最高的行业是金融地产——其他金融，最关注的股票是603019，可信度最高的股票是000977）；⑤申港证券（最关注的行业是原材料——原材料，可信度最高的行业是信息技术——计算机及电子设备，最关注的股票是600309，可信度最高的股票是002597）。

表6-1　三年期证券公司荐股评级可信度评价——平均可信度分数

排名	证券公司	最关注的行业	可信度最高的行业	最关注的股票	可信度最高的股票
1	长江证券	原材料——原材料	电信业务——电信服务与设备	601933 601888 002024 000786 000921	601888 002032 002714 603338 601012

---

[1] 因篇幅限制，在给定的评价期与评价指标下，本书只列出排名前30位的证券公司，下同。

续表

排名	证券公司	最关注的行业	可信度最高的行业	最关注的股票	可信度最高的股票
2	西部证券	可选消费——耐用消费品与服装	主要消费——主要用品零售与个人用品	000651 002624 600436 601636 002739	002624 002739 601012 601615 603708
3	国金证券	工业——资本品	电信业务——电信服务与设备	601888 002044 600009 600521 601012	601888 600009 603816 000858 600305
4	国盛证券	工业——资本品	金融地产——其他金融	603019 601117 600271 601668 002376	000977 603707 002078 002436 603986
5	申港证券	原材料——原材料	信息技术——计算机及电子设备	600309 002597 002027 002508 600690	002597 000977 002410 002405 002624
6	东方证券	可选消费——汽车与汽车零部件	信息技术——计算机运用与半导体	601238 600104 600535 601888 002294	601888 600519 603369 000858 002410
7	华西证券	可选消费——汽车与汽车零部件	可选消费——消费者服务	000625 601633 600104 600271 000651	000625 603501 002465 002138 603228
8	安信证券	工业——资本品	电信业务——电信服务与设备	002405 000977 000661 002123 002768	000661 600809 600519 600872 002311

续表

排名	证券公司	最关注的行业	可信度最高的行业	最关注的股票	可信度最高的股票
9	广发证券	工业——资本品	主要消费——食品、饮料与烟草	600031 002024 000951 603686 601933	002714 600519 603638 603899 601100
10	粤开证券	工业——资本品	主要消费——主要用品零售与个人用品	601238 002050 603606 002007 002456	603606 002007 002129 002810 002594
11	东吴证券	工业——资本品	主要消费——食品、饮料与烟草	600031 002044 600048 600588 002353	002475 002607 002812 002008 603516
12	太平洋证券	原材料——原材料	可选消费——零售业	601633 600519 600031 600309 603179	000625 601100 002410 002463 601636
13	中泰证券	原材料——原材料	电信业务——电信服务与设备	600196 600276 000425 002773 600373	000596 002353 002311 002714 000661
14	中银国际证券	工业——资本品	工业——商业服务与用品	600104 002126 600438 603127 002139	002371 002281 600588 000938 603737
15	东北证券	原材料——原材料	主要消费——食品、饮料与烟草	002410 601006 603816 603369 600570	002916 002287 600383 002557 002475

续表

排名	证券公司	最关注的行业	可信度最高的行业	最关注的股票	可信度最高的股票
16	群益证券	原材料——原材料	主要消费——主要用品零售与个人用品	600138 600519 000002 600309 601888	000858 600486 600690 601012 002583
17	中信证券	工业——资本品	主要消费——食品、饮料与烟草	002594 600066 601888 001979 600104	600519 002475 603708 600031 002311
18	中信建投证券	原材料——原材料	主要消费——主要用品零售与个人用品	600276 002594 002191 000553 002511	000063 002475 601012 603605 002460
19	光大证券	原材料——原材料	金融地产——银行	600019 002024 601933 002294 000661	002607 603233 002371 603517 600588
20	财达证券	原材料——原材料	可选消费——消费者服务	000858 002299 600298 600598 600559	600559 603679 002371 600196 600497
21	方正证券	工业——资本品	主要消费——主要用品零售与个人用品	600031 603816 603338 601633 000425	000858 601888 000596 603899 002410
22	山西证券	可选消费——耐用消费品与服装	电信业务——电信服务与设备	603833 600104 600809 603588 603939	002242 002439 002032 600745 601336

续表

排名	证券公司	最关注的行业	可信度最高的行业	最关注的股票	可信度最高的股票
23	万联证券	原材料——原材料	可选消费——耐用消费品与服装	002821 601899 601336 002049 601601	002916 000960 601233 600066 002353
24	东兴证券	工业——资本品	主要消费——食品、饮料与烟草	600760 002179 002268 000513 600990	002371 600720 002607 600486 601100
25	国海证券	工业——资本品	金融地产——其他金融	002317 002661 601633 600176 002597	600872 600519 002690 002436 601888
26	国元证券	信息技术——计算机运用与半导体	能源——能源	002027 002607 002301 002174 002195	002353 603983 603605 002007 600745
27	开源证券	主要消费——食品、饮料与烟草	主要消费——主要用品零售与个人用品	600298 002507 603288 000703 600562	603505 002555 601933 000895 002847
28	广州广证恒生证券	医药卫生——医药生物与服务	金融地产——其他金融	002555 603368 002841 002696 601900	002607 601012 002475 600588 002376
29	爱建证券	金融地产——其他金融	金融地产——其他金融	601888 000333 601688 002262 002508	002262 601318 603111 600999 000776

续表

排名	证券公司	最关注的行业	可信度最高的行业	最关注的股票	可信度最高的股票
30	财通证券	可选消费——汽车与汽车零部件	工业——资本品	600104 002594 000625 600426 002675	603997 002916 603920 603259 603129

如第4.3节中给出的明星分析师数量评价方案所述,本书根据第4.2节中给出的行业划分方法,按照分析师的平均可信度分数对各行业在各年份的可信度表现进行排名,选取各行业排名前5位的分析师为明星分析师。因此,2017~2019年三个年度内20个行业共产生明星分析师300位。依据三年评价期内明星分析师的数量对证券公司进行评价的结果如表6-2所示。

表6-2 三年期证券公司明星分析师席位排名——平均可信度分数

排名	证券公司	分析师数量（位）	评级的股票数量（只）	荐股评级数量（次）	明星分析师数量（位）
1	安信证券	58	943	4 211	30
2	广发证券	52	820	4 629	20
3	国金证券	61	456	2 255	20
4	长江证券	45	411	1 892	20
5	东方证券	35	334	1 994	19
6	中信建投证券	62	862	4 019	13
7	中银国际证券	43	325	1 840	13
8	中泰证券	64	675	4 114	12
9	中信证券	55	729	4 725	10
10	上海申银万国证券	69	725	4 609	10
11	光大证券	63	609	3 026	10
12	招商证券	70	784	4 830	9

续表

排名	证券公司	分析师数量（位）	评级的股票数量（只）	荐股评级数量（次）	明星分析师数量（位）
13	方正证券	61	649	2 936	9
14	东北证券	47	881	3 171	7
15	国海证券	20	577	1 775	7
16	国盛证券	36	293	1 124	7
17	天风证券	66	925	5 436	6
18	兴业证券	71	966	4 963	6
19	太平洋证券	54	684	2 483	6
20	群益证券	19	151	691	6
21	国信证券	47	566	2 674	5
22	信达证券	30	186	1 185	5
23	东吴证券	32	443	2 717	4
24	民生证券	47	665	2 338	4
25	粤开证券	20	343	761	4
26	华泰证券	64	714	4 326	3
27	西南证券	43	684	2 907	3
28	国元证券	25	211	499	3
29	川财证券	16	107	303	3
30	国泰君安证券	82	1 027	4 567	2

可以看出，在2017年1月1日至2019年12月31日的评价期内，以平均可信度分数为分析师评价指标时，拥有明星分析师数量排在前五名的证券公司分别是：①安信证券（拥有明星分析师累计30位，活动分析师58位，评级股票943只，发布荐股评级累计4 211次）；②广发证券（拥有明星分析师累计20位，活动分析师52位，评级股票820只，发布荐股评级累计4 629次）；③国金证券（拥有明星分析师累计20位，活动分析师61位，评级股票456只，发布荐股评级累计2 255次）；④长江证券（拥有明星分析师累计20位，活动分析师45位，评级股票411只，发布荐股评级累计1 892次）；

⑤东方证券（拥有明星分析师累计19位，活动分析师35位，评级股票334只，发布荐股评级累计1 994次）。

6.1.2 风险因子调整的可信度分数

依据证券公司的风险因子调整的可信度分数对证券公司进行评价的结果如表6-3所示。可以看出，在2017年1月1日至2019年12月31日的评价期内，荐股评级能力排在前五名的证券公司分别是：①长江证券（最关注的行业是原材料——原材料，可信度最高的行业是电信业务——电信服务与设备，最关注的股票是601933，可信度最高的股票是601888）；②西部证券（最关注的行业是可选消费——耐用消费品与服装，可信度最高的行业是主要消费——主要用品零售与个人用品，最关注的股票是000651，可信度最高的股票是002624）；③国金证券（最关注的行业是工业——资本品，可信度最高的行业是电信业务——电信服务与设备，最关注的股票是601888，可信度最高的股票是601888）；④国盛证券（最关注的行业是工业——资本品，可信度最高的行业是金融地产——其他金融，最关注的股票是603019，可信度最高的股票是000977）；⑤申港证券（最关注的行业是原材料——原材料，可信度最高的行业是信息技术——计算机及电子设备，最关注的股票是600309，可信度最高的股票是002597）。

表6-3　三年期证券公司荐股评级可信度评价——风险因子调整的可信度分数

排名	证券公司	最关注的行业	可信度最高的行业	最关注的股票	可信度最高的股票
1	长江证券	原材料——原材料	电信业务——电信服务与设备	601933 601888 002024 000786 000921	601888 002032 002714 603338 601012
2	西部证券	可选消费——耐用消费品与服装	主要消费——主要用品零售与个人用品	000651 002624 600436 601636 002739	002624 002739 601012 601615 603708

续表

排名	证券公司	最关注的行业	可信度最高的行业	最关注的股票	可信度最高的股票
3	国金证券	工业——资本品	电信业务——电信服务与设备	601888 002044 600009 600521 601012	601888 600009 603816 000858 600305
4	国盛证券	工业——资本品	金融地产——其他金融	603019 601117 600271 601668 002376	000977 603707 002078 002436 603986
5	申港证券	原材料——原材料	信息技术——计算机及电子设备	600309 002597 002027 002508 600690	002597 000977 002410 002405 002624
6	东方证券	可选消费——汽车与汽车零部件	信息技术——计算机运用与半导体	601238 600104 600535 601888 002294	601888 600519 603369 000858 002410
7	华西证券	可选消费——汽车与汽车零部件	可选消费——消费者服务	000625 601633 600104 600271 000651	000625 603501 002465 002138 603228
8	安信证券	工业——资本品	电信业务——电信服务与设备	002405 000977 000661 002123 002768	000661 600809 600519 600872 002311
9	广发证券	工业——资本品	主要消费——食品、饮料与烟草	600031 002024 000951 603686 601933	002714 600519 603638 603899 601100
10	粤开证券	工业——资本品	主要消费——主要用品零售与个人用品	601238 002050 603606 002007 002456	603606 002007 002129 002810 002594

续表

排名	证券公司	最关注的行业	可信度最高的行业	最关注的股票	可信度最高的股票
11	东吴证券	工业——资本品	主要消费——食品、饮料与烟草	600031 002044 600048 600588 002353	002475 002607 002812 002008 603516
12	太平洋证券	原材料——原材料	可选消费——零售业	601633 600519 600031 600309 603179	000625 601100 002410 002463 601636
13	中泰证券	原材料——原材料	电信业务——电信服务与设备	600196 600276 000425 002773 600373	000596 002353 002311 002714 000661
14	中银国际证券	工业——资本品	工业——商业服务与用品	600104 002126 600438 603127 002139	002371 002281 600588 000938 603737
15	东北证券	原材料——原材料	主要消费——食品、饮料与烟草	002410 601006 603816 603369 600570	002916 002287 600383 002557 002475
16	群益证券	原材料——原材料	主要消费——主要用品零售与个人用品	600138 600519 000002 600309 601888	000858 600486 600690 601012 002583
17	中信证券	工业——资本品	主要消费——食品、饮料与烟草	002594 600066 601888 001979 600104	600519 002475 603708 600031 002311
18	中信建投证券	原材料——原材料	主要消费——主要用品零售与个人用品	600276 002594 002191 000553 002511	000063 002475 601012 603605 002460

续表

排名	证券公司	最关注的行业	可信度最高的行业	最关注的股票	可信度最高的股票
19	光大证券	原材料——原材料	金融地产——银行	600019 002024 601933 002294 000661	002607 603233 002371 603517 600588
20	财达证券	原材料——原材料	可选消费——消费者服务	000858 002299 600298 600598 600559	600559 603679 002371 600196 600497
21	方正证券	工业——资本品	主要消费——主要用品零售与个人用品	600031 603816 603338 601633 000425	000858 601888 000596 603899 002410
22	山西证券	可选消费——耐用消费品与服装	电信业务——电信服务与设备	603833 600104 600809 603588 603939	002242 002439 002032 600745 601336
23	东兴证券	工业——资本品	主要消费——食品、饮料与烟草	600760 002179 002268 000513 600990	002371 600720 002607 600486 601100
24	万联证券	原材料——原材料	可选消费——耐用消费品与服装	002821 601899 601336 002049 601601	002916 000960 601233 600066 002353
25	国海证券	工业——资本品	金融地产——其他金融	002317 002661 601633 600176 002597	600872 600519 002690 002436 601888
26	国元证券	信息技术——计算机运用与半导体	能源——能源	002027 002607 002301 002174 002195	002353 603983 603605 002007 600745

续表

排名	证券公司	最关注的行业	可信度最高的行业	最关注的股票	可信度最高的股票
27	开源证券	主要消费——食品、饮料与烟草	主要消费——主要用品零售与个人用品	600298 002507 603288 000703 600562	603505 002555 601933 000895 002847
28	广州广证恒生证券	医药卫生——医药生物与服务	金融地产——其他金融	0002555 603368 002841 002696 601900	002607 601012 002475 600588 002376
29	财通证券	可选消费——汽车与汽车零部件	工业——资本品	600104 002594 000625 600426 002675	603997 002916 603920 603259 603129
30	爱建证券	金融地产——其他金融	金融地产——其他金融	601888 000333 601688 002262 002508	002262 601318 603111 600999 000776

如第4.3节中给出的明星分析师数量评价方案所述,本书根据第4.2节中给出的行业划分方法,按照分析师的风险因子调整的可信度分数对各行业在各年份的可信度表现进行排名,选取各行业排名前五的分析师为明星分析师。因此,2017～2019年三个年度内20个行业共产生明星分析师300位。依据三年评价期内明星分析师的数量对证券公司进行评价的结果如表6-4所示。

表6-4　三年期证券公司明星分析师席位排名——风险因子调整的可信度分数

排名	证券公司	分析师数量（位）	评级的股票数量（只）	荐股评级数量（次）	明星分析师数量（位）
1	安信证券	58	943	4 211	29
2	长江证券	45	411	1 892	22
3	国金证券	61	456	2 255	21

续表

排名	证券公司	分析师数量（位）	评级的股票数量（只）	荐股评级数量（次）	明星分析师数量（位）
4	广发证券	52	820	4 629	19
5	东方证券	35	334	1 994	18
6	中泰证券	64	675	4 114	13
7	上海申银万国证券	69	725	4 609	12
8	中信建投证券	62	862	4 019	12
9	中银国际证券	43	325	1 840	12
10	中信证券	55	729	4 725	10
11	招商证券	70	784	4 830	9
12	光大证券	63	609	3 026	9
13	方正证券	61	649	2 936	9
14	天风证券	66	925	5 436	7
15	东北证券	47	881	3 171	7
16	太平洋证券	54	684	2 483	6
17	国海证券	20	577	1 775	6
18	国盛证券	36	293	1 124	6
19	群益证券	19	151	691	6
20	兴业证券	71	966	4 963	5
21	东吴证券	32	443	2 717	5
22	国信证券	47	566	2 674	5
23	信达证券	30	186	1 185	5
24	民生证券	47	665	2 338	4
25	粤开证券	20	343	761	4
26	华泰证券	64	714	4 326	3
27	西南证券	43	684	2 907	3
28	国元证券	25	211	499	3
29	国泰君安证券	82	1 027	4 567	2
30	海通证券	65	934	3 246	2

可以看出，在 2017 年 1 月 1 日至 2019 年 12 月 31 日的评价期内，以风险因子调整的可信度分数为分析师评价指标时，拥有明星分析师数量排在前五名的证券公司分别是：①安信证券（拥有明星分析师累计 29 位，活动分析师 58 位，评级股票 943 只，发布荐股评级累计 4 211 次）；②长江证券（拥有明星分析师累计 22 位，活动分析师 45 位，评级股票 411 只，发布荐股评级累计 1 892 次）；③国金证券（拥有明星分析师累计 21 位，活动分析师 61 位，评级股票 456 只，发布荐股评级累计 2 255 次）；④广发证券（拥有明星分析师累计 19 位，活动分析师 52 位，评级股票 820 只，发布荐股评级累计 4 629 次）；⑤东方证券（拥有明星分析师累计 18 位，活动分析师 35 位，评级股票 334 只，发布荐股评级累计 1 994 次）。

6.1.3　风险－经验因子调整的可信度分数

依据证券公司的风险－经验因子调整的可信度分数对证券公司进行评价的结果如表 6－5 所示。可以看出，在 2017 年 1 月 1 日至 2019 年 12 月 31 日的评价期内，荐股评级能力排在前五名的证券公司分别是：①长江证券（最关注的行业是原材料——原材料，可信度最高的行业是电信业务——电信服务与设备，最关注的股票是 601933，可信度最高的股票是 601888）；②国金证券（最关注的行业是工业——资本品，可信度最高的行业是电信业务——电信服务与设备，最关注的股票是 601888，可信度最高的股票是 601888）；③国盛证券（最关注的行业是工业——资本品，可信度最高的行业是金融地产——其他金融，最关注的股票是 603019，可信度最高的股票是 000977）；④东方证券（最关注的行业是可选消费——汽车与汽车零部件，可信度最高的行业是信息技术——计算机运用与半导体，最关注的股票是 601238，可信度最高的股票是 601888）；⑤安信证券（最关注的行业是工业——资本品，可信度最高的行业是主要消费——食品、饮料与烟草，最关注的股票是 002405，可信度最高的股票是 000661）。

表6–5　三年期证券公司荐股评级可信度评价——风险-经验因子调整的可信度分数

排名	证券公司	最关注的行业	可信度最高的行业	最关注的股票	可信度最高的股票
1	长江证券	原材料——原材料	电信业务——电信服务与设备	601933 601888 002024 000786 000921	601888 002032 002714 603338 601012
2	国金证券	工业——资本品	电信业务——电信服务与设备	601888 002044 600009 600521 601012	601888 600009 603816 000858 600305
3	国盛证券	工业——资本品	金融地产——其他金融	603019 601117 600271 601668 002376	000977 603707 002078 002436 603986
4	东方证券	可选消费——汽车与汽车零部件	信息技术——计算机运用与半导体	601238 600104 600535 601888 002294	601888 600519 603369 000858 002410
5	安信证券	工业——资本品	电信业务——电信服务与设备	002405 000977 000661 002123 002768	000661 600809 600519 600872 002311
6	广发证券	工业——资本品	主要消费——食品、饮料与烟草	600031 002024 000951 603686 601933	002714 600519 603638 603899 601100
7	华西证券	可选消费——汽车与汽车零部件	可选消费——消费者服务	000625 601633 600104 600271 000651	000625 603501 002465 002138 603228

续表

排名	证券公司	最关注的行业	可信度最高的行业	最关注的股票	可信度最高的股票
8	西部证券	可选消费——耐用消费品与服装	主要消费——主要用品零售与个人用品	000651 002624 600436 601636 002739	002624 002739 601012 601615 603708
9	粤开证券	工业——资本品	主要消费——主要用品零售与个人用品	601238 002050 603606 002007 002456	603606 002007 002129 002810 002594
10	东吴证券	工业——资本品	主要消费——食品、饮料与烟草	600031 002044 600048 600588 002353	002475 002607 002812 002008 603516
11	太平洋证券	原材料——原材料	可选消费——零售业	601633 600519 600031 600309 603179	000625 601100 002410 002463 601636
12	中泰证券	原材料——原材料	电信业务——电信服务与设备	600196 600276 000425 002773 600373	000596 002353 002311 002714 000661
13	中银国际证券	工业——资本品	工业——商业服务与用品	600104 002126 600438 603127 002139	002371 002281 600588 000938 603737
14	东北证券	原材料——原材料	主要消费——食品、饮料与烟草	002410 601006 603816 603369 600570	002916 002287 600383 002557 002475
15	群益证券	原材料——原材料	主要消费——主要用品零售与个人用品	600138 600519 000002 600309 601888	000858 600486 600690 601012 002583

续表

排名	证券公司	最关注的行业	可信度最高的行业	最关注的股票	可信度最高的股票
16	中信证券	工业——资本品	主要消费——食品、饮料与烟草	002594 600066 601888 001979 600104	600519 002475 603708 600031 002311
17	中信建投证券	原材料——原材料	主要消费——主要用品零售与个人用品	600276 002594 002191 000553 002511	000063 002475 601012 603605 002460
18	光大证券	原材料——原材料	金融地产——银行	600019 002024 601933 002294 000661	002607 603233 002371 603517 600588
19	方正证券	工业——资本品	主要消费——主要用品零售与个人用品	600031 603816 603338 601633 000425	000858 601888 000596 603899 002410
20	东兴证券	工业——资本品	主要消费——食品、饮料与烟草	600760 002179 002268 000513 600990	002371 600720 002607 600486 601100
21	国海证券	工业——资本品	金融地产——其他金融	002317 002661 601633 600176 002597	600872 600519 002690 002436 601888
22	财通证券	可选消费——汽车与汽车零部件	工业——资本品	600104 002594 000625 600426 002675	603997 002916 603920 603259 603129
23	国元证券	信息技术——计算机运用与半导体	能源——能源	002027 002607 002301 002174 002195	002353 603983 603605 002007 600745

续表

排名	证券公司	最关注的行业	可信度最高的行业	最关注的股票	可信度最高的股票
24	万联证券	原材料——原材料	可选消费——耐用消费品与服装	002821 601899 601336 002049 601601	002916 000960 601233 600066 002353
25	广州广证恒生证券	医药卫生——医药生物与服务	金融地产——其他金融	002555 603368 002841 002696 601900	002607 601012 002475 600588 002376
26	山西证券	可选消费——耐用消费品与服装	电信业务——电信服务与设备	603833 600104 600809 603588 603939	002242 002439 002032 600745 601336
27	招商证券	工业——资本品	电信业务——电信服务与设备	600754 601888 000063 002601 000858	600516 603986 603444 603180 002916
28	中原证券	原材料——原材料	工业——商业服务与用品	002555 002624 002648 600309 002027	600298 603027 002461 002091 000967
29	华金证券	工业——资本品	金融地产——房地产	601633 600104 002624 600699 600987	603337 603605 603811 600570 002697
30	信达证券	原材料——原材料	可选消费——零售业	600282 600486 000426 600867 603338	002129 600720 600027 601998 600271

如第4.3节中给出的明星分析师数量评价方案所述，本书根据第4.2节中给出的行业划分方法，按照分析师的风险-经验因子调整的可信度分数对

各行业在各年份的可信度表现进行排名，选取各行业排名前五的分析师为明星分析师。因此，2017~2019年三个年度内20个行业共产生明星分析师300位。依据三年评价期内明星分析师的数量对证券公司进行评价的结果如表6-6所示。

表6-6　三年期证券公司明星分析师席位排名——风险-经验因子调整的可信度分数

排名	证券公司	分析师数量（位）	评级的股票数量（只）	荐股评级数量（次）	明星分析师数量（位）
1	安信证券	58	943	4 211	33
2	广发证券	52	820	4 629	31
3	长江证券	45	411	1 892	21
4	中泰证券	64	675	4 114	19
5	东方证券	35	334	1 994	19
6	国金证券	61	456	2 255	18
7	中信证券	55	729	4 725	14
8	招商证券	70	784	4 830	12
9	光大证券	63	609	3 026	11
10	上海申银万国证券	69	725	4 609	10
11	华泰证券	64	714	4 326	10
12	中信建投证券	62	862	4 019	10
13	中银国际证券	43	325	1 840	9
14	天风证券	66	925	5 436	8
15	东吴证券	32	443	2 717	8
16	国盛证券	36	293	1 124	8
17	海通证券	65	934	3 246	7
18	兴业证券	71	966	4 963	5
19	方正证券	61	649	2 936	5
20	太平洋证券	54	684	2 483	4
21	华西证券	16	183	307	4

续表

排名	证券公司	分析师数量（位）	评级的股票数量（只）	荐股评级数量（次）	明星分析师数量（位）
22	国泰君安证券	82	1 027	4 567	3
23	东北证券	47	881	3 171	3
24	西南证券	43	684	2 907	3
25	群益证券	19	151	691	3
26	国信证券	47	566	2 674	2
27	国海证券	20	577	1 775	2
28	信达证券	30	186	1 185	2
29	财通证券	15	315	1 072	2
30	新时代证券	17	267	906	2

可以看出，在2017年1月1日至2019年12月31日的评价期内，以风险-经验因子调整的可信度分数为分析师评价指标时，拥有明星分析师数量排在前五名的证券公司分别是：①安信证券（拥有明星分析师累计33位，活动分析师58位，评级股票943只，发布荐股评级累计4 211次）；②广发证券（拥有明星分析师累计31位，活动分析师52位，评级股票820只，发布荐股评级累计4 629次）；③长江证券（拥有明星分析师累计21位，活动分析师45位，评级股票411只，发布荐股评级累计1 892次）；④中泰证券（拥有明星分析师累计19位，活动分析师64位，评级股票675只，发布荐股评级累计4 114次）；⑤东方证券（拥有明星分析师累计19位，活动分析师35位，评级股票334只，发布荐股评级累计1 994次）。

6.2 五年期证券公司评价

五年期的证券公司荐股评级能力评价是基于发布日期处于2015年1月1日至2019年12月31日的分析师荐股评级数据做出的，该数据集来源于国泰数据库CSMAR数据库。为了计算分析师荐股评级的可信度，本书还从Wind

金融数据库收集了相关股票以及大盘指数在2015年1月1日至2020年12月31日期间的日交易价格数据。

数据显示，在三年评价期内，共有来自87家证券公司的2 388位证券分析师对2 538只A股股票进行了荐股评级，发布的荐股评级总量为173 819次。其中有19家证券公司在五年评价期内发布的荐股评级不足30次，所以本书选择将其剔除，也就是说，本书在对证券公司在五年期内的荐股评级能力进行评价时，只选择其中发布了至少10次荐股评级的68家证券公司进行分析。

本书按照第4.3节给出的评价方案对证券公司的荐股评级能力进行评价。在评级过程中，本书一方面依据证券公司平均可信度分数、风险因子调整的可信度分数以及风险－经验因子调整的可信度分数对证券公司的表现进行排名，同时给出各个证券公司在评价期内最关注的行业、可信度最高的行业、最关注的5只股票以及可信度最高的5只股票等信息；另一方面，本书根据证券公司在上述各个评价指标下的明星分析师数量来对证券公司的荐股评级能力进行排名，同时给出各证券公司在评价期内的活动分析师数量，评级股票数量以及发布的荐股评级数量。

6.2.1 平均可信度分数

依据证券公司的平均可信度分数对证券公司进行评价的结果如表6－7所示。可以看出，在2015年1月1日至2019年12月31日的评价期内，荐股评级能力排在前五名的证券公司分别是：①齐鲁证券（最关注的行业是主要消费——食品、饮料与烟草，可信度最高的行业是能源——能源，最关注的股票是000639，可信度最高的股票是002202）；②西部证券（最关注的行业是可选消费——耐用消费品与服装，可信度最高的行业是主要消费——主要用品零售与个人用品，最关注的股票是000651，可信度最高的股票是002624）；③申万宏源证券（最关注的行业是工业——资本品，可信度最高的行业是金融地产——房地产，最关注的股票是002383，可信度最高的股票是002445）；④国盛证券（最关注的行业是工业——资本品，可信度最高的行业是信息技术——计算机运用与半导体，最关注的股票是603019，可信度最高的股票是000977）；⑤国金证券（最关注的行业是工业——资本品，可信度最高的行业是电信业务——

电信服务与设备，最关注的股票是601012，可信度最高的股票是601888）。

表6-7 五年期证券公司荐股评级可信度评价——平均可信度分数

排名	证券公司	最关注的行业	可信度最高的行业	最关注的股票	可信度最高的股票
1	齐鲁证券	主要消费——食品、饮料与烟草	能源——能源	000639 000876 002385 600073 002294	002202 002610 002588 601012 002022
2	西部证券	可选消费——耐用消费品与服装	主要消费——主要用品零售与个人用品	000651 002624 600436 601636 002739	002624 002739 601012 601615 603708
3	申万宏源证券	工业——资本品	金融地产——房地产	002383 601233 002402 002170 002217	002445 000555 000971 603077 600559
4	国盛证券	工业——资本品	信息技术——计算机运用与半导体	603019 601117 600271 601668 002376	000977 603707 002078 002436 603986
5	国金证券	工业——资本品	电信业务——电信服务与设备	601012 002044 601888 600009 600867	601888 603816 000858 002607 600004
6	申港证券	原材料——原材料	信息技术——计算机及电子设备	600309 002597 002027 002508 600690	002597 000977 002410 002405 002624
7	东方证券	可选消费——耐用消费品与服装	信息技术——计算机运用与半导体	601888 601238 002285 600535 600104	600519 600872 603369 000858 002410

续表

排名	证券公司	最关注的行业	可信度最高的行业	最关注的股票	可信度最高的股票
8	华西证券	可选消费——汽车与汽车零部件	可选消费——消费者服务	000625 601633 600104 600271 000651	000625 603501 002465 002138 603228
9	安信证券	工业——资本品	主要消费——主要用品零售与个人用品	002405 600201 000977 002572 002385	000661 600809 600031 002371 603708
10	广发证券	工业——资本品	主要消费——食品、饮料与烟草	000951 603686 000002 601933 600031	600383 600519 002714 000568 000661
11	长江证券	原材料——原材料	主要消费——主要用品零售与个人用品	002714 601012 600019 000711 601933	601888 600872 000858 002341 000656
12	中泰证券	工业——资本品	电信业务——电信服务与设备	600196 600276 600519 000568 000858	000568 000596 002353 000661 002410
13	群益证券	工业——资本品	可选消费——零售业	000002 600048 601318 600138 600519	600486 601933 600801 601012 002583
14	光大证券	原材料——原材料	主要消费——食品、饮料与烟草	002024 601933 002303 600019 600398	002607 603233 002371 603517 603658
15	中银国际证券	工业——资本品	主要消费——食品、饮料与烟草	600104 000002 601088 601808 002126	002371 002281 600693 000042 000938

续表

排名	证券公司	最关注的行业	可信度最高的行业	最关注的股票	可信度最高的股票
16	太平洋证券	原材料——原材料	可选消费——零售业	601633 600519 600031 600309 600438	000625 601100 002463 601636 603326
17	中信证券	工业——资本品	主要消费——食品、饮料与烟草	600066 002594 601633 601888 600104	600519 002311 603338 002475 603708
18	东吴证券	工业——资本品	工业——交通运输	603766 600031 002439 600643 600588	002475 002607 002812 002008 603516
19	粤开证券	工业——资本品	主要消费——主要用品零售与个人用品	601238 002050 603606 002007 002456	603606 002007 002129 002810 002594
20	广州广证恒生证券	医药卫生——医药生物与服务	工业——交通运输	002137 002555 603368 002841 000915	002407 002607 600580 601012 002475
21	中信建投证券	原材料——原材料	主要消费——主要用品零售与个人用品	600048 002191 600036 000967 000671	601012 603605 002463 002439 600277
22	东北证券	工业——资本品	主要消费——食品、饮料与烟草	002410 601006 603866 002482 600519	002475 600487 002916 002287 601799
23	方正证券	工业——资本品	主要消费——主要用品零售与个人用品	000568 600559 600298 600050 000858	601888 603899 600338 002410 600763

续表

排名	证券公司	最关注的行业	可信度最高的行业	最关注的股票	可信度最高的股票
24	中国中投证券	工业——资本品	主要消费——食品、饮料与烟草	002554 600048 600340 000002 000046	600622 000333 002372 002281 600252
25	海通证券	原材料——原材料	信息技术——计算机及电子设备	600340 000002 601933 600048 002024	002859 002171 002054 002374 600338
26	国海证券	工业——资本品	主要消费——主要用品零售与个人用品	000639 002661 002317 600872 000568	601222 002436 603708 000718 603027
27	东兴证券	工业——资本品	主要消费——食品、饮料与烟草	600760 002179 002268 000513 002146	600277 600720 000811 600030 603369
28	万联证券	原材料——原材料	能源——能源	002821 601899 601336 002049 601601	002916 000960 601233 600066 002353
29	山西证券	可选消费——耐用消费品与服装	电信业务——电信服务与设备	603833 600104 600809 002624 603588	002242 002439 002032 600745 601555
30	招商证券	工业——资本品	电信业务——电信服务与设备	000858 600887 600309 002475 002013	600516 603986 603444 603180 002916

如第4.3节中给出的明星分析师数量评价方案所述，本书根据第4.2节中给出的行业划分方法，按照分析师的平均可信度分数对各行业在各年份的

可信度表现进行排名，选取各行业排名前五位的分析师为明星分析师。因此，2015~2019年五个年度内20个行业共产生明星分析师500位。依据五年评价期内明星分析师的数量对证券公司进行评价的结果如表6-8所示。

表6-8　五年期证券公司明星分析师席位排名——平均可信度分数

排名	证券公司	分析师数量（位）	评级的股票数量（只）	荐股评级数量（次）	明星分析师数量（位）
1	安信证券	75	1 229	6 943	48
2	广发证券	67	1 050	7 174	36
3	长江证券	58	946	6 252	31
4	东方证券	52	392	2 631	27
5	中信证券	77	902	7 171	26
6	国金证券	90	697	3 544	24
7	中泰证券	75	773	5 161	23
8	中信建投证券	88	1 028	5 539	20
9	中银国际证券	63	495	3 026	19
10	上海申银万国证券	114	939	7 431	18
11	光大证券	79	731	4 056	17
12	招商证券	93	997	6 916	16
13	方正证券	80	846	4 029	14
14	群益证券	26	219	1 333	12
15	海通证券	99	1 365	7 517	11
16	东北证券	68	1 099	4 385	11
17	国海证券	28	799	2 658	11
18	国信证券	60	690	3 567	9
19	太平洋证券	59	755	2 857	9
20	兴业证券	90	1 197	8 520	8
21	天风证券	71	972	5 667	8

续表

排名	证券公司	分析师数量（位）	评级的股票数量（只）	荐股评级数量（次）	明星分析师数量（位）
22	民生证券	64	845	3 169	8
23	华泰证券	103	1 001	6 586	7
24	国盛证券	36	297	1 129	7
25	东吴证券	41	616	3 590	6
26	信达证券	34	226	2 070	6
27	浙商证券	47	284	1 617	6
28	西南证券	56	880	3 987	5
29	中金公司	102	678	9 506	4
30	国泰君安证券	114	1 326	7 973	4

可以看出，在2015年1月1日至2019年12月31日的评价期内，以平均可信度分数为分析师评价指标时，拥有明星分析师数量排在前五名的证券公司分别是：①安信证券（拥有明星分析师累计48位，活动分析师75位，评级股票1 229只，发布荐股评级累计6 943次）；②广发证券（拥有明星分析师累计36位，活动分析师67位，评级股票1 050只，发布荐股评级累计7 174次）；③长江证券（拥有明星分析师累计31位，活动分析师58位，评级股票946只，发布荐股评级累计6 252次）；④东方证券（拥有明星分析师累计27位，活动分析师52位，评级股票392只，发布荐股评级累计2 631次）；⑤中信证券（拥有明星分析师累计26位，活动分析师77位，评级股票902只，发布荐股评级累计7 171次）。

6.2.2 风险因子调整的可信度分数

依据证券公司的风险因子调整的可信度分数对证券公司进行评价的结果如表6-9所示。可以看出，在2015年1月1日至2019年12月31日的评价期内，荐股评级能力排在前五名的证券公司分别是：①齐鲁证券（最关注的行业是主要消费——食品、饮料与烟草，可信度最高的行业是能源——能源，最关注的股票是000639,可信度最高的股票是002202);②西部证券(最关注的行业是可选消费——耐用消费品与服装,可信度最高的行业是主要消费——主要用品零售与个人用品,最关注的股票是000651,可信度最高的股票是002624);③申万宏源证券(最关注的行业是工业——资本品,可信度最高的行业是金融地产——房地产,最关注的股票是002383,可信度最高的股票是002445);④国盛证券(最关注的行业是工业——资本品,可信度最高的行业是信息技术——计算机运用与半导体,最关注的股票是603019,可信度最高的股票是000977);⑤国金证券(最关注的行业是工业——资本品,可信度最高的行业是电信业务——电信服务与设备,最关注的股票是601012,可信度最高的股票是601888)。

表6-9　　五年期证券公司荐股评级可信度评价——风险因子调整的可信度分数

排名	证券公司	最关注的行业	可信度最高的行业	最关注的股票	可信度最高的股票
1	齐鲁证券	主要消费——食品、饮料与烟草	能源——能源	000639 000876 002385 600073 002294	002202 002610 002588 601012 002022
2	西部证券	可选消费——耐用消费品与服装	主要消费——主要用品零售与个人用品	000651 002624 600436 601636 002739	002624 002739 601012 601615 603708
3	申万宏源证券	工业——资本品	金融地产——房地产	002383 601233 002402 002170 002217	002445 000555 000971 603077 600559
4	国盛证券	工业——资本品	信息技术——计算机运用与半导体	603019 601117 600271 601668 002376	000977 603707 002078 002436 603986

续表

排名	证券公司	最关注的行业	可信度最高的行业	最关注的股票	可信度最高的股票
5	国金证券	工业——资本品	电信业务——电信服务与设备	601012 002044 601888 600009 600867	601888 603816 000858 002607 600004
6	东方证券	可选消费——耐用消费品与服装	信息技术——计算机运用与半导体	601888 601238 002285 600535 600104	600519 600872 603369 000858 002410
7	申港证券	原材料——原材料	信息技术——计算机及电子设备	600309 002597 002027 002508 600690	002597 000977 002410 002405 002624
8	华西证券	可选消费——汽车与汽车零部件	可选消费——消费者服务	000625 601633 600104 600271 000651	000625 603501 002465 002138 603228
9	安信证券	工业——资本品	主要消费——主要用品零售与个人用品	002405 600201 000977 002572 002385	000661 600809 600031 002371 603708
10	广发证券	工业——资本品	主要消费——食品、饮料与烟草	000951 603686 000002 601933 600031	600383 600519 002714 000568 000661
11	长江证券	原材料——原材料	主要消费——主要用品零售与个人用品	002714 601012 600019 000711 601933	601888 600872 000858 002341 000656
12	中泰证券	工业——资本品	电信业务——电信服务与设备	600196 600276 600519 000568 000858	000568 000596 002353 000661 002410

续表

排名	证券公司	最关注的行业	可信度最高的行业	最关注的股票	可信度最高的股票
13	群益证券	工业——资本品	可选消费——零售业	000002 600048 601318 600138 600519	600486 601933 600801 601012 002583
14	光大证券	原材料——原材料	主要消费——食品、饮料与烟草	002024 601933 002303 600019 600398	002607 603233 002371 603517 603658
15	中银国际证券	工业——资本品	主要消费——食品、饮料与烟草	600104 000002 601088 601808 002126	002371 002281 600693 000042 000938
16	太平洋证券	原材料——原材料	可选消费——零售业	601633 600519 600031 600309 600438	000625 601100 002463 601636 603326
17	中信证券	工业——资本品	主要消费——食品、饮料与烟草	600066 002594 601633 601888 600104	600519 002311 603338 002475 603708
18	东吴证券	工业——资本品	工业——交通运输	603766 600031 002439 600643 600588	002475 002607 002812 002008 603516
19	粤开证券	工业——资本品	主要消费——主要用品零售与个人用品	601238 002050 603606 002007 002456	603606 002007 002129 002810 002594
20	广州广证恒生证券	医药卫生——医药生物与服务	工业——交通运输	002137 002555 603368 002841 000915	002407 002607 600580 601012 002475

续表

排名	证券公司	最关注的行业	可信度最高的行业	最关注的股票	可信度最高的股票
21	中信建投证券	原材料——原材料	主要消费——主要用品零售与个人用品	600048 002191 600036 000967 000671	601012 603605 002463 002439 600277
22	东北证券	工业——资本品	主要消费——食品、饮料与烟草	002410 601006 603866 002482 600519	002475 600487 002916 002287 601799
23	方正证券	工业——资本品	主要消费——主要用品零售与个人用品	000568 600559 600298 600050 000858	601888 603899 600338 002410 600763
24	中国中投证券	工业——资本品	主要消费——食品、饮料与烟草	002554 600048 600340 000002 000046	600622 000333 002372 002281 600252
25	海通证券	原材料——原材料	信息技术——计算机及电子设备	600340 000002 601933 600048 002024	002859 002171 002054 002374 600338
26	国海证券	工业——资本品	主要消费——主要用品零售与个人用品	000639 002661 002317 600872 000568	601222 002436 603708 000718 603027
27	东兴证券	工业——资本品	主要消费——食品、饮料与烟草	600760 002179 002268 000513 002146	600277 600720 000811 600030 603369
28	万联证券	原材料——原材料	能源——能源	002821 601899 601336 002049 601601	002916 000960 601233 600066 002353

续表

排名	证券公司	最关注的行业	可信度最高的行业	最关注的股票	可信度最高的股票
29	山西证券	可选消费——耐用消费品与服装	电信业务——电信服务与设备	603833 600104 600809 002624 603588	002242 002439 002032 600745 601555
30	招商证券	工业——资本品	电信业务——电信服务与设备	000858 600887 600309 002475 002013	600516 603986 603444 603180 002916

如第4.3节中给出的明星分析师数量评价方案所述，本书根据第4.2节中给出的行业划分方法，按照分析师的风险因子调整的可信度分数对各行业在各年份的可信度表现进行排名，选取各行业排名前五位的分析师为明星分析师。因此，2015~2019年五个年度内20个行业共产生明星分析师500位。依据五年评价期内明星分析师的数量对证券公司进行评价的结果如表6-10所示。

表6-10 五年期证券公司明星分析师席位排名——风险因子调整的可信度分数

排名	证券公司	分析师数量（位）	评级的股票数量（只）	荐股评级数量（次）	明星分析师数量（位）
1	安信证券	75	1 229	6 943	47
2	广发证券	67	1 050	7 174	34
3	长江证券	58	946	6 252	33
4	中信证券	77	902	7 171	27
5	东方证券	52	392	2 631	26
6	中泰证券	75	773	5 161	25
7	国金证券	90	697	3 544	25
8	上海申银万国证券	114	939	7 431	20
9	中信建投证券	88	1 028	5 539	19

续表

排名	证券公司	分析师数量（位）	评级的股票数量（只）	荐股评级数量（次）	明星分析师数量（位）
10	中银国际证券	63	495	3 026	18
11	招商证券	93	997	6 916	16
12	光大证券	79	731	4 056	16
13	方正证券	80	846	4 029	14
14	群益证券	26	219	1 333	13
15	海通证券	99	1 365	7 517	12
16	东北证券	68	1 099	4 385	11
17	国海证券	28	799	2 658	10
18	天风证券	71	972	5 667	9
19	国信证券	60	690	3 567	9
20	太平洋证券	59	755	2 857	9
21	民生证券	64	845	3 169	8
22	兴业证券	90	1 197	8 520	7
23	华泰证券	103	1 001	6 586	7
24	东吴证券	41	616	3 590	7
25	信达证券	34	226	2 070	6
26	浙商证券	47	284	1 617	6
27	国盛证券	36	297	1 129	6
28	西南证券	56	880	3 987	5
29	国泰君安证券	114	1 326	7 973	4
30	粤开证券	23	404	893	4

可以看出，在2015年1月1日至2019年12月31日的评价期内，以风险因子调整的可信度分数为分析师评价指标时，拥有明星分析师数量排在前五名的证券公司分别是：①安信证券（拥有明星分析师累计47位，活动分析师75位，评级股票1 229只，发布荐股评级累计6 943次）；②广发证券（拥有明星分析师累计34位，活动分析师67位，评级股票1 050只，发布荐股评级

累计 7 174 次）；③长江证券（拥有明星分析师累计 33 位，活动分析师 58 位，评级股票 946 只，发布荐股评级累计 6 252 次）；④中信证券（拥有明星分析师累计 27 位，活动分析师 77 位，评级股票 902 只，发布荐股评级累计 7 171 次）；⑤东方证券（拥有明星分析师累计 26 位，活动分析师 52 位，评级股票 392 只，发布荐股评级累计 2 631 次）。

6.2.3 风险-经验因子调整的可信度分数

依据证券公司的风险-经验因子调整的可信度分数对证券公司进行评价的结果如表 6-11 所示。可以看出，在 2015 年 1 月 1 日至 2019 年 12 月 31 日的评价期内，荐股评级能力排在前五名的证券公司分别是：①齐鲁证券（最关注的行业是主要消费——食品、饮料与烟草，可信度最高的行业是能源——能源，最关注的股票是 000639，可信度最高的股票是 002202）；②国盛证券（最关注的行业是工业——资本品，可信度最高的行业是信息技术——计算机运用与半导体，最关注的股票是 603019，可信度最高的股票是 000977）；③国金证券（最关注的行业是工业——资本品，可信度最高的行业是电信业务——电信服务与设备，最关注的股票是 601012，可信度最高的股票是 601888）；④东方证券（最关注的行业是可选消费——耐用消费品与服装，可信度最高的行业是信息技术——计算机运用与半导体，最关注的股票是 601888，可信度最高的股票是 600519）；⑤安信证券（最关注的行业是工业——资本品，可信度最高的行业是主要消费——主要用品零售与个人用品，最关注的股票是 002405，可信度最高的股票是 000661）。

表 6-11　五年期证券公司荐股评级可信度评价——风险-经验因子调整的可信度分数

排名	证券公司	最关注的行业	可信度最高的行业	最关注的股票	可信度最高的股票
1	齐鲁证券	主要消费——食品、饮料与烟草	能源——能源	000639 000876 002385 600073 002294	002202 002610 002588 601012 002022

续表

排名	证券公司	最关注的行业	可信度最高的行业	最关注的股票	可信度最高的股票
2	国盛证券	工业——资本品	信息技术——计算机运用与半导体	603019 601117 600271 601668 002376	000977 603707 002078 002436 603986
3	国金证券	工业——资本品	电信业务——电信服务与设备	601012 002044 601888 600009 600867	601888 603816 000858 002607 600004
4	东方证券	可选消费——耐用消费品与服装	信息技术——计算机运用与半导体	601888 601238 002285 600535 600104	600519 600872 603369 000858 002410
5	安信证券	工业——资本品	主要消费——主要用品零售与个人用品	002405 600201 00977 002572 002385	000661 600809 600031 002371 603708
6	广发证券	工业——资本品	主要消费——食品、饮料与烟草	000951 603686 000002 601933 600031	600383 600519 002714 000568 000661
7	申万宏源证券	工业——资本品	金融地产——房地产	002383 601233 002402 002170 002217	002445 000555 000971 603077 600559
8	长江证券	原材料——原材料	主要消费——主要用品零售与个人用品	002714 601012 600019 000711 601933	601888 600872 000858 002341 000656
9	华西证券	可选消费——汽车与汽车零部件	可选消费——消费者服务	000625 601633 600104 600271 000651	000625 603501 002465 002138 603228

续表

排名	证券公司	最关注的行业	可信度最高的行业	最关注的股票	可信度最高的股票
10	西部证券	可选消费——耐用消费品与服装	主要消费——主要用品零售与个人用品	000651 002624 600436 601636 002739	002624 002739 601012 601615 603708
11	中泰证券	工业——资本品	电信业务——电信服务与设备	600196 600276 600519 000568 000858	000568 000596 002353 000661 002410
12	群益证券	工业——资本品	可选消费——零售业	000002 600048 601318 600138 600519	600486 601933 600801 601012 002583
13	光大证券	原材料——原材料	主要消费——食品、饮料与烟草	002024 601933 002303 600019 600398	002607 603233 002371 603517 603658
14	中银国际证券	工业——资本品	主要消费——食品、饮料与烟草	600104 000002 601088 601808 002126	002371 002281 600693 000042 000938
15	太平洋证券	原材料——原材料	可选消费——零售业	601633 600519 600031 600309 600438	000625 601100 002463 601636 603326
16	中信证券	工业——资本品	主要消费——食品、饮料与烟草	600066 002594 601633 601888 600104	600519 002311 603338 002475 603708
17	东吴证券	工业——资本品	工业——交通运输	603766 600031 002439 600643 600588	002475 002607 002812 002008 603516

续表

排名	证券公司	最关注的行业	可信度最高的行业	最关注的股票	可信度最高的股票
18	粤开证券	工业——资本品	主要消费——主要用品零售与个人用品	601238 002050 603606 002007 002456	603606 002007 002129 002810 002594
19	广州广证恒生证券	医药卫生——医药生物与服务	工业——交通运输	002137 002555 603368 002841 000915	002407 002607 600580 601012 002475
20	中信建投证券	原材料——原材料	主要消费——主要用品零售与个人用品	600048 002191 600036 000967 000671	601012 603605 002463 002439 600277
21	东北证券	工业——资本品	主要消费——食品、饮料与烟草	002410 601006 603866 002482 600519	002475 600487 002916 002287 601799
22	方正证券	工业——资本品	主要消费——主要用品零售与个人用品	000568 600559 600298 600050 000858	601888 603899 600338 002410 600763
23	中国中投证券	工业——资本品	主要消费——食品、饮料与烟草	002554 600048 600340 000002 000046	600622 000333 002372 002281 600252
24	海通证券	原材料——原材料	信息技术——计算机及电子设备	600340 000002 601933 600048 002024	002859 002171 002054 002374 600338
25	国海证券	工业——资本品	主要消费——主要用品零售与个人用品	000639 002661 002317 600872 000568	601222 002436 603708 000718 603027

续表

排名	证券公司	最关注的行业	可信度最高的行业	最关注的股票	可信度最高的股票
26	东兴证券	工业——资本品	主要消费——食品、饮料与烟草	600760 002179 002268 000513 002146	600277 600720 000811 600030 603369
27	招商证券	工业——资本品	电信业务——电信服务与设备	000858 600887 600309 002475 002013	600516 603986 603444 603180 002916
28	财通证券	可选消费——汽车与汽车零部件	工业——资本品	600104 002594 000625 600426 002675	603997 002916 603920 603259 603129
29	万联证券	原材料——原材料	能源——能源	002821 601899 601336 002049 601601	002916 000960 601233 600066 002353
30	上海申银万国证券	原材料——原材料	主要消费——食品、饮料与烟草	002450 600309 000997 002572 002701	002488 600845 002264 002100 000048

如第4.3节中给出的明星分析师数量评价方案所述，本书根据第4.2节中给出的行业划分方法，按照分析师的风险-经验因子调整的可信度分数对各行业在各年份的可信度表现进行排名，选取各行业排名前五位的分析师为明星分析师。因此，2015～2019年五个年度内20个行业共产生明星分析师500位。依据五年评价期内明星分析师的数量对证券公司进行评价的结果如表6-12所示。

表6-12 五年期证券公司明星分析师席位排名——风险-经验因子调整的可信度分数

排名	证券公司	分析师数量（位）	评级的股票数量（只）	荐股评级数量（次）	明星分析师数量（位）
1	安信证券	75	1 229	6 943	57
2	广发证券	67	1 050	7 174	52
3	长江证券	58	946	6 252	48
4	中泰证券	75	773	5 161	33
5	中信证券	77	902	7 171	30
6	东方证券	52	392	2 631	24
7	国金证券	90	697	3 544	23
8	招商证券	93	997	6 916	19
9	光大证券	79	731	4 056	19
10	海通证券	99	1 365	7 517	18
11	中银国际证券	63	495	3 026	16
12	上海申银万国证券	114	939	7 431	15
13	中信建投证券	88	1 028	5 539	14
14	兴业证券	90	1 197	8 520	11
15	华泰证券	103	1 001	6 586	11
16	东吴证券	41	616	3 590	11
17	天风证券	71	972	5 667	9
18	方正证券	80	846	4 029	8
19	群益证券	26	219	1 333	8
20	国盛证券	36	297	1 129	8
21	国海证券	28	799	2 658	7
22	东北证券	68	1 099	4 385	5
23	国信证券	60	690	3 567	5
24	太平洋证券	59	755	2 857	5
25	国泰君安证券	114	1 326	7 973	4
26	民生证券	64	845	3 169	4

续表

排名	证券公司	分析师数量（位）	评级的股票数量（只）	荐股评级数量（次）	明星分析师数量（位）
27	信达证券	34	226	2 070	4
28	华西证券	16	183	307	4
29	西南证券	56	880	3 987	3
30	中金公司	102	678	9 506	2

可以看出，在2015年1月1日至2019年12月31日的评价期内，以风险－经验因子调整的可信度分数为分析师评价指标时，拥有明星分析师数量排在前五名的证券公司分别是：①安信证券（拥有明星分析师累计57位，活动分析师75位，评级股票1 229只，发布荐股评级累计6 943次）；②广发证券（拥有明星分析师累计52位，活动分析师67位，评级股票1 050只，发布荐股评级累计7 174次）；③长江证券（拥有明星分析师累计48位，活动分析师58位，评级股票946只，发布荐股评级累计6 252次）；④中泰证券（拥有明星分析师累计33位，活动分析师75位，评级股票773只，发布荐股评级累计5 161次）；⑤中信证券（拥有明星分析师累计30位，活动分析师77位，评级股票902只，发布荐股评级累计7 171次）。

7 评价结果分析与启示

本章将针对第 6 章中给出的证券公司荐股评级能力评价结果进行分析，并基于相关分析结果为投资者提供相应的实践启示。本章首先在第 7.1 节中详细介绍样本选择与相关必要数据的准备过程，然后从券商活跃度、券商经营状况以及券商的目标个股偏好三个不同的角度对证券公司荐股评级的可信度表现进行分析，相应的实践启示也在分析结果之后给出。

7.1 样本选择与数据准备

7.1.1 证券公司选择与划分

在第 6 章中，本书根据可信度分数和明星分析师数量对证券公司的荐股评级能力进行了评价。在此，我们根据上述相关评价结果，选取两种类型的证券公司作为本章的分析样本。第一类是"排名前列"的证券公司，它们指的是给定评价期与评价指标类型（平均可信度分数、风险因子调整的可信度分数或者风险-经验因子调整的可信度分数），在基于可信度分数的证券公司评价结果中排名前 30 位，并且在基于明星分析师数量的评价结果中也排名前 30 位的证券公司；第二类是"排名欠佳"的证券公司，它们指的是给定评价期与评价指标类型（平均可信度分数、风险因子调整的可信度分数或者风险-经验因子调整的可信度分数),在基于可信度分数的证券公司评价结果中排名后30位,并且同时在基于明星分析师数量的评价结果中也排名后30位的证券公司。基于第6章的评价结果,最终选取的"排名前列"的证券公司具体如表7-1所示。

表7-1　　　　"排名前列"证券公司样本选择

评价指标	评价期	证券公司
平均可信度分数	三年评价期 2017~2019年	东北证券、东吴证券、东方证券、中信建投证券、中信证券、中泰证券、中银国际证券、光大证券、国元证券、国海证券、国盛证券、国金证券、太平洋证券、安信证券、广发证券、方正证券、粤开证券、长江证券
	五年评价期 2015~2019年	东北证券、东吴证券、东方证券、中信建投证券、中信证券、中泰证券、中银国际证券、光大证券、国海证券、国盛证券、国金证券、太平洋证券、安信证券、广发证券、招商证券、方正证券、海通证券、长江证券
风险因子调整的可信度分数	三年评价期 2017~2019年	东北证券、东吴证券、东方证券、中信建投证券、中信证券、中泰证券、中银国际证券、光大证券、国元证券、国海证券、国盛证券、国金证券、太平洋证券、安信证券、广发证券、方正证券、粤开证券、长江证券
	五年评价期 2015~2019年	东北证券、东吴证券、东方证券、中信建投证券、中信证券、中泰证券、中银国际证券、光大证券、国海证券、国盛证券、国金证券、太平洋证券、安信证券、广发证券、招商证券、方正证券、海通证券、粤开证券、长江证券
风险-经验因子调整的可信度分数	三年评价期 2017~2019年	东北证券、东吴证券、东方证券、中信建投证券、中信证券、中泰证券、中银国际证券、信达证券、光大证券、华西证券、国海证券、国盛证券、国金证券、太平洋证券、安信证券、广发证券、招商证券、方正证券、财通证券、长江证券
	五年评价期 2015~2019年	东北证券、东吴证券、东方证券、中信建投证券、中信证券、中泰证券、中银国际证券、光大证券、华西证券、国海证券、国盛证券、国金证券、太平洋证券、安信证券、广发证券、招商证券、方正证券、海通证券、长江证券

7.1.2　证券公司指标选取

7.1.2.1　券商活跃度

本章选取证券公司在评价期内发布荐股评级的分析师数量、评级的目标个股数量、评级的行业数量以及发布的荐股评级数量来刻画证券公司的活跃程度。以上四个变量的数值越大，则表明证券公司的活跃程度越高。

7.1.2.2 券商经营状况

为了反映证券公司的经营状况，我们从中国证券业协会官网收集了各证券公司在评价期内各年度的经营数据①，本章主要提取各证券公司的净资产（Net Assets）、净利润（Net Profit）和净资产收益率（Return on Equity）这三个指标。在上述指标的基础上，本章计算各证券公司在评价期内各年度的指标的均值作为最终刻画证券公司在评价期内经营状况的指标。

7.1.2.3 目标个股偏好

第6章的评价结果显示各证券公司跟踪的目标股票通常存在较大差异，因此有必要对证券公司评价的目标股票的特征进行分析。本章选择目标个股所代表的上市公司的每股盈余（earnings per share）、净资产收益率（return on equity）、资产负债率（debt to asset ratio）和荐股评级关注度（report attention）来刻画被评价股票的特征。

7.2 分析与启示

7.2.1 券商活跃度

7.2.1.1 三年期

当评价期选定为三年且以平均可信度分数为评价指标时，排名前列的证券公司（18家）与排名欠佳的证券公司（14家）的活跃度差异如图7-1所示。其中，图7-1（a）显示排名前列的证券公司所拥有的活跃分析师数量

---

① 证券公司业绩排名 [EB/OL]. 中国证券业协会网站, https：//www.sac.net.cn/hysj/zqgsyjpm/.

（mean＝46.28）要显著高于（p＝0.001）排名欠佳的证券公司所拥有的活跃分析师数量（mean＝20.36）；图 7-1（b）显示排名前列的证券公司所跟踪评价的股票数量（mean＝569.17）要显著高于（p＜0.001）排名欠佳的证券公司所跟踪评价的股票数量（mean＝220.71）；图 7-1（c）显示排名前列的证券公司所跟踪评价的行业数量（mean＝19.44）要显著高于（p＝0.005）排名欠佳的证券公司所跟踪评价的行业数量（mean＝15.14）；图 7-1（d）显示排名前列的证券公司所发布的荐股评级数量（mean＝2 676.17）要显著高于（p＝0.005）排名欠佳的证券公司所发布的荐股评级数量（mean＝1 058.00）。

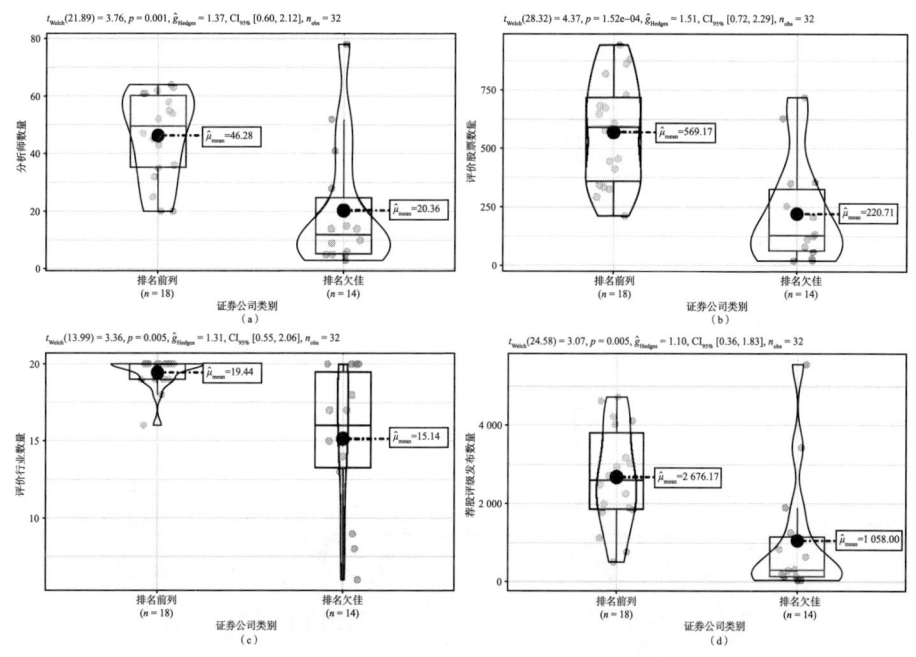

图 7-1 三年期证券公司活跃度对比——平均可信度分数

当评价期选定为三年且以风险因子调整的可信度分数为评价指标时，排名前列的证券公司（18 家）与排名欠佳的证券公司（15 家）的活跃度差异如图 7-2 所示。其中，图 7-2（a）显示排名前列的证券公司所拥有的活跃分析师数量（mean＝46.28）要显著高于（p＝0.001）排名欠佳的证券公司所拥有的活跃分析师数量（mean = 20.07）；图 7 - 2（b）显示排名前列的证券公司所跟踪评价的股票数量（mean = 569.17）要显著高于（p < 0.001）排名欠佳的证券公司所跟踪评价的股票数量（mean = 213.13）；图 7 - 2（c）显示排名前列的证券公司所跟踪评价的行业数量（mean = 19.44）要显著高于（p = 0.004）排名欠佳的证券公司所跟踪评价的行业数量（mean = 15.33）；图 7 - 2（d）显示排名前列的证券公司所发布的荐股评级数量（mean = 2 676.17）要显著高于（p = 0.003）排名欠佳的证券公司所发布的荐股评级数量（mean = 1 007.67）。

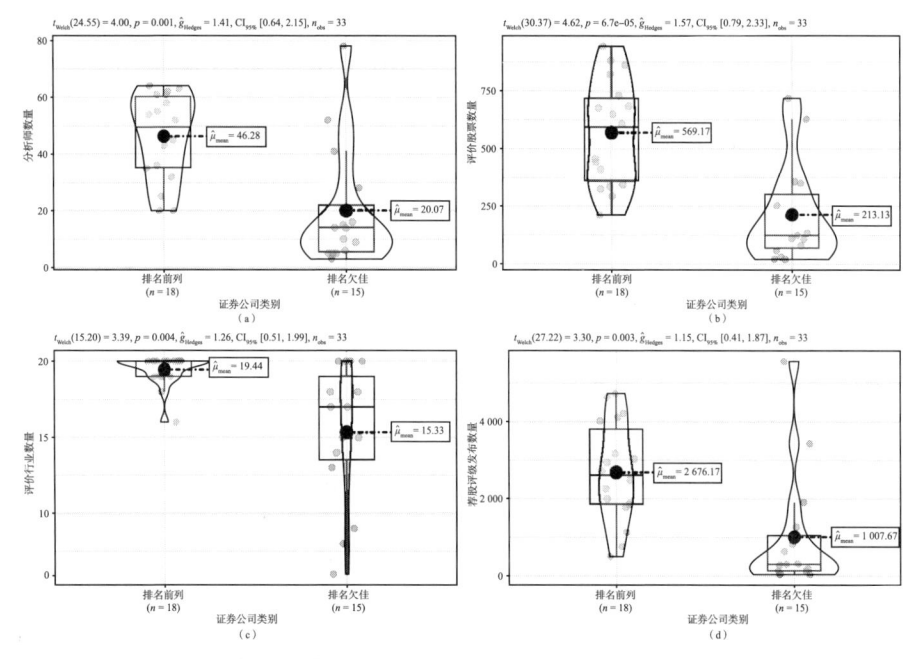

图 7 - 2　三年期证券公司活跃度对比——风险因子调整的可信度分数

当评价期选定为三年且以风险 - 经验因子调整的可信度分数为评价指标时，排名前列的证券公司（20 家）与排名欠佳的证券公司（22 家）的活跃度差异如图 7 - 3 所示。其中，图 7 - 3（a）显示排名前列的证券公司所拥有的活跃分析师数量（mean = 45.95）要显著高于（p < 0.001）排名欠佳的证券公司所拥有的活跃分析师数量（mean = 14.32）；图 7 - 3（b）显

7 | 评价结果分析与启示

示排名前列的证券公司所跟踪评价的股票数量（mean = 557.95）要显著高于（p < 0.001）排名欠佳的证券公司所跟踪评价的股票数量（mean = 143.14）；图 7-3（c）显示排名前列的证券公司所跟踪评价的行业数量（mean = 19.30）要显著高于（p < 0.001）排名欠佳的证券公司所跟踪评价的行业数量（mean = 13.82）；图 7-3（d）显示排名前列的证券公司所发布的荐股评级数量（mean = 2 715.25）要显著高于（p < 0.001）排名欠佳的证券公司所发布的荐股评级数量（mean = 518.77）。

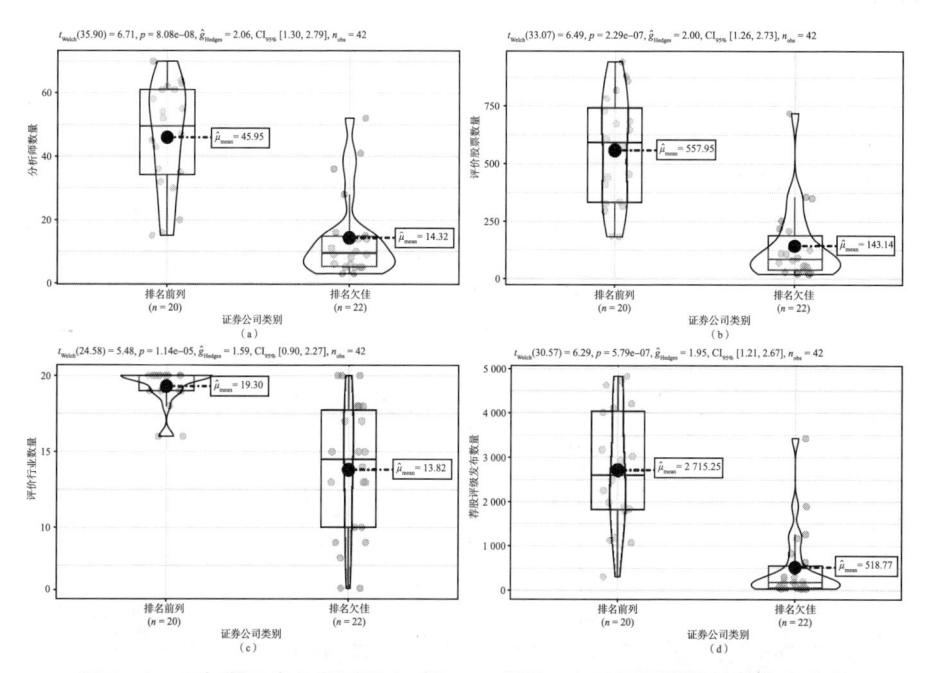

图 7-3 三年期证券公司活跃度对比——风险－经验因子调整的可信度分数

7.2.1.2 五年期

当评价期选定为五年且以平均可信度分数为评价指标时，排名前列的证券公司（18 家）与排名欠佳的证券公司（15 家）的活跃度差异如图 7-4 所示。其中，图 7-4（a）显示排名前列的证券公司所拥有的活跃分析师数量（mean = 68.22）要显著高于（p < 0.001）排名欠佳的证券公司所拥有的活跃

分析师数量（mean = 16.67）；图7-4（b）显示排名前列的证券公司所跟踪评价的股票数量（mean = 834.28）要显著高于（p < 0.001）排名欠佳的证券公司所跟踪评价的股票数量（mean = 209.07）；图7-4（c）显示排名前列的证券公司所跟踪评价的行业数量（mean = 19.89）要显著高于（p = 0.001）排名欠佳的证券公司所跟踪评价的行业数量（mean = 15.80）；图7-4（d）显示排名前列的证券公司所发布的荐股评级数量（mean = 4 698.78）要显著高于（p < 0.001）排名欠佳的证券公司所发布的荐股评级数量（mean = 683.40）。

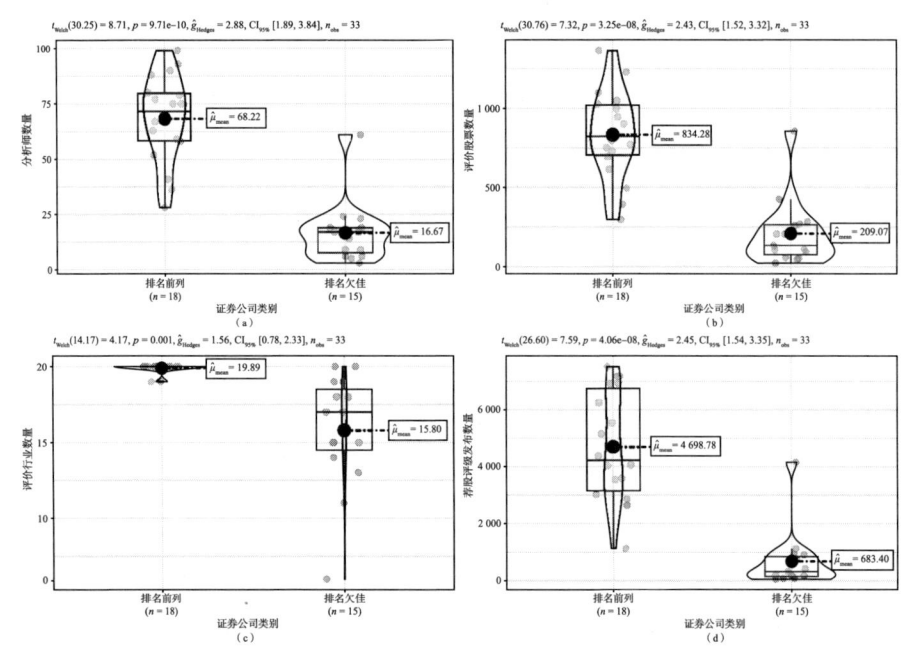

图7-4　五年期证券公司活跃度对比——平均可信度分数

当评价期选定为五年且以风险因子调整的可信度分数为评价指标时，排名前列的证券公司（19家）与排名欠佳的证券公司（15家）的活跃度差异如图7-5所示。其中，图7-5（a）显示排名前列的证券公司所拥有的活跃分析师数量（mean = 65.84）要显著高于（p < 0.001）排名欠佳的证券公司所拥有的活跃分析师数量（mean = 16.60）；图7-5（b）显示排名前列的证

券公司所跟踪评价的股票数量（mean = 811.63）要显著高于（p < 0.001）排名欠佳的证券公司所跟踪评价的股票数量（mean = 190.27）；图 7 - 5（c）显示排名前列的证券公司所跟踪评价的行业数量（mean = 19.84）要显著高于（p = 0.001）排名欠佳的证券公司所跟踪评价的行业数量（mean = 15.73）；图 7 - 5（d）显示排名前列的证券公司所发布的荐股评级数量（mean = 4 498.47）要显著高于（p < 0.001）排名欠佳的证券公司所发布的荐股评级数量（mean = 633.40）。

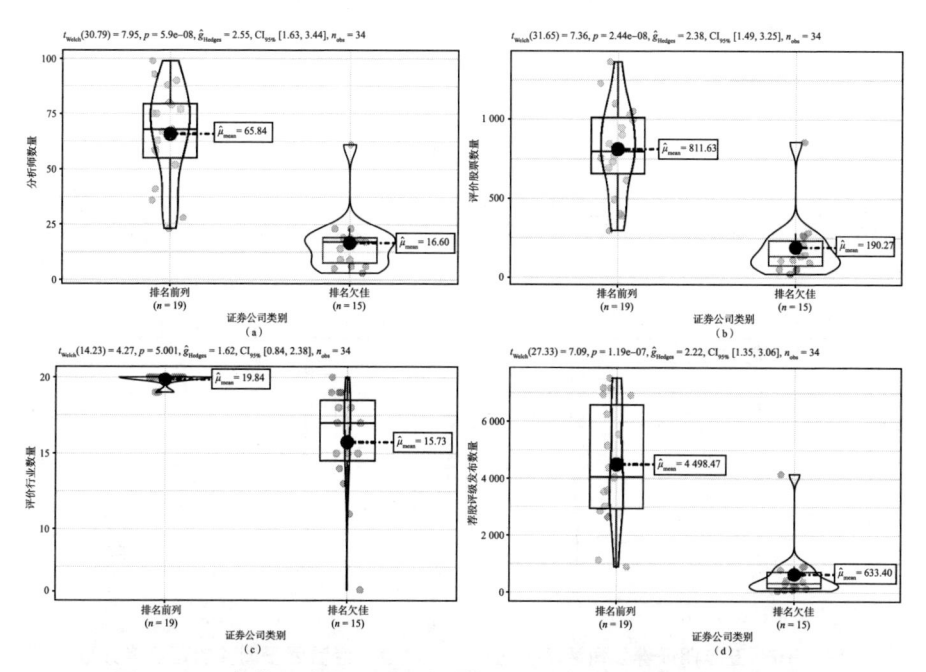

图 7 - 5　五年期证券公司活跃度对比——风险因子调整的可信度分数

当评价期选定为五年且以风险-经验因子调整的可信度分数为评价指标时，排名前列的证券公司（19 家）与排名欠佳的证券公司（20 家）的活跃度差异如图 7 - 6 所示。其中，图 7 - 6（a）显示排名前列的证券公司所拥有的活跃分析师数量（mean = 65.47）要显著高于（p < 0.001）排名欠佳的证券公司所拥有的活跃分析师数量（mean = 15.30）；图 7 - 6（b）显示排名前列的证券公司所跟踪评价的股票数量（mean = 800.00）要显著高于

（p<0.001）排名欠佳的证券公司所跟踪评价的股票数量（mean=165.50）；图7-6（c）显示排名前列的证券公司所跟踪评价的行业数量（mean=19.68）要显著高于（p<0.001）排名欠佳的证券公司所跟踪评价的行业数量（mean=15.10）；图7-6（d）显示排名前列的证券公司所发布的荐股评级数量（mean=4 467.63）要显著高于（p<0.001）排名欠佳的证券公司所发布的荐股评级数量（mean=512.65）。

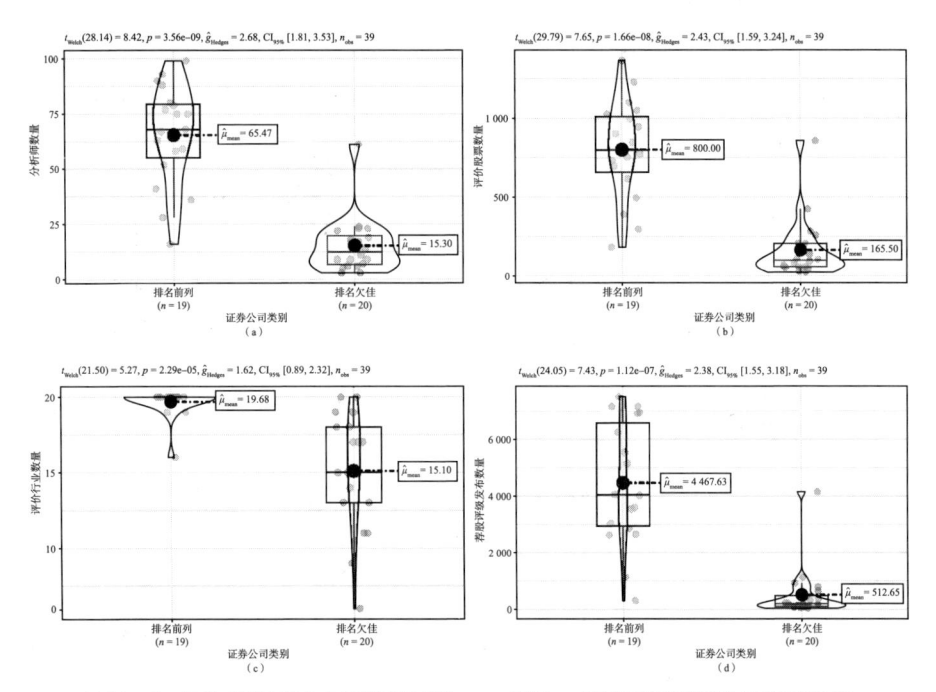

图7-6　五年期证券公司活跃度对比——风险-经验因子调整的可信度分数

上述实验结果主要验证了排名前列的证券公司与排名欠佳的证券公司在券商活跃程度方面的差异，可以看到，无论采用何种评价期、评价指标以及券商活跃度量指标，排名前列的证券公司的活跃度总是显著地高于排名欠佳的证券公司。因此，投资者在利用证券分析师发布的荐股评级辅助投资决策时，应该更加关注活跃程度相对较高的证券公司。

7.2.2 券商经营状况

7.2.2.1 三年期

当评价期选定为三年且以平均可信度分数为评价指标时，排名前列的证券公司（18家）与排名欠佳的证券公司（14家）的经营状况差异如图7-7所示。其中，图7-7（a）显示排名前列的证券公司所拥有的净资产（mean = 3 435 595.06万元）要显著高于（p = 0.009）排名欠佳的证券公司所拥有的净资产（mean = 1 177 888.05万元）；图7-7（b）显示排名前列的证券公司的净利润（mean = 191 477.83万元）要显著高于（p = 0.047）排名欠佳的证券公司的净利润（mean = 56 054.24万元）；图7-7（c）显示排名前列的证券公司的净资产收益率（mean = 0.04）要高于（p = 0.354）排名欠佳的证券公司的净资产收益率（mean = 0.03）。

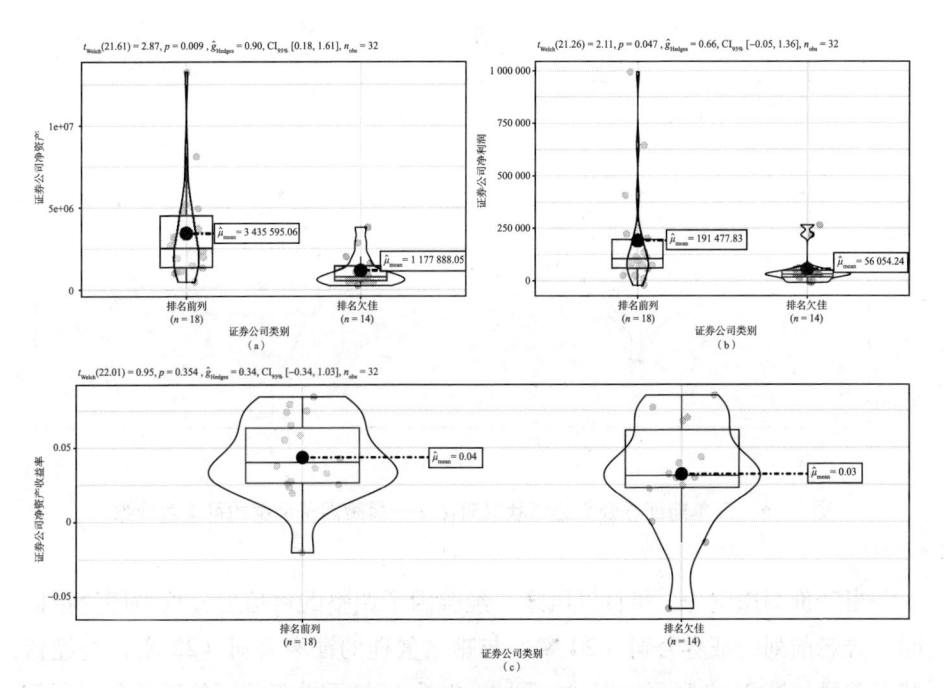

图7-7 三年期证券公司经营状况对比——平均可信度分数

当评价期选定为三年且以风险因子调整的可信度分数为评价指标时，排名前列的证券公司（18家）与排名欠佳的证券公司（15家）的经营状况差异如图7-8所示。其中，图7-8（a）显示排名前列的证券公司所拥有的净资产（mean = 3 435 595.06 万元）要显著高于（p = 0.007）排名欠佳的证券公司所拥有的净资产（mean = 1 109 069.22 万元）；图7-8（b）显示排名前列的证券公司的净利润（mean = 191 477.83 万元）要显著高于（p = 0.040）排名欠佳的证券公司的净利润（mean = 52 224.09 万元）；图7-8（c）显示排名前列的证券公司的净资产收益率（mean = 0.04）要高于（p = 0.237）排名欠佳的证券公司的净资产收益率（mean = 0.03）。

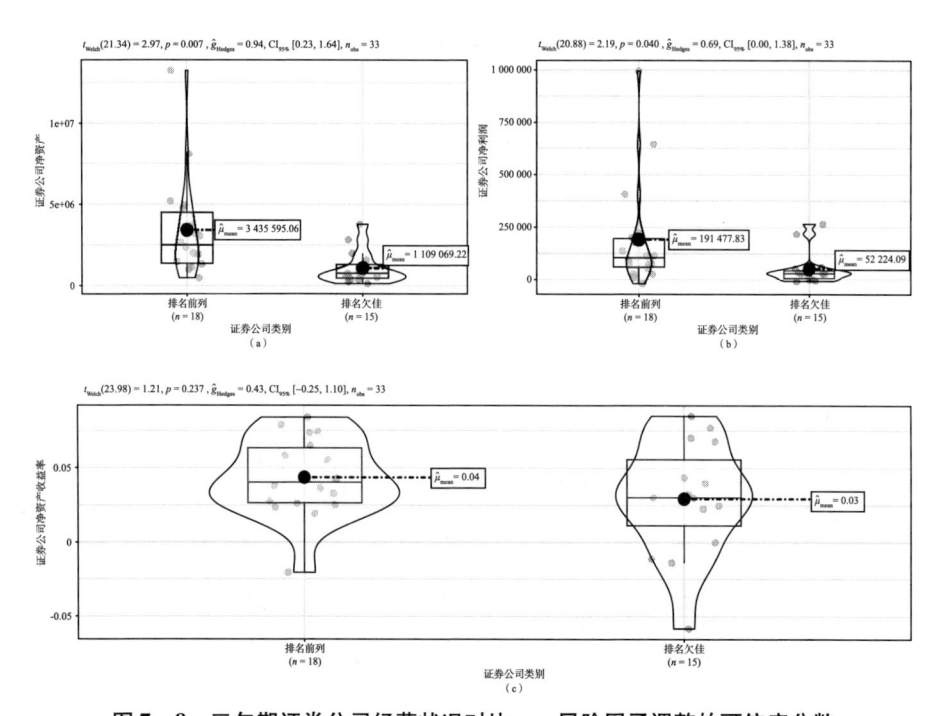

图7-8　三年期证券公司经营状况对比——风险因子调整的可信度分数

当评价期选定为三年且以风险-经验因子调整的可信度分数为评价指标时，排名前列的证券公司（20家）与排名欠佳的证券公司（22家）的经营状况差异如图7-9所示。其中，图7-9（a）显示排名前列的证券公司所拥有的净资产（mean = 3 570 755.04 万元）要显著高于（p = 0.001）排名欠佳的证券公司所拥有的净资产（mean = 883 463.26 万元）；图7-9（b）显示排名前列的证券公司的净利润（mean = 208 641.57 万元）要显著高于（p = 0.008）排名欠佳的证券公司的净利润（mean = 37 356.58 万元）；图7-9（c）显示排名前列的证券公司的净资产收益率（mean = 0.05）要显著高于（p = 0.063）排名欠佳的证券公司的净资产收益率（mean = 0.03）。

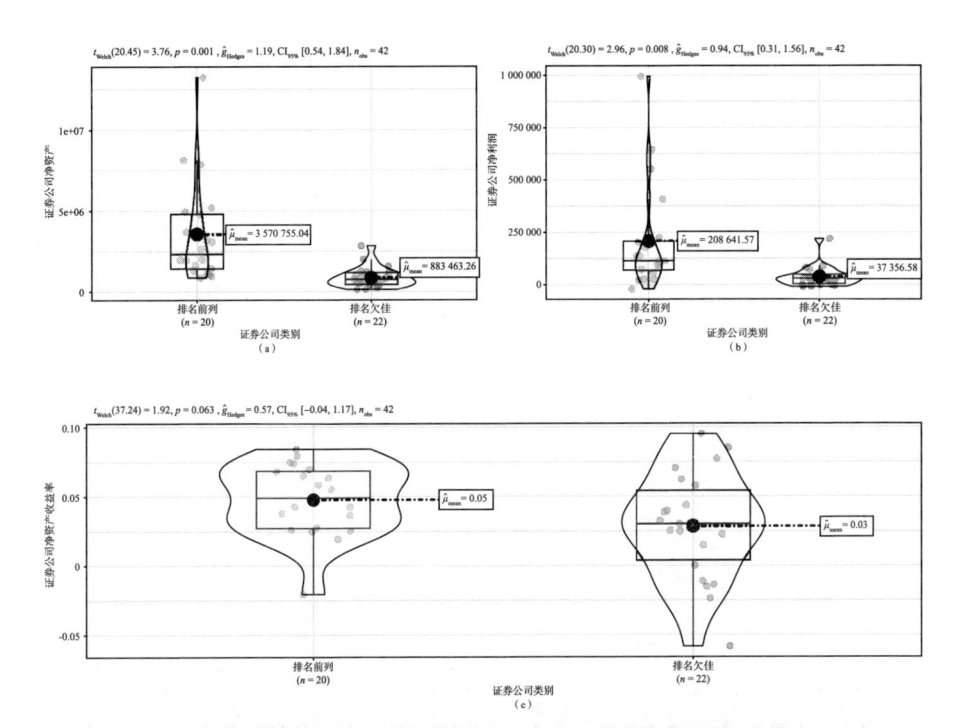

图7-9 三年期证券公司经营状况对比——风险-经验因子调整的可信度分数

7.2.2.2 五年期

当评价期选定为五年且以平均可信度分数为评价指标时，排名前列的证券公司（18家）与排名欠佳的证券公司（15家）的经营状况差异如图7-10所示。其中，图7-10（a）显示排名前列的证券公司所拥有的净资产（mean = 4 053 759.56 万元）要显著高于（p = 0.001）排名欠佳的证券公司所拥有的净资产（mean = 788 912.20 万元）；图 7 – 10（b）显示排名前列的证券公司的净利润（mean = 326 832.69 万元）要显著高于（p = 0.001）排名欠佳的证券公司的净利润（mean = 48 057.97 万元）；图 7 – 10（c）显示排名前列的证券公司的净资产收益率（mean = 0.08）要高于（p = 0.342）排名欠佳的证券公司的净资产收益率（mean = 0.07）。

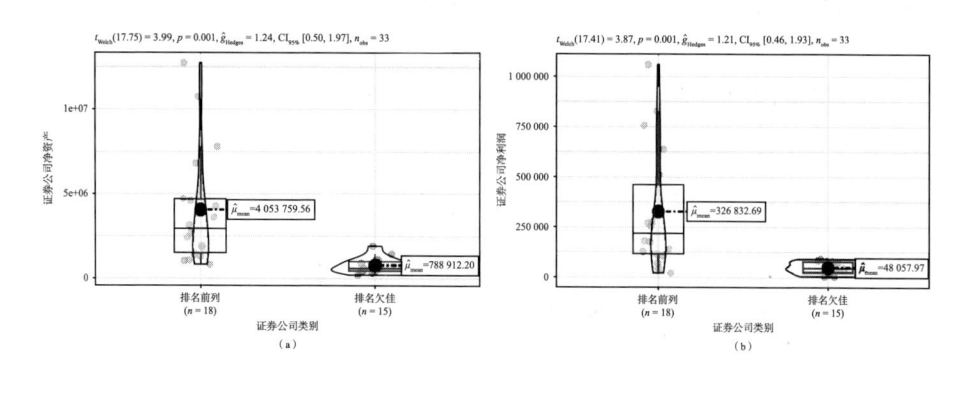

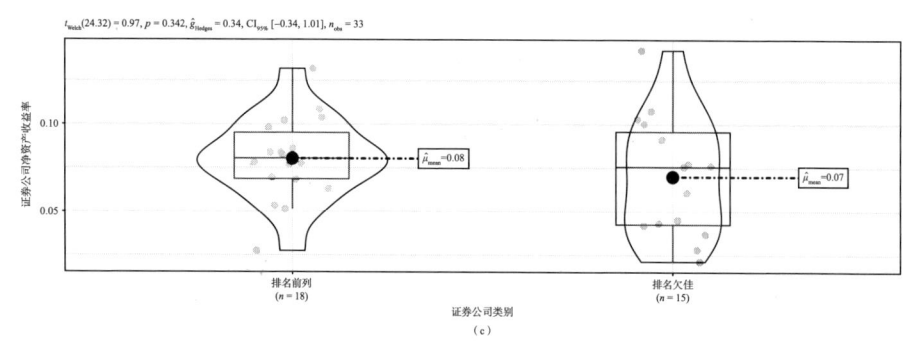

图 7 – 10 五年期证券公司经营状况对比——平均可信度分数

当评价期选定为五年且以风险因子调整的可信度分数为评价指标时，排名前列的证券公司（19 家）与排名欠佳的证券公司（15 家）的经营状况差异如图 7 – 11 所示。其中，图 7 – 11（a）显示排名前列的证券公司所拥有的净资产（mean = 3 865 984.48 万元）要显著高于（p = 0.001）排名欠佳的证券公司所拥有净资产（mean = 760 563.41 万元）；图 7 – 11（b）显示排名前列的证券公司的净利润（mean = 310 232.81 万元）要显著高于（p = 0.001）

排名欠佳的证券公司的净利润（mean = 46 260.29 万元）；图 7 – 11（c）显示排名前列的证券公司的净资产收益率（mean = 0.08）要高于（p = 0.430）排名欠佳的证券公司的净资产收益率（mean = 0.07）。

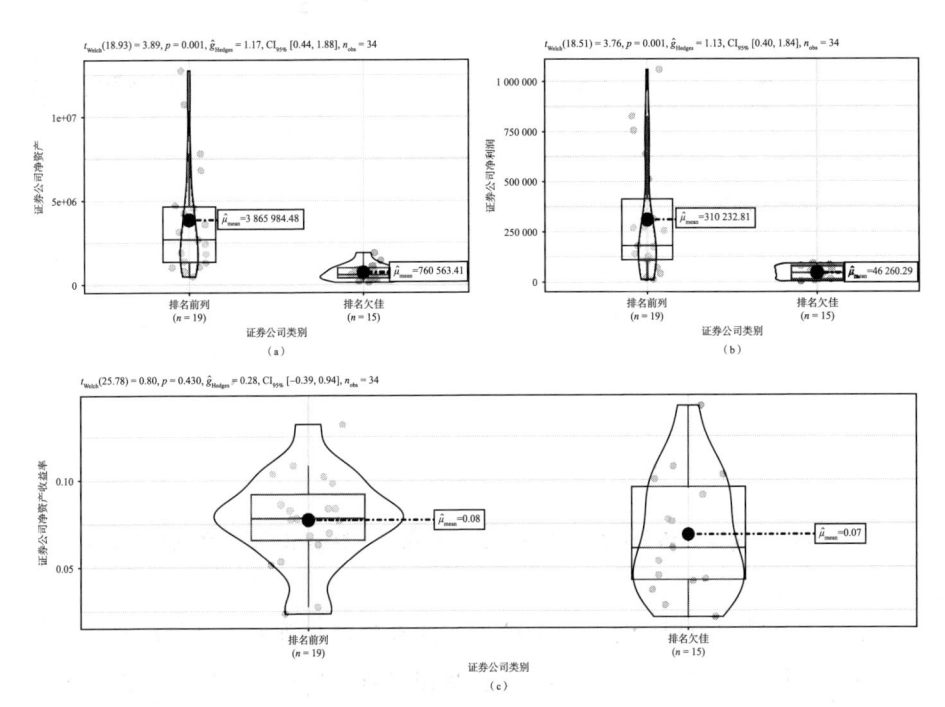

图 7 – 11　五年期证券公司经营状况对比——风险因子调整的可信度分数

当评价期选定为五年且以风险 – 经验因子调整的可信度分数为评价指标时，排名前列的证券公司（19 家）与排名欠佳的证券公司（20 家）的经营状况差异如图 7 – 12 所示。其中，图 7 – 12（a）显示排名前列的证券公司所拥有的净资产（mean = 3 917 355.37 万元）要显著高于（p = 0.001）排名欠佳的证券公司所拥有的净资产（mean = 685 776.90 万元）；图 7 – 12（b）显示排名前列的证券公司的净利润（mean = 316 896.81 万元）要显著高于（p = 0.001）排名欠佳的证券公司的净利润（mean = 41 902.01 万元）；图 7 – 12（c）显示排名前列的证券公司的净资产收益率（mean = 0.08）要显著高于（p = 0.077）排名欠佳的证券公司的净资产收益率（mean = 0.06）。

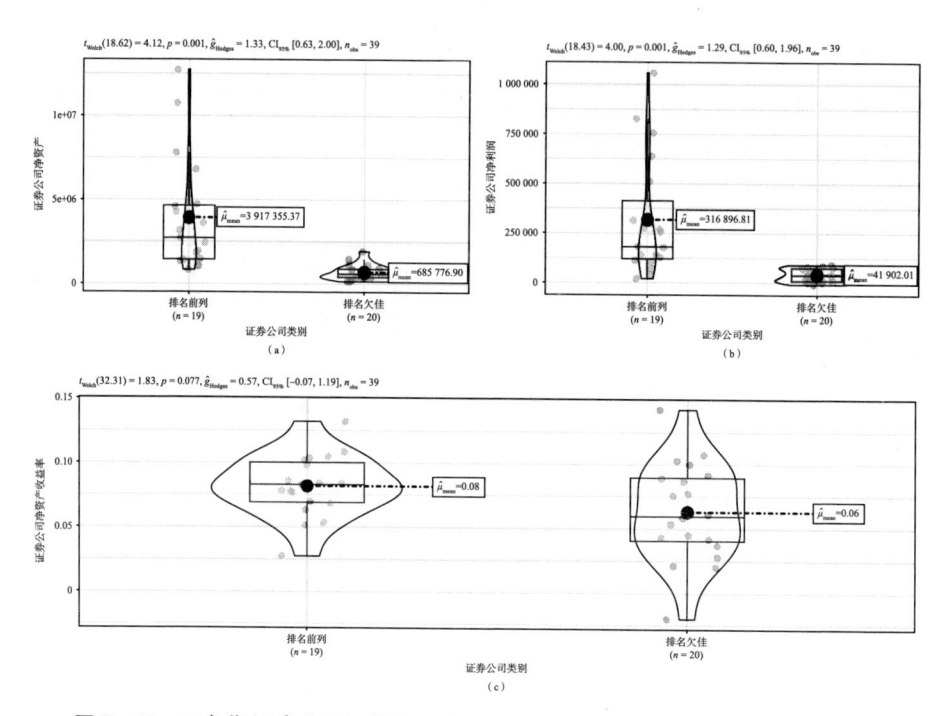

图 7－12　五年期证券公司经营状况对比——风险－经验因子调整的可信度分数

上述实验结果主要验证了排名前列的证券公司与排名欠佳的证券公司在经营状况方面的差异，可以看到，无论采用何种评价期、评价指标以及证券公司经营状况的度量指标，排名前列的证券公司的经营状况在大多数情况下都要显著高于排名欠佳的证券公司。因此，投资者在利用证券分析师发布的荐股评级辅助投资决策时，应该更加关注经营状况相对良好的证券公司。

7.2.3　目标个股偏好

7.2.3.1　三年期

当评价期选定为三年且以平均可信度分数为评价指标时，排名前列的证券公司（18家）与排名欠佳的证券公司（14家）对目标个股的偏好差异如图 7－13 所示。其中，图 7－13（a）显示排名前列的证券公司所跟踪评价的上市公司的每股盈余（mean = 0.97）要显著低于（p = 0.084）排名欠佳的证券公司所跟踪评价的上市公司的每股盈余（mean = 1.16）；图 7 – 13（b）显示排名前列的证券公司所跟踪评价的上市公司的净资产收益率（mean = 12.79）要低于（p = 0.234）排名欠佳的证券公司所跟踪评价的上市公司的净资产收益率（mean = 13.53）；图 7 – 13（c）显示排名前列的证券公司所跟踪评价的上市公司的资产负债率（mean = 45.99）要显著高于（p = 0.053）排名欠佳的证券公司所跟踪评价的上市公司的资产负债率（mean = 43.27）；图 7 – 13（d）显示排名前列的证券公司所跟踪评价的上市公司的荐股评级关注度（mean = 49.89）要显著低于（p = 0.030）排名欠佳的证券公司所跟踪评价的上市公司的荐股评级关注度（mean = 56.97）。

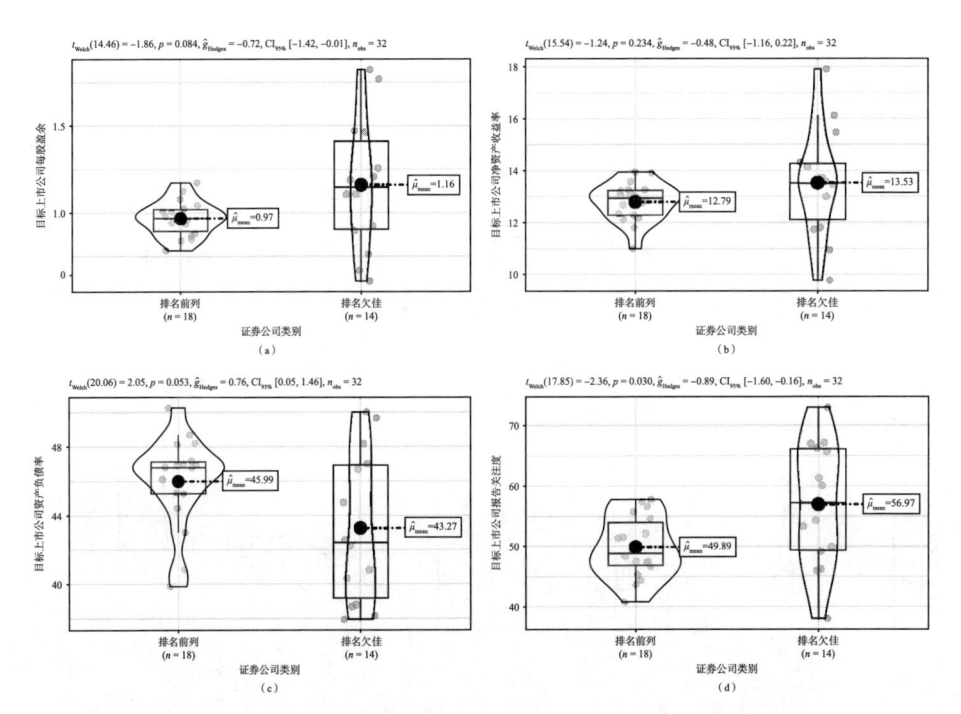

图 7 – 13　三年期证券公司目标个股偏好对比——平均可信度分数

当评价期选定为三年且以风险因子调整的可信度分数为评价指标时，排名前列的证券公司（18 家）与排名欠佳的证券公司（15 家）对目标个股的偏好差异如图 7 – 14 所示。其中，图 7 – 14（a）显示排名前列的证券公司所跟踪评价的上市公司的每股盈余（mean=0.97）要显著低于（p=0.049）排名欠佳的证券公司所跟踪评价的上市公司的每股盈余（mean=1.18）；图7-14（b）显示排名前列的证券公司所跟踪评价的上市公司的净资产收益率（mean=12.79）要低于（p=0.244）排名欠佳的证券公司所跟踪评价的上市公司的净资产收益率（mean=13.47）；图7-14（c）显示排名前列的证券公司所跟踪评价的上市公司的资产负债率（mean=45.99）要显著高于（p=0.081）排名欠佳的证券公司所跟踪评价的上市公司的资产负债率（mean=43.61）；图7-14（d）显示排名前列的证券公司所跟踪评价的上市公司的荐股评级关注度（mean=49.89）要显著低于（p=0.032）排名欠佳的证券公司所跟踪评价的上市公司的荐股评级关注度（mean=56.49）。

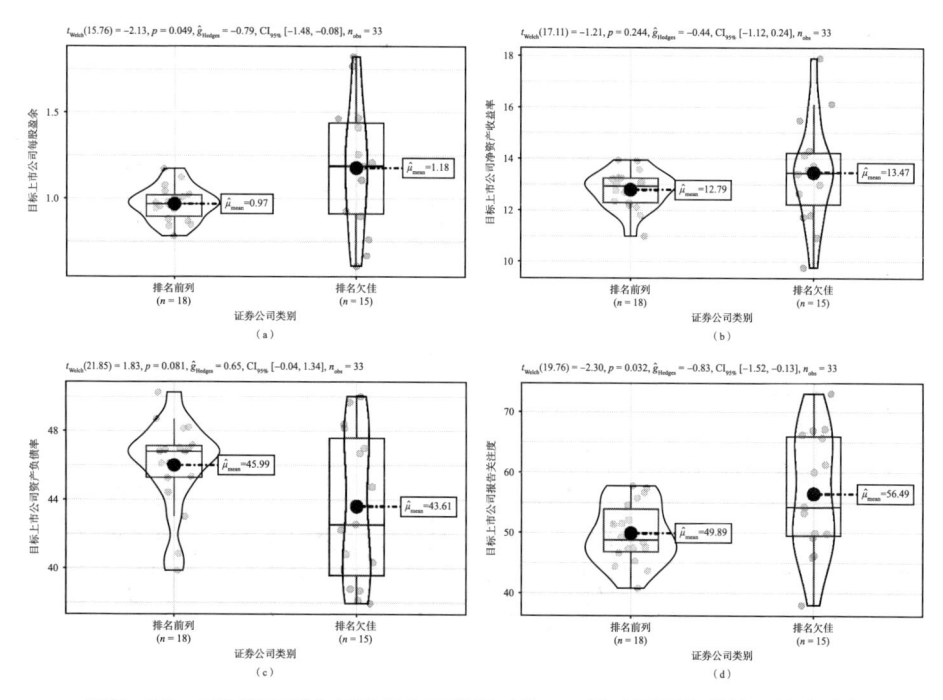

图7-14 三年期证券公司目标个股偏好对比——风险因子调整的可信度分数

当评价期选定为三年且以风险-经验因子调整的可信度分数为评价指标时，排名前列的证券公司（20家）与排名欠佳的证券公司（22家）对目标个股的偏好差异如图7-15所示。其中，图7-15（a）显示排名前列的证券公司所跟踪评价的上市公司的每股盈余（mean = 0.98）要显著低于（p = 0.073）排名欠佳的证券公司所跟踪评价的上市公司的每股盈余（mean = 1.12）；图 7 – 15（b）显示排名前列的证券公司所跟踪评价的上市公司的净资产收益率（mean = 12.67）要显著低于（p = 0.061）排名欠佳的证券公司所跟踪评价的上市公司的净资产收益率（mean = 13.69）；图 7 – 15（c）显示排名前列的证券公司所跟踪评价的上市公司的资产负债率（mean = 46.38）要显著高于（p = 0.023）排名欠佳的证券公司所跟踪评价的上市公司的资产负债率（mean = 43.85）；图 7 – 15（d）显示排名前列的证券公司所跟踪评价的上市公司的荐股评级关注度（mean = 51.21）要低于（p = 0.110）排名欠佳的证券公司所跟踪评价的上市公司的荐股评级关注度（mean = 56.73）。

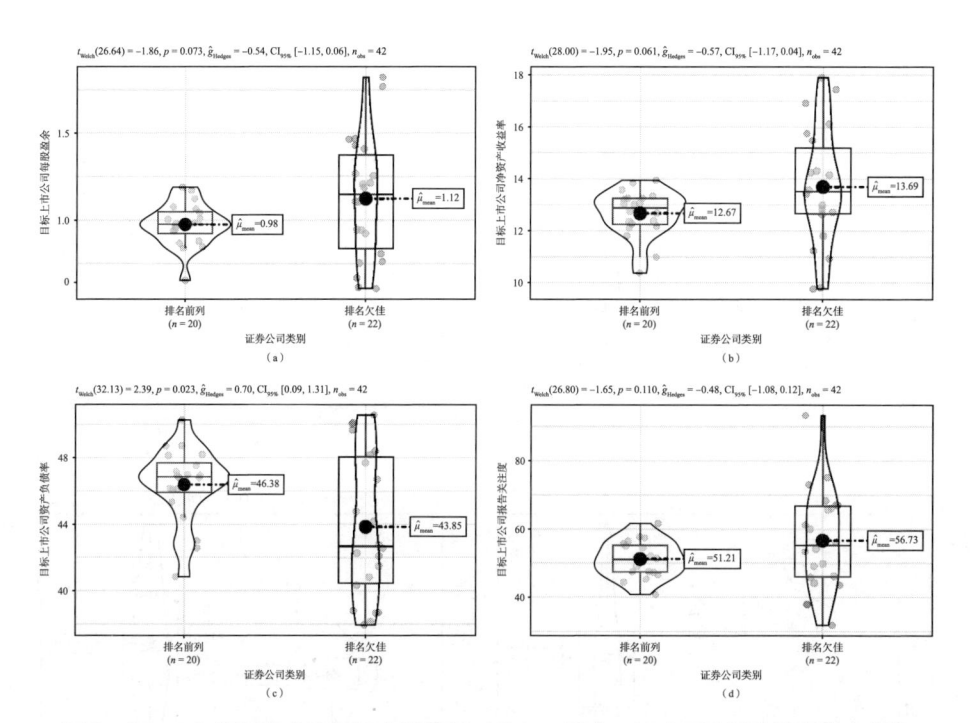

图 7 – 15 三年期证券公司目标个股偏好对比——风险 – 经验因子调整的可信度分数

7.2.3.2 五年期

当评价期选定为五年且以平均可信度分数为评价指标时，排名前列的证券公司（18家）与排名欠佳的证券公司（15家）对目标个股的偏好差异如图 7-16 所示。其中，图 7-16（a）显示排名前列的证券公司所跟踪评价的上市公司的每股盈余（mean = 0.86）要显著低于（p = 0.059）排名欠佳的证券公司所跟踪评价的上市公司的每股盈余（mean = 1.05）；图 7-16（b）显示排名前列的证券公司所跟踪评价的上市公司的净资产收益率（mean = 11.79）要显著低于（p = 0.045）排名欠佳的证券公司所跟踪评价的上市公司的净资产收益率（mean = 12.99）；图 7-16（c）显示排名前列的证券公司所跟踪评价的上市公司的资产负债率（mean = 46.62）要显著高于（p = 0.075）排名欠佳的证券公司所跟踪评价的上市公司的资产负债率（mean = 44.15）；图 7-16（d）显示排名前列的证券公司所跟踪评价的上市公司的荐股评级关注度（mean = 44.68）要显著低于（p = 0.098）排名欠佳的证券公司所跟踪评价的上市公司的荐股评级关注度（mean = 50.64）。

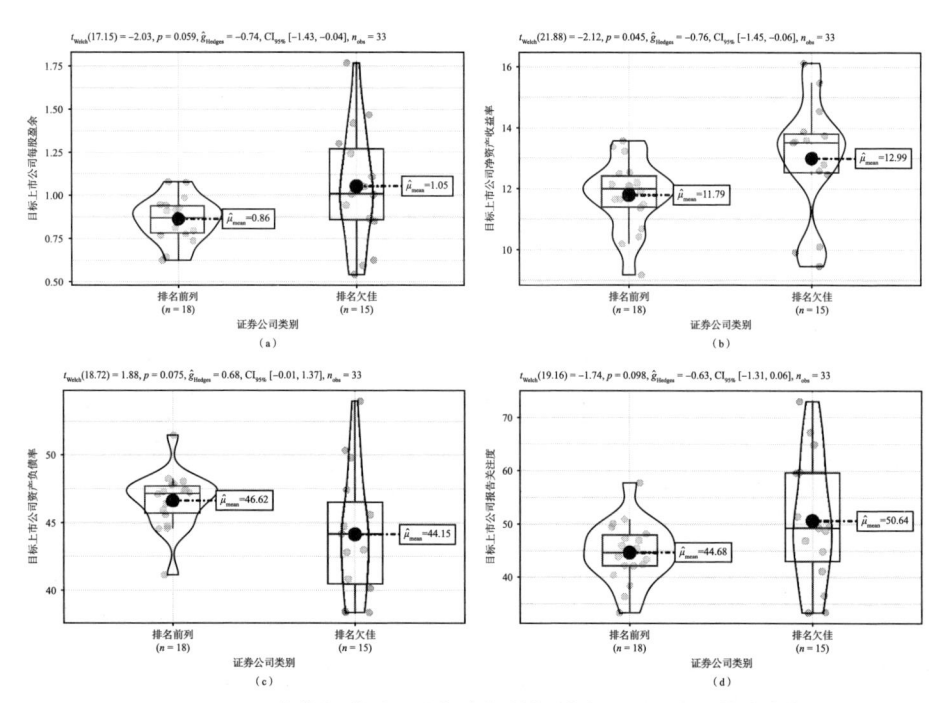

图 7-16 五年期证券公司目标个股偏好对比——平均可信度分数

当评价期选定为五年且以风险因子调整的可信度分数为评价指标时，排名前列的证券公司（19家）与排名欠佳的证券公司（15家）对目标个股的偏好差异如图7-17所示。其中，图7-17（a）显示排名前列的证券公司所跟踪评价的上市公司的每股盈余（mean=0.87）要显著低于（p=0.048）排名欠佳的证券公司所跟踪评价的上市公司的每股盈余（mean=1.07）；图7-17（b）显示排名前列的证券公司所跟踪评价的上市公司的净资产收益率（mean=11.81）要低于（p=0.099）排名欠佳的证券公司所跟踪评价的上市公司的净资产收益率（mean=12.77）；图7-17（c）显示排名前列的证券公司所跟踪评价的上市公司的资产负债率（mean=46.53）要高于（p=0.151）排名欠佳的证券公司所跟踪评价的上市公司的资产负债率（mean=44.53）；图7-17（d）显示排名前列的证券公司所跟踪评价的上市公司的荐股评级关注度（mean=44.70）要低于（p=0.115）排名欠佳的证券公司所跟踪评价的上市公司的荐股评级关注度（mean=50.36）。

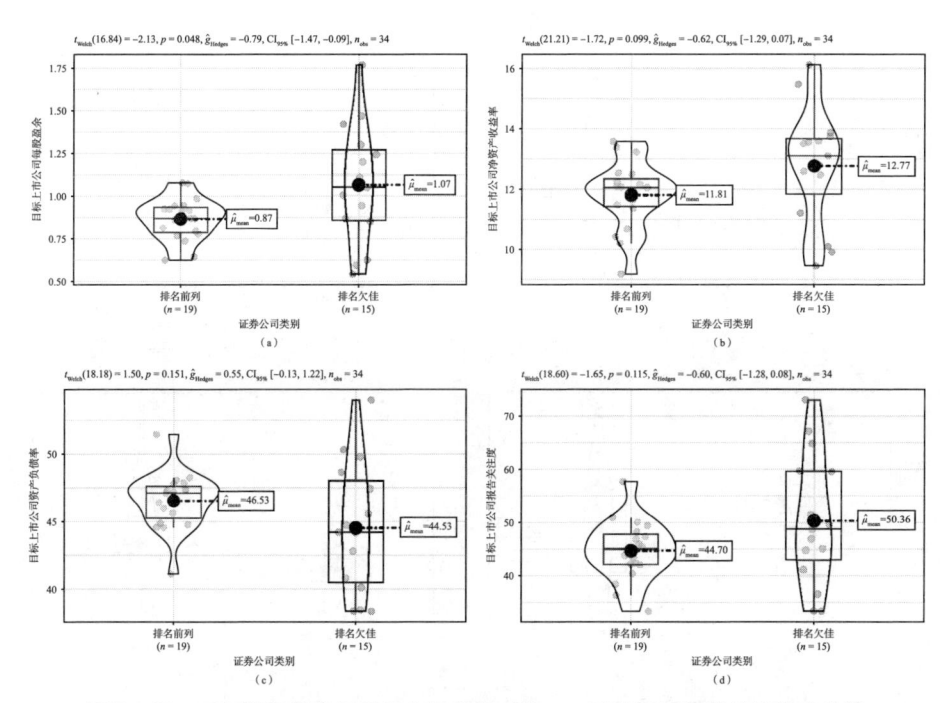

图7-17　五年期证券公司目标个股偏好对比——风险因子调整的可信度分数

当评价期选定为五年且以风险-经验因子调整的可信度分数为评价指标时，排名前列的证券公司（19家）与排名欠佳的证券公司（20家）对目标个股的偏好差异如图7-18所示。其中，图7-18（a）显示排名前列的证券公司所跟踪评价的上市公司的每股盈余（mean=0.87）要显著低于（p=0.027）排名欠佳的证券公司所跟踪评价的上市公司的每股盈余（mean=1.06）；图7-18（b）显示排名前列的证券公司所跟踪评价的上市公司的净资产收益率（mean=11.88）要显著低于（p=0.024）排名欠佳的证券公司所跟踪评价的上市公司的净资产收益率（mean=13.25）；图7-18（c）显示排名前列的证券公司所跟踪评价的上市公司的资产负债率（mean=46.73）要显著高于（p=0.069）排名欠佳的证券公司所跟踪评价的上市公司的资产负债率（mean=44.67）；图7-18（d）显示排名前列的证券公司所跟踪评价的上市公司的荐股评级关注度（mean=45.58）要显著低于（p=0.053）排名欠佳的证券公司所跟踪评价的上市公司的荐股评级关注度（mean=53.15）。

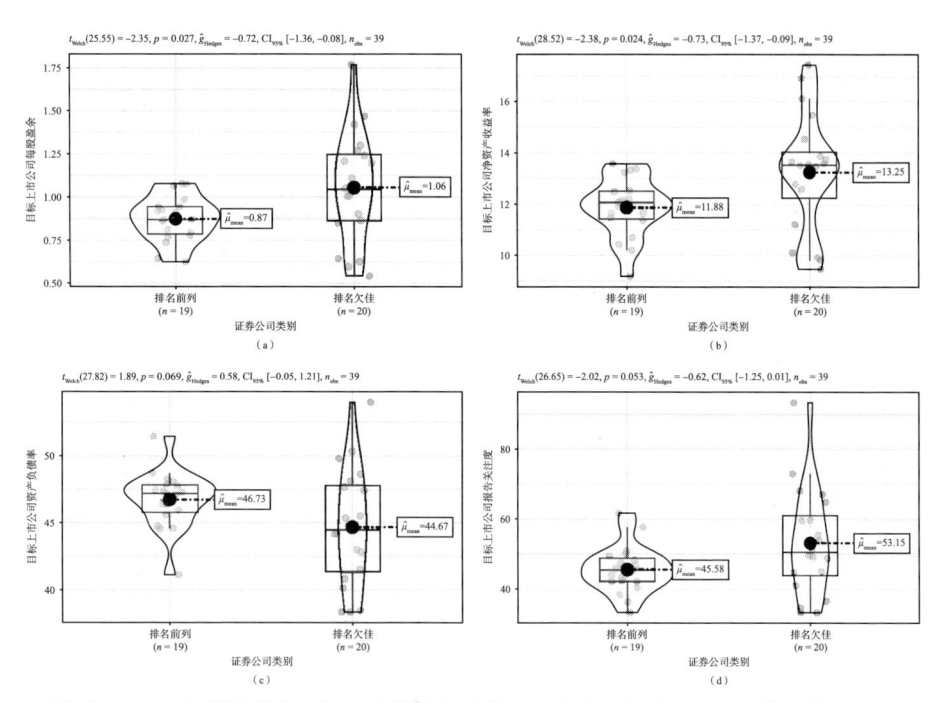

图7-18 五年期证券公司目标个股偏好对比——风险-经验因子调整的可信度分数

上述实验结果主要验证了排名前列的证券公司与排名欠佳的证券公司在目标个股偏好方面的差异。可以看到，无论采用何种评价期和评价指标，与排名前列的证券公司相比，排名欠佳的证券公司在大多数情况下更倾向于跟踪评价每股盈余较高、净资产收益率较高、资产负债率偏低以及分析师荐股评级关注度较高的上市公司。也就是说，排名欠佳的证券公司往往偏好跟踪评价经营状况良好且热门的上市公司。因此，投资者在利用证券分析师发布的荐股评级辅助投资决策时，如果证券公司偏好跟踪评价经营状况良好且热门的上市公司，则应谨慎采用其所发布的荐股评级。

8 研究总结与未来展望

8.1 研究总结

在证券分析师发布的荐股评级良莠不齐的现状下，投资者极易受到错误信息的误导而遭受损失，健全分析师荐股评级客观评价体系是理论研究和实践应用中重要且亟须解决的问题。为此，本书构建了可信度来标准化度量分析师荐股评级的信息价值，并以此为基础构建了针对中国证券分析师与证券公司的荐股评级能力的评价体系与评价方法。本书以2015~2019年中国证券分析师针对沪深A股上市公司股票发布的荐股评级为主要实验数据，根据构建的评价指标体系与评价方法，分别从三年评价期（2017~2019年）与五年评价期（2015~2019年）两个评价窗口对证券分析师和证券公司的荐股评级能力进行了客观、可验证的评价。进一步地，本书还对相关评价结果进行了分析并总结了相应的实践启示。

总的来说，本书提出的荐股评级可信度是对已有研究使用荐股获利能力评价分析师荐股评级价值的重要补充和完善。对于投资者来说，本书针对分析师与证券公司荐股表现的评价结果有助于提高投资者在利用分析师荐股评级进行投资决策时的信息甄别能力，有利于辅助投资者进行科学决策，提高证券市场信息传递效率；对于分析师行业来说，相关研究成果可以激励分析师提高荐股评级信息质量，促进行业自净、行业自律，创造更为优质的行业竞争环境，有效提高行业公信力；对于国家监管部门来说，相关研究成果既可以为其制定行业监管规则提供更科学的理论依据，也可以应用在其数据监察系统中，有效监管、规范和约束分析师的荐股评级行为。

8.2 未来研究展望

本书致力于量化分析师荐股评级的实际表现并以此对分析师以及证券公司的荐股评级能力进行评价，本书的评价结果与内容对分析师领域的理论研究与实践指导具有重要的借鉴意义，但本书的研究依然存在局限性，这些研究局限同时也为我们未来的进一步研究提供了潜在方向。具体的：

第一，分析师对目标个股的盈余预测与荐股评级是分析师发布的股评报告中最重要的两个内容。本书提出了从分析师荐股评级可信度对分析师股评能力进行客观评价的新思路与新方法，但并未对分析师的盈余预测能力进行客观评价。在后续的研究中，我们将致力于整合分析师的荐股评级能力与盈余预测能力来构建综合全面的评价体系，实现对分析师股评能力的系统性科学评价。

第二，探究影响分析师荐股评级可信度的关键因素对深化投资者对分析师信息角色及其荐股评级可信度理论认知的理解具有重要意义，但本书研究并没有对影响分析师荐股评级可信度的关键因素及其影响作用机理进行深入挖掘。如何对分析师、目标个股、评价内容及外部环境等一系列特征进行精准剖析，对影响分析师荐股评级可信度的基本因素与作用路径进行理论化的归纳是未来重要的研究内容之一。

第三，对于投资者而言，基于历史数据构建预测模型对当下的分析师荐股评级的可信度进行评估，进而构建基于分析师荐股评级的投资决策支持模型是至关重要且有迫切需求的。本书并未基于相关评价结果构建出精细的决策支持模型或系统。在未来的研究中，我们将努力在上述综合评价与因素挖掘的研究基础上构建分析师荐股评级可信度评估模型与智能化决策支持系统。

参考文献

[1] Bradley D, Clarke J, Lee S, et al. Are analysts' recommendations informative? Intraday evidence on the impact of time stamp delays [J]. The Journal of Finance, 2014, 69 (2): 645–673.

[2] Fang L H, Yasuda A. Are stars' opinions worth more? The relation between analyst reputation and recommendation values [J]. Journal of Financial Services Research, 2014, 46 (3): 235–269.

[3] Jegadeesh N, Kim J, Krische S D, et al. Analyzing the analysts: When do recommendations add value? [J]. The Journal of Finance, 2004, 59 (3): 1083–1124.

[4] Barber B M, Lehavy R, Trueman B. Ratings changes, ratings levels, and the predictive value of analysts' recommendations [J]. Financial Management, 2010, 39 (2): 533–553.

[5] 罗衍, 王春峰, 房振明. 股票卖方分析师报告是信息还是噱头？基于市场微观结构理论视角 [J]. 预测, 2017, 36 (4): 56–62.

[6] Hobbs J, Singh V. A comparison of buy-side and sell-side analysts [J]. Review of Financial Economics, 2015, 24: 42–51.

[7] 童昌希. 分析师评级、荐股趋同性与股价回报 [D]. 杭州：浙江大学, 2016.

[8] 王宇熹, 洪剑峭, 肖峻. 顶级券商的明星分析师荐股评级更有价值么？——基于券商声誉、分析师声誉的实证研究 [J]. 管理工程学报, 2012, 26 (3): 197–206.

[9] 李丽青.《新财富》评选的最佳分析师可信吗？——基于盈利预测准确度和预测修正市场反应的经验证据 [J]. 投资研究, 2012, 31 (7): 54 – 64.

[10] 蔡庆丰, 杨侃. 是谁在"捕风捉影"：机构投资者 VS 证券分析师——基于 A 股信息交易者信息偏好的实证研究 [J]. 金融研究, 2013 (6): 193 – 206.

[11] 郭艳红, 蒋帅, 陈艳萍. 分析师评级预测价值的市态差异——来自 2005—2016 年中国股票市场数据实证 [J]. 管理评论, 2019, 31 (8): 14 – 25.

[12] 孔东民, 刘莎莎, 谭伟强. 分析师评级与投资者交易行为 [J]. 管理世界, 2019, 35 (1): 174 – 185, 235.

[13] 朱红军, 何贤杰, 陶林. 信息源、信息搜寻与市场吸收效率——基于证券分析师盈余预测修正的经验证据 [J]. 财经研究, 2008, 34 (5): 63 – 74.

[14] 方军雄. 我国上市公司信息披露透明度与证券分析师预测 [J]. 金融研究, 2007 (6): 136 – 148.

[15] 白晓宇. 上市公司信息披露政策对分析师预测的多重影响研究 [J]. 金融研究, 2009 (4): 92 – 112.

[16] 黄志雄. 其他综合收益、分析师预测与决策价值 [J]. 财经理论与实践, 2016, 37 (5): 63 – 69.

[17] Dhaliwal D S, Radhakrishnan S, Tsang A, et al. Nonfinancial disclosure and analyst forecast accuracy: International evidence on corporate social responsibility disclosure [J]. Accounting Review, 2012, 87 (3): 723 – 759.

[18] 李晚金, 张莉. 非财务信息披露与分析师预测——基于深市上市企业社会责任报告的实证检验 [J]. 财经理论与实践, 2014, 35 (5): 69 – 74.

[19] 陈翔宇. 业绩快报披露影响了分析师预测吗？ [J]. 山西财经大学学报, 2015, 37 (3): 102 – 114.

[20] 李丹, 贾宁. 盈余质量、制度环境与分析师预测 [J]. 中国会计评论,

2009, 7 (4): 351–370.

[21] Eames M J, Glover S M. Earnings predictability and the direction of analysts' earnings forecast errors [J]. Accounting Review, 2003, 78 (3): 707–724.

[22] 石桂峰, 苏力勇, 齐伟山. 财务分析师盈余预测精确度决定因素的实证分析 [J]. 财经研究, 2007 (5): 62–71.

[23] 曲晓辉, 毕超. 会计信息与分析师的信息解释行为 [J]. 会计研究, 2016 (4): 19–26.

[24] Koch C V, Nilsson O, Eriksson K. Does shareholder protection affect the performance of analysts as a gatekeeper? [J]. Journal of Management & Governance, 2014, 18 (2): 315–345.

[25] 吴锡皓, 胡国柳. 不确定性、会计稳健性与分析师盈余预测 [J]. 会计研究, 2015 (9): 27–34.

[26] 董望, 陈俊, 陈汉文. 内部控制质量影响了分析师行为吗?——来自中国证券市场的经验证据 [J]. 金融研究, 2017 (12): 191–206.

[27] 何熙琼, 尹长萍. 企业战略差异度能否影响分析师盈余预测——基于中国证券市场的实证研究 [J]. 南开管理评论, 2018, 21 (2): 149–159.

[28] Bushman R, Chen Q, Engel E, et al. Financial accounting information, organizational complexity and corporate governance systems [J]. Journal of Accounting and Economics, 2004, 37 (2): 167–201.

[29] 周开国, 应千伟, 陈晓娴. 媒体关注度、分析师关注度与盈余预测准确度 [J]. 金融研究, 2014 (2): 139–152.

[30] 胡军, 王甄, 陶莹, 邹隽奇. 微博、信息披露与分析师盈余预测 [J]. 财经研究, 2016, 42 (5): 66–76.

[31] 杨青, 吉赟, 王亚男. 高铁能提升分析师盈余预测的准确度吗?——来自上市公司的证据 [J]. 金融研究, 2019, 465 (3): 168–188.

[32] 李丹, 袁淳, 廖冠民. 卖空机制与分析师乐观性偏差——基于双重差分模型的检验 [J]. 会计研究, 2016 (9): 25–31.

[33] 王攀娜, 罗宏. 放松卖空管制对分析师预测行为的影响——来自中国

准自然实验的证据 [J]. 金融研究, 2017, 11 (449): 191-206.

[34] 黄俊, 黄超, 位豪强, 王敏. 卖空机制提高了分析师盈余预测质量吗——基于融资融券制度的经验 [J]. 南开管理评论, 2018, 21 (2): 135-148.

[35] 褚剑, 秦璇, 方军雄. 中国式融资融券制度安排与分析师盈余预测乐观偏差 [J]. 管理世界, 2019, 35 (1): 151-166.

[36] Hugon A, Kumar A, Lin A P. Analysts, macroeconomic news, and the benefit of active in-house economists [J]. Accounting Review, 2016, 91 (2): 513-534.

[37] Mikhail M B, Walther B R, Willis R H. Do security analysts improve their performance with experience? [J]. Journal of Accounting Research, 1997, 35: 131-157.

[38] Clement M B. Analyst forecast accuracy: Do ability, resources, and portfolio complexity matter? [J]. Journal of Accounting and Economics, 1999, 27 (3): 285-303.

[39] 刘永泽, 高嵩. 信息披露质量、分析师行业专长与预测准确性——来自我国深市 A 股的经验证据 [J]. 会计研究, 2014 (12): 60-65.

[40] 施先旺, 李志刚, 刘拯. 分析师预测与上市公司审计收费研究——基于信息不对称理论的视角 [J]. 审计与经济研究, 2015, 30 (3): 39-48.

[41] 伊志宏, 李颖, 江轩宇. 女性分析师关注与股价同步性 [J]. 金融研究, 2015, 425 (11): 175-189.

[42] 杨楠, 洪剑峭. 分析师团队能提高盈余预测准确性吗? [J]. 经济管理, 2019, 41 (6): 157-175.

[43] 郑亚丽, 蔡祥. 什么影响了证券分析师盈余预测的准确度? ——来自中国上市公司的经验证据 [J]. 中大管理研究, 2008, 3 (4): 19-37.

[44] 陶然. 私有信息、分析师预测及时性与准确性 [J]. 上海金融, 2018 (7): 19-26.

[45] 徐媛媛, 洪剑峭, 曹新伟. 我国上市公司特征与证券分析师实地调研 [J]. 投资研究, 2015, 34 (1): 121-136.

[46] 谭松涛, 崔小勇. 上市公司调研能否提高分析师预测精度 [J]. 世界经济, 2015, 38 (4): 126 – 145.

[47] Beyer A, Cohen D A, Lys T Z, et al. The financial reporting environment: Review of the recent literature [J]. Journal of Accounting and Economics, 2010, 50 (2 – 3): 296 – 343.

[48] Lizzeri A. Information revelation and certification intermediaries [J]. The Rand Journal of Economics, 1999: 214 – 231.

[49] Trueman B. Analyst forecasts and herding behavior [J]. The Review of Financial Studies, 1994, 7 (1): 97 – 124.

[50] Graham J R. Herding among investment newsletters: Theory and evidence [J]. The Journal of Finance, 1999, 54 (1): 237 – 268.

[51] Francis J, Philbrick D. Analysts' decisions as products of a multi-task environment [J]. Journal of Accounting Research, 1993, 31 (2): 216 – 230.

[52] Lim T. Rationality and analysts' forecast bias [J]. The Journal of Finance, 2001, 56 (1): 369 – 385.

[53] Richardson S, Teoh S H, Wysocki P D. The walk-down to beatable analyst forecasts: The role of equity issuance and insider trading incentives [J]. Contemporary Accounting Research, 2004, 21 (4): 885 – 924.

[54] Mayew W J. Evidence of management discrimination among analysts during earnings conference calls [J]. Journal of Accounting Research, 2008, 46 (3): 627 – 659.

[55] Cowen A, Groysberg B, Healy P. Which types of analyst firms are more optimistic? [J]. Journal of Accounting and Economics, 2006, 41 (1 – 2): 119 – 146.

[56] Jacob J, Rock S, Weber D P. Do non-investment bank analysts make better earnings forecasts? [J]. Journal of Accounting, Auditing & Finance, 2008, 23 (1): 23 – 61.

[57] Loh R K, Mian G M. Do accurate earnings forecasts facilitate superior investment recommendations? [J]. Journal of Financial Economics, 2006, 80 (2): 455 – 483.

[58] Barber B, Lehavy R, McNichols M, et al. Can investors profit from the prophets? Security analyst recommendations and stock returns [J]. The Journal of Finance, 2001, 56 (2): 531-563.

[59] Caylor M, Cecchini M, Winchel J. Analysts' qualitative statements and the profitability of favorable investment recommendations [J]. Accounting, Organizations and Society, 2017, 57: 33-51.

[60] Feldman R, Livnat J, Zhang Y. Analysts' earnings forecast, recommendation, and target price revisions [J]. The Journal of Portfolio Management, 2012, 38 (3): 120-132.

[61] Loh R K, Stulz R M. When are analyst recommendation changes influential? [J]. The Review of Financial Studies, 2011, 24 (2): 593-627.

[62] 万希. 证券分析师评级调整的市场反应研究 [D]. 北京: 北京大学, 2008.

[63] Asquith P, Mikhail M B, Au A S. Information content of equity analyst reports [J]. Journal of Financial Economics, 2005, 75 (2): 245-282.

[64] Jegadeesh N, Kim W. Value of analyst recommendations: International evidence [J]. Journal of Financial Markets, 2006, 9 (3): 274-309.

[65] Goff D, Hulburt H, Keasler T, et al. Isolating the information content of equity analysts' recommendation changes, Post Reg FD [J]. Financial Review, 2008, 43 (2): 303-321.

[66] Hobbs J, Kovacs T, Sharma V. The investment value of the frequency of analyst recommendation changes for the ordinary investor [J]. Journal of Empirical Finance, 2012, 19 (1): 94-108.

[67] Mikhail M B, Walther B R, Willis R H. Do security analysts exhibit persistent differences in stock picking ability? [J]. Journal of Financial Economics, 2004, 74 (1): 67-91.

[68] Li X. The persistence of relative performance in stock recommendations of sell-side financial analysts [J]. Journal of Accounting and Economics, 2005, 40 (1-3): 129-152.

[69] Brown L D, Call A C, Clement M B, et al. Inside the "black box" of sell-side financial analysts [J]. Journal of Accounting Research, 2015, 53

(1): 1 - 47.

[70] Clement M B, Tse S Y. Financial analyst characteristics and herding behavior in forecasting [J]. The Journal of Finance, 2005, 60 (1): 307 - 341.

[71] Cohen L, Frazzini A, Malloy C. Sell-side school ties [J]. The Journal of Finance, 2010, 65 (4): 1409 - 1437.

[72] Kim Y, Song M. Management earnings forecasts and value of analyst forecast revisions [J]. Management Science, 2015, 61 (7): 1663 - 1683.

[73] Huang A H, Lehavy R, Zang A Y, et al. A thematic analysis of analyst information discovery and information interpretation roles [C]. The 8th China Summer Workshop on Information Management (CSWIM), 2014.

[74] Barber B M, Lehavy R, Trueman B. Comparing the stock recommendation performance of investment banks and independent research firms [J]. Journal of Financial Economics, 2007, 85 (2): 490 - 517.

[75] Bradley D J, Jordan B D, Ritter J R. Analyst behavior following IPOs: The "bubble period" evidence [J]. The Review of Financial Studies, 2008, 21 (1): 101 - 133.

[76] Kecskes A, Michaely R, Womack K L. What drives the value of analysts' recommendations: Earnings estimates or discount rate estimates? [C]. AFA 2011 Denver Meetings Paper, 2010.

[77] Bosquet K, de Goeij P, Smedts K. Gender heterogeneity in the sell-side analyst recommendation issuing process [J]. Finance Research Letters, 2014, 11 (2): 104 - 111.

[78] 胡弈明, 林文雄. 信息关注深度、分析能力与分析质量——对我国证券分析师的调查分析 [J]. 金融研究, 2005 (2): 46 - 58.

[79] Palmon D, Xin H. Are financial analysts all the same? Financial analyst bold, leading and herding behavior in stock eecommendations [J]. SSRN Electronic Journal, 2013 (3).

[80] Jegadeesh N, Kim W. Do analysts herd? An analysis of recommendations and market reactions [J]. The Review of Financial Studies, 2010, 23 (2): 901 - 937.

[81] 王艳婷. 中国证券分析师的羊群行为和市场反应 [D]. 上海：上海交通大学，2013.

[82] Booth L, Chang B, Zhou J. Which analysts lead the herd in stock recommendations? [J]. Journal of Accounting Auditing & Finance, 2014, 29 (4): 464-491.

[83] 蔡庆丰, 杨侃, 林剑波. 羊群行为的叠加及其市场影响——基于证券分析师与机构投资者行为的实证研究 [J]. 中国工业经济, 2011 (12): 111-121.

[84] 方军雄, 伍琼, 傅颀. 有限注意力、竞争性信息与分析师评级报告市场反应 [J]. 金融研究, 2018 (7): 193-206.